À Marie, Guillaume et Julien

Iconographie réunie par Gisèle Namur

Conception et réalisation : Rampazzo & Associés

Maquette : Virginie Fauré

LA FRANCE
des
COMPAGNONS

François Icher

Éditions
de La Martinière

En 1901, dans son ouvrage *Le compagnonnage, son histoire, ses coutumes, ses règlements et ses rites,* l'historien Étienne Martin Saint-Léon prédisait la disparition rapide de toutes les sociétés compagnonniques : « *Le compagnonnage est aujourd'hui presque ignoré du public, et son nom même s'efface peu à peu du souvenir du peuple… Le compagnonnage est mort ou se meurt. Il ne groupe plus qu'un nombre presque insignifiant d'adhérents. Les sources de son recrutement sont taries… C'est à peine si quelques rameaux verdoient encore au sommet de l'arbre antique dont la sève se retire et dont le tronc ne résistera plus longtemps aux orages.* » Ce tableau extrêmement pessimiste allait être modifié par son propre auteur, en 1927. Dans un numéro spécial de la revue *Le Voile d'Isis,* il proposait, en effet, une nouvelle réflexion sous le titre très évocateur de « L'avenir du compagnonnage ». L'attitude de Martin Saint-Léon est caractéristique de celle de la majorité de ses contemporains : à une époque où le monde du travail subissait les plus profondes modifications de son histoire avec les progrès du machinisme, du capitalisme et du syndicalisme (les trois étant liés), les sociétés compagnonnales traversaient alors une crise que d'aucuns considéraient comme fatale. Mais s'apercevant que, les années passant, les métiers organisés en compagnonnage avaient survécu à une mort annoncée comme certaine, nombre d'observateurs objectifs – parmi lesquels Martin Saint-Léon – n'hésitèrent pas à reconnaître leur erreur d'appréciation. Une fois encore, le compagnonnage sortait vainqueur d'un combat qui, *a priori,* paraissait perdu car inégal. Nous abordons là un point capital qui nous permet une première définition de cette institution ouvrière qui a su, tout au long d'une histoire vieille de plus de sept siècles, surmonter les persécutions, les anathèmes, les crises, les révolutions et les guerres. Partir sur les pas des compagnons du tour de France, c'est avant tout partir à la découverte d'un mouvement ouvrier qui put traverser les siècles grâce à sa fantastique capacité d'adaptation au contexte politique, économique et social. Face aux condamnations du royaume ou de l'Église de France, les *devoirs* des temps passés ont toujours répliqué par une organisation structurée, courageuse et généreuse, articulée autour du fameux tour de France, synonyme d'espoir et de promotion pour une multitude d'ouvriers qui se savaient condamnés dans le carcan des corporations de l'Ancien Régime. Les ordonnances, les arrêts, les décrets, les monitoires… n'ont jamais pu empêcher une jeunesse de plus en plus nombreuse de vouloir bénéficier des privilèges offerts par les différentes sociétés compagnonniques. Même à l'époque si troublée des querelles religieuses, les *devoirs* recrutèrent en grand nombre de jeunes garçons tentés par un voyage extraordinaire et une perspective d'entrer dans une nouvelle famille que l'on disait fort soucieuse de l'intérêt de ses membres.

Trop évoquer le compagnonnage des temps anciens est une erreur pour celui qui souhaite faire partager son amour du compagnonnage moderne. En fait, il existe bel et bien deux compagnonnages. Celui du tour de France à pied, où le trimardeur voyageait de *mère* en *mère*, à la découverte d'un métier et des hommes. C'était le temps d'un certain folklore, une époque où les coutumes et les rites rythmaient la vie des *devoirants*, des *gavots* et autres *indiens*, où la notion de belle ouvrage ne se heurtait pas à une loi du marché impitoyable. Du temps des cathédrales à celui des premières automobiles, le compagnonnage n'a guère modifié une politique entièrement fondée sur un artisanat familial vénérant les tours de main et autres secrets de métier. Les deux guerres mondiales ont accéléré un processus déjà amorcé dans les premières années du XXe siècle. Plus qu'une régénération chère à Agricol Perdiguier et, dans une tout autre mesure, à Lucien Blanc, plus qu'une rénovation souhaitée et entreprise par Jean Bernard, le compagnonnage actuel a épousé les normes de la société environnante. En ce sens, les compagnons d'aujourd'hui se veulent – à juste titre – profondément ancrés dans un modernisme qu'ils revendiquent haut et fort, tout en ne reniant pas l'héritage des anciens. Ainsi, tradition et innovation se conjuguent agréablement au sein des diverses sociétés qui composent le paysage compagnonnique français.

C'est donc à la rencontre de deux formes d'organisation qui, en réalité, doivent être appréciées en complémentarité et non en opposition, que le compagnonnage nous convie dans une évocation à travers le temps, l'espace et les métiers. Ce sont tous ces aspects présents ou passés que nous évoquerons à travers un tour de France qui s'efforce, dans la mesure du possible, de correspondre aux différents circuits proposés aux itinérants d'hier et d'aujourd'hui. Dans une liste forcément réductrice, nous avons volontairement choisi certaines villes au détriment d'autres qui auraient pu prétendre figurer dans une telle étude. Néanmoins, le circuit proposé au lecteur se veut le reflet d'un compagnonnage libéré de toute considération partisane. De Chartres à Tours, le voyage au pays des compagnons visite seize villes chères aux amoureux du compagnonnage. De Jérusalem à Orléans, en passant par la Sainte-Baume en Provence, nous partons à la rencontre des mythes et des légendes qui éclairent l'essence de cette vénérable institution ouvrière. L'histoire même des *devoirs* nous entraîne vers une présentation particulière de chacun des trois mouvements compagnonniques français. Enfin, un regard sur les principaux métiers qui ont fait vivre la quotidienneté et la concrétisation de l'idéal compagnonnique conclut notre route sur les pas des compagnons du tour de France, authentiques gardiens non d'une idéologie mais d'une véritable conscience ouvrière.

MYTHES ET LÉGENDES

Le compagnonnage fait référence à trois fondateurs légendaires : Salomon, maître Jacques et le père Soubise. Personnages allégoriques, il convient de décoder tous les textes et récits qui les mettent en scène lors de la construction du temple de Jérusalem, chantier qui aurait vu naître l'ordre des compagnons. D'autres lieux, d'autres époques, d'autres personnages contribuent également à enrichir un légendaire compagnonnique fort utile pour saisir l'identité même de l'institution.

Dauid en ainsi de quan
tes uertus et de quants
biens il a este aucteur
a ceulx de sa liguiee. et
ure deuant dit. Quand salomo
son filz ancores ieune enfant eut
prins le royaume de son pere. et fu
assis ou siege royal. tout le peuple

Jérusalem, ou la naissance mythique du Devoir

Ci-dessus : **Le temple de Jérusalem est très présent dans l'iconographie compagnonnique du XIXe siècle.**

Ci-contre : **Miniature de Jean Fouquet (fin du XVe siècle), représentant la construction du temple de Jérusalem.**

La construction du Temple

La compréhension du compagnonnage passe, en priorité, par l'étude historique, la recherche de son émergence et de son développement ainsi que l'analyse de son organisation au cours des siècles. Pour autant, cette seule approche se révèle insuffisante si l'on souhaite pénétrer plus en profondeur l'essence même de l'institution. De fait, les quelques historiens spécialistes du compagnonnage ont toujours pris soin de ne pas occulter ou sous-estimer les nombreux mythes et légendes qui relatent, avec force détails, la fondation de l'ordre des compagnons au moment où le roi Salomon, désireux de bâtir un temple à l'Éternel, fit venir à Jérusalem une multitude d'ouvriers afin d'élever le monument sacré.

Nous n'allons pas ici reproduire l'extrait, maintes fois cité, emprunté à la Bible, où il est fait référence au chantier de Jérusalem et au projet du roi Salomon. Il convient simplement de retenir que, dans le *Livre des rois*, aucune allusion à un quelconque ordre compagnonnique n'est décelable.

Le roi Salomon et maître Hiram

Certaines légendes compagnonniques font apparaître, au côté du roi Salomon, un architecte nommé Hiram, maître réputé dans l'art de travailler les métaux. Grand organisateur du chantier, Hiram s'aperçut rapidement qu'il fallait instituer une discipline parmi les milliers d'hommes de pays et de métiers différents. En premier lieu, il importait de vérifier la qualité du travail et de verser un salaire correspondant, tout en démasquant les oisifs qui, profitant du nombre et de la confusion, parvenaient à toucher de l'argent sans fournir le moindre effort sur le chantier. Ainsi, Hiram (ou Salomon) institua un ordre des compagnons bâtisseurs du Temple, ordre hiérarchisé dont les membres étaient sévèrement recrutés. Lorsqu'un ouvrier avait donné suffisamment de preuves de sa compétence, il était conduit dans un souterrain creusé sous le Temple où, en présence d'une assemblée, Hiram procédait à sa réception et lui transmettait les divers mots de passe et de reconnaissance prouvant son appartenance à l'Ordre. Selon ces légendes, le compagnonnage serait né au Xe siècle avant J.-C., en Orient :

« Quand Salomon, maître Jacques et Soubise
Aux temps jadis, bâtirent au Seigneur
En Palestine, une éternelle église

Où tout brillait de gloire et de splendeur,
Ces grands travaux acquirent à nos maîtres,
Dans l'univers un immortel renom
Le sanctuaire en ce temps l'a vu naître
L'Ordre sacré des nobles compagnons. »

(Chanson *Le Blason* de P. Calas, dit *Languedocien l'Ami des Filles*, XIXe siècle.)

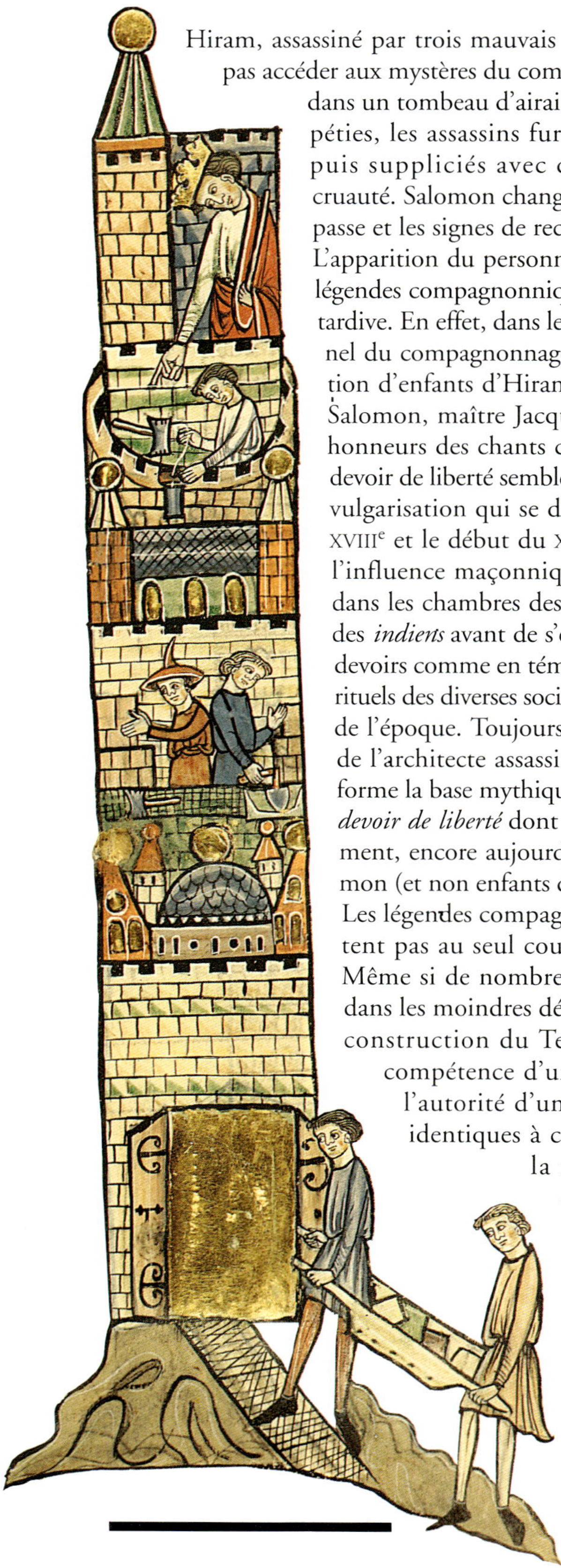

Hiram, assassiné par trois mauvais ouvriers jaloux de ne pas accéder aux mystères du compagnonnage, fut placé dans un tombeau d'airain. Après maintes péripéties, les assassins furent enfin découverts puis suppliciés avec des raffinements de cruauté. Salomon changea dès lors les mots de passe et les signes de reconnaissance.

L'apparition du personnage d'Hiram dans les légendes compagnonniques est en réalité assez tardive. En effet, dans le vocabulaire traditionnel du compagnonnage, il n'est jamais question d'enfants d'Hiram; seuls les enfants de Salomon, maître Jacques et Soubise ont les honneurs des chants compagnonniques. Le devoir de liberté semble être la source de cette vulgarisation qui se déroula entre la fin du XVIIIe et le début du XIXe siècle, période où l'influence maçonnique fut surtout visible dans les chambres des *gavots* et les cayennes des *indiens* avant de s'étendre dans les autres devoirs comme en témoignent les nombreux rituels des diverses sociétés compagnonniques de l'époque. Toujours est-il que le souvenir de l'architecte assassiné et du roi Salomon forme la base mythique des compagnons du *devoir de liberté* dont les membres se nomment, encore aujourd'hui, enfants de Salomon (et non enfants d'Hiram).

Les légendes compagnonniques ne se limitent pas au seul couple Salomon-Hiram. Même si de nombreuses versions narrent dans les moindres détails les épisodes de la construction du Temple placée sous la compétence d'un grand architecte et l'autorité d'un grand roi (légendes identiques à celles en vigueur dans la franc-maçonnerie), deux autres personnages essentiels prennent place à leurs côtés, contribuant ainsi à élargir les interprétations symboliques et allégoriques des récits mythiques qui les accompagnent.

Maître Jacques

Le personnage de maître Jacques revêt une importance capitale pour un compagnonnage qui fut longtemps connu sous le nom de Saint-Devoir de Dieu. Ici encore, plusieurs versions, parfois très éloignées les unes des autres, proposent de cerner les traits d'un fondateur fort intéressant pour le mythologue.

Le récit le plus fréquent présente maître Jacques comme l'un des architectes de Salomon, collègue de maître Hiram. Né à Carte, village fictif, déformation probable du chiffre quatre (symbole de la matière), Jacques aurait appris tout enfant à tailler la pierre puis, à 15 ans, aurait voyagé en Grèce, en Égypte puis en Palestine avant d'arriver à Jérusalem, à l'âge de 36 ans. Il participa alors à la construction du Temple, élevant notamment deux colonnes dodécagones sur lesquelles il sculpta diverses scènes de l'Ancien Testament ainsi que quelques épisodes de sa propre vie. Remarqué par Salomon (ou Hiram), il fut nommé maître des tailleurs de pierre, des menuisiers et des maçons.

La construction du Temple achevée, Jacques quitta la Judée en compagnie d'un autre maître, Soubise, avec lequel il se fâcha durant la traversée du retour vers l'Occident. Soubise aurait débarqué à Bordeaux et Jacques à Marseille (même si ces deux villes n'existaient pas à l'époque), tous deux accompagnés de quelques disciples qu'ils avaient formés à Jérusalem. Trois ans durant, maître Jacques voyagea à travers le pays, souvent contraint de se protéger des attaques des disciples de Soubise qui cherchaient à le tuer. Il se retira enfin en Provence, dans le massif de la Sainte-Baume, près de Saint-Maximin. C'est là que, trahi par un de ses fidèles, il fut percé de cinq coups de poignard. Avant de mourir, il demanda à ses compagnons de prêter serment de fidélité à Dieu et au Saint-Devoir. Lorsqu'il rendit son dernier souffle, ses Enfants se partagèrent ses vêtements. Les chapeliers reçurent son chapeau, les tailleurs de pierre sa tunique, les serruriers ses sandales, les menuisiers son manteau, les charpentiers sa ceinture, les charrons son bourdon. À ce sujet, notons la présence, très surprenante, des charpentiers qui, selon ces mêmes légendes, ne peuvent être qu'enfants de Soubise. La dépouille de Jacques fut portée solennellement par les compagnons jusqu'à un endroit proche de Saint-Maximin, où elle fut ensevelie après tous les rites d'usage. Une deuxième légende, très différente de celle que nous venons de développer, est attachée à maître Jacques. Elle l'identifie à Jacques de Molay, dernier grand maître de l'ordre du Temple, brûlé vif sur ordre de Philippe le Bel. Les Templiers, grands constructeurs, auraient été initiés en Orient à certaines pratiques et connaissances que Jacques de Molay aurait révélées aux maçons, tailleurs de pierre et charpentiers travaillant pour le Temple, formant ainsi des sociétés compagnonniques. Cette hypothèse,

Ci-contre (page de gauche) : **Construction du temple de Jérusalem (bible du XIIIe siècle, Amiens).**

Ci-contre (page de droite) : **Vitraux de Salomon, Jacques et Soubise réalisés pour le musée du Compagnonnage de Tours par Pierre Petit dit *Tourangeau le Disciple de la Lumière*, compagnon vitrier des devoirs unis.**

Les trois pères fondateurs véhiculent de nombreux messages quant à l'identité du compagnonnage : biblique et sacrée (Salomon), chevaleresque (Jacques) et monastique (Soubise). On peut également y déceler une allusion aux trois matériaux de base de l'art de bâtir : fer, pierre et bois.

qui ne peut s'appuyer sur aucune preuve historique, laisse la porte ouverte à quelques supputations. Outre les métiers traditionnels du bâtiment, il est évident que les Templiers durent faire appel à un génie et à une intendance. Ainsi, aux côtés des métiers du bois et de la pierre figuraient des maréchaux-ferrants, des forgerons, des bourreliers-harnacheurs... tous nécessaires au bon fonctionnement de l'expédition. Ce fut peut-être l'occasion idéale d'introduire, avec les croisades, Salomon et le temple de Jérusalem dans la légende compagnonnique, voire de créer un *devoir* travaillant hors de France (le fameux *devoir étranger*) bénéficiant de la même franchise que les Jacques, ne relevant donc que de la seule juridiction templière. Voilà qui pourrait expliquer la liaison entre Jacques et Salomon. En fait, la plus grande prudence doit guider le mythologue qui tente de comprendre l'architecture très complexe du Temple mythique du compagnonnage.

Une troisième version identifie enfin maître Jacques à l'un des maîtres d'œuvre de la cathédrale d'Orléans, Jacques Moler, héros d'une autre grande page légendaire des devoirs : la scission d'Orléans. Nous aurons l'occasion de revenir sur cet événement majeur.

Le père Soubise

Le personnage de Soubise est toujours dépendant de celui de Jacques par rapport auquel il se situe et se définit.

Il aurait donc été, on l'a vu, architecte sur le chantier de Jérusalem, ayant la charge particulière d'encadrer le charpentiers. Jaloux de l'autorité de Jacques, il se serait disputé avec lui durant le voyage de retour et, selon quelques versions, l'aurait même fait assassiner. Certains récits innocentaient Soubise du meurtre de son ancien ami. Une autre légende identifie Soubise à un moine bénédictin qui aurait participé avec Jacques Moler à la construction de la cathé-

Ci-dessus : La tour de Babel est également présente dans la symbolique compagnonnique (miniature de 1350, bible de Velislav, B.N. de Prague).

Ci-contre : Maître Jacques fut parfois assimilé à Jacques de Molay, dernier grand maître des Templiers, brûlé vif sur l'ordre de Philippe le Bel (détail d'imagerie compagnonnique, 1850).

drale Sainte-Croix d'Orléans. Notons que dans tous les sièges compagnonniques actuels, le père Soubise est représenté en robe de bure, moine tenant en main le compas des charpentiers et déroulant un parchemin sur lequel on peut lire : « Pensez, travaillez, progressez toujours, servez votre prochain, soyons modestes. »
Moine ou architecte ? Moine et architecte ? Le père Soubise reste celui qui, des trois fondateurs légendaires du compagnonnage, est incontestablement le plus mystérieux.

Du Temple à la cathédrale

Le temple de Jérusalem marque donc la naissance mythique de l'ordre des compagnons. Aujourd'hui encore, il n'est pas un siège compagnonnique qui n'abrite les portraits des trois fondateurs. Les chansons continuent de vanter leurs talents et leurs mérites. Les rituels de réception les honorent.
Dans ce premier voyage au pays des légendes, il faut savoir lire entre les lignes pour tenter de dégager des hypothèses qui confirment un compagnonnage au carrefour des très anciennes croyances de l'humanité. Salomon, Jacques et Soubise cristallisent les diverses facettes du compagnonnage. Biblique, chevaleresque et monastique pour les uns, la triple origine du compagnonnage se transforme pour d'autres en une dualité des traditions. Salomon évoque alors toute la tradition orientale de l'art royal, Jacques et Soubise incarnant quant à eux la branche occidentale et chrétienne.
Ce n'est donc pas un hasard si deux grands édifices forment les repères fondamentaux pour les origines mythiques. Au temple de Jérusalem correspond la cathédrale d'Orléans. Ainsi, de l'Orient à l'Occident, le compagnonnage a su tisser un voile symbolique qui cache, aux yeux des profanes, l'émergence historique d'une institution détentrice du riche héritage qui caractérise toute fraternité de métier, fût-elle née au Moyen Âge.

Ci-dessus : La cathédrale (ici, celle de Strasbourg) est devenue un symbole majeur du compagnonnage qui revendique l'héritage des confréries médiévales des bâtisseurs.

Ci-contre : Détail d'imagerie compagnonnique (1850).

LE S.
DEVOIR
DE D.
E. D. M.
J.
LE MONT-MORIA
LE MONT LIBAN
MARSEILLE
LA ST. BAUME
ORLEANS
LA LOIRE
VILLE DE PARIS

Orléans ou la séparation des rites

Ci-dessus : **La cathédrale d'Orléans**

Ci-contre : **Portrait de maître Jacques, fondateur des Compagnons du Devoir. On peut distinguer, parmi les vignettes qui l'entourent, l'épisode relatif à la séparation des devoirs à Orléans.**

Le chantier de Sainte-Croix

Une autre page importante de l'histoire légendaire du compagnonnage s'inscrit à Orléans où se déroula l'épisode désormais célèbre de la scission des devoirs.

Les récits situent l'action en l'an 1401, durant la construction des tours de la cathédrale Sainte-Croix. Les travaux étaient alors placés sous l'autorité de Jacques Moler, dit *La Flèche d'Orléans*, et de Soubise de Nogent, dit *Parisien le Soutien du Devoir.* Ces deux maîtres d'œuvre durent affronter une grève des œuvriers qui réclamaient de meilleures conditions sur le chantier. S'adressant à la Cour des aides, les deux architectes obtinrent pleins pouvoirs pour réorganiser les corps d'état révoltés. Certaines versions prétendent que Soubise et Jacques profitèrent alors de la circonstance pour imposer une nouvelle règle aux compagnons, règle inspirée par la religion catholique. Tous n'acceptèrent pas de se fondre dans un *devoir* qui semblait s'éloigner de celui fondé par Salomon. Il en résulta une terrible bataille :

« Leurs outils à la main, ils devinrent terribles
Et formèrent deux camps d'une rage indicible
À coups de bisaiguë, de pince, de compas
Ces frères ennemis semèrent le trépas
Jusqu'à la fin du jour dans les rues de la ville
On entendit les bruits de cette lutte vile
Gloire à notre Devoir ! Vive la Liberté.
Dans la Loire, à minuit, certains furent noyés
En le cœur des plus doux, la notion des préceptes
Animait la fureur contre tous les adeptes
Du Devoir opposé ; et la lutte insensée
Qui, pendant cinq cents ans, devait les séparer
Se poursuit la nuit durant sous les falótres
À l'aube, sur des bacs tous plats nommés gavottes
Les quelques survivants du clan Padoréta
Descendirent la Loire en se tordant les bras… »

Ces quelques vers extraits d'un long poème de Raoul Vergez, dit *Béarnais l'Ami du Tour de France,* ne font que reproduire les images traditionnelles associées à la scission légendaire d'Orléans. En ce début de XVe siècle se seraient donc formées les deux branches du compagnonnage, l'une chrétienne, l'autre fondée sur la liberté de conscience. Nous sommes là

HOMMAGE AUX FONDATEURS
DU COMPAGNONNAGE
UNION FRATERNELLE
DES DEVOIRS
LA PATRIE RECONNAISSANTE
J.

AIMONS NOUS
LES UNS LES AUTRES
UNISSONS NOUS
C'EST NOTRE DEVOIR
B
St ETIENNE

Double page précédente : **Lithographie de Jean-Baptiste Bourguet (1827-1900), dit *Forézien Bon Désir*, représentant les trois fondateurs du compagnonnage accompagnés de leurs *enfants* respectifs.**

Ci-contre : **Détail d'une couleur de dignitaire gavot (1859).**

Ci-contre, à droite : **Carte postale ancienne d'un défilé compagnonnique lors des fêtes johanniques d'Orléans en 1929.**

aux portes de l'histoire, cette légende ne faisant que reprendre un fait véridique : la scission entre compagnons catholiques et protestants.
Orléans vécut un événement, historique celui-là, qui vit, en 1568, les Réformés abattre la flèche du transept de la cathédrale dont la chute endommagea une grande partie de l'édifice. À partir d'un fait réel, annexé par le légendaire compagnonnique, s'est donc constituée la désormais fameuse scission des *devoirs* même si, légende oblige, l'anachronisme est le fil conducteur du récit.

Les guerres de Religion

À travers le mythe d'Orléans, il est facile d'entrevoir les querelles religieuses qui ébranlèrent l'unité et la fraternité du compagnonnage. Pour certains, la révocation de l'édit de Nantes força nombre de compagnons à quitter la France, d'où le surnom d'*étrangers* qui leur aurait été attribué. Pour d'autres, le *devoir de liberté* fut, à ses débuts, un *devoir de liberté* de confession.
Les rixes entre sociétés rivales atteignirent leur apogée dans la première moitié du XIXe siècle. Sur les routes du tour de France, on comptait par dizaines les victimes de ces querelles, alimentées autant par les légendes que par les divergences religieuses et politiques. Il fallut des compagnons comme Perdi-

Ci-dessous : **La seconde moitié du XIXe siècle fut l'époque où l'influence maçonnique fut particulièrement nette dans certaines sociétés compagnonniques.**

guier pour dénoncer l'absurdité de telles batailles qui affaiblissaient le monde ouvrier aux yeux des pouvoirs publics, trop heureux de voir régner discorde et haine entre sociétés compagnonniques.

La seconde moitié du XIXe siècle fut une époque qui vit la publication de nombreuses chansons relatives à toutes ces discordes, chansons rédigées par des compagnons issus de tous les rites, suivant ainsi l'exemple de Perdiguier qui, le premier, avait osé évoquer ces querelles fratricides. À la suite de cette prise de conscience, le tour de France devint plus pacifique, même si, ici et là, quelques rixes témoignent de la permanence des divergences entre sociétés compagnonniques.

Jérusalem marque le souci du compagnonnage d'ancrer sa tradition dans le sacré. En revendiquant sa participation à la construction du temple de Salomon, le compagnonnage s'inscrit dans une lignée où l'histoire n'est pas le seul critère d'appréciation. Avec l'épisode tragique d'Orléans, l'ordre compagnonnique montre également qu'il est tributaire des sentiments qui, de tout temps, ont contribué à rapprocher ou séparer les hommes.

Aujourd'hui, les légendes des origines occupent une place beaucoup moins importante dans l'enseignement compagnonnique. Jérusalem et Orléans n'alimentent plus de discussions passionnées, les jeunes gens d'une société postindustrielle ayant d'autres préoccupations plus concrètes et matérielles. Les rivalités entre devoirs n'ont plus la même animosité que dans le passé; néanmoins, chaque compagnonnage cultive sa différence et son identité.

Ci-dessous : Carte postale ancienne d'un défilé compagnonnique lors des fêtes johanniques d'Orléans. On remarquera la bannière au premier plan.

En bas : Imagerie symbolique (1850).

J.
M.
J.
1981

La Sainte-Baume, haut lieu du compagnonnage

Le pèlerinage du Devoir

La Sainte-Baume en Provence est un lieu sacré sur le tour de France des compagnons du *devoir*. Les légendes y associent le souvenir de maître Jacques qui, venu pour s'y retirer, fut assassiné dans des circonstances qui ne sont pas sans rappeler la passion du Christ. En se rendant en pèlerinage à la Baume, les compagnons du devoir vont également honorer Marie-Madeleine qui, après avoir été chassée de Palestine, choisit de s'installer dans ce massif provençal proche de Saint-Maximin, lieu prédestiné dans lequel elle allait vivre trente-trois ans dans la pénitence et la contemplation.

Jusqu'à la fin du XIXe siècle, le tour de France d'un compagnon du *devoir* était considéré comme incomplet sans l'accomplissement de ce pèlerinage. Aujourd'hui encore, de nombreux compagnons tiennent à imiter leurs anciens en allant se recueillir à la Baume. Simple étape touristique ou halte à valeur symbolique ? Une réponse nous est donnée par *Blois l'Ami du Travail*, compagnon boulanger du devoir, dans une petite plaquette qu'il publia en 1972 sous le titre évocateur *La Sainte-Baume, haut lieu du compagnonnage* : « Nous compagnons du devoir, venons accomplir ce pèlerinage comme nos anciens le firent et comme le feront nos suivants, afin de puiser à la source de notre histoire la force nécessaire pour maintenir et transmettre notre patrimoine spirituel et continuer la mission du compagnonnage. »

La Sainte-Baume de maître Jacques

Nous avons vu, dans le chapitre consacré aux légendes du compagnonnage, que maître Jacques avait choisi cet endroit de la Provence afin de s'y fixer jusqu'à la fin de ses jours. Ce retour en Gaule de maître Jacques relève d'un symbolisme propre à tout héros qualifié de circulaire : après un long voyage initiatique qui le conduira à Jérusalem, maître Jacques revient dans son pays d'origine. En cela, il montre l'exemple aux compagnons du tour de France qui, eux aussi, sont invités à partir loin de leur domicile pour, une fois le tour de France accompli, revenir riches d'une expérience qui les a totalement transformés. Il convient de nouveau d'insister sur la multitude de messages contenus dans les mythes et légendes compagnonniques. Sans être un mythologue confirmé, il est parfois facile de deviner une allusion à peine

Délégation de gardiennage et de compétence

Ci-contre : Détail d'un vitrail de la grotte de la Sainte-Baume. Marque de son réalisateur, Pierre Petit, dit *Tourangeau le Disciple de la Lumière*.

Ci-dessus : Délégation de gardiennage du livre d'or de la Fédération compagnonnique des métiers du bâtiment (1960).

À droite : Marie-Madeleine est devenue la patronne du compagnonnage du devoir qui a su tisser autour d'elle toute une symbolique qui interpelle l'intellect du compagnon.

En haut : **Chiffre de quatre gravé dans le bois d'un banc à la grotte de la Sainte-Baume.**

Ci-dessous : **Lithographie symbolique de J.B. Bourguet. À l'arrière-plan, à gauche, la Sainte-Baume.**

voilée concernant les points fondamentaux de la philosophie compagnonnale (rôle capital du voyage, formation continue de l'individu...).

C'est à la Baume que les traits du personnage de maître Jacques sont les plus proches de ceux du Christ. Le recueillement, la prière, la méditation dans la forêt, l'enseignement à des disciples qui, à leur tour, devront transmettre le message, la trahison par un de ses fidèles qui le livre à ses bourreaux... autant de similitudes avec la passion de Jésus. Comme Judas, le traître qui a vendu Jacques à ses assassins est pris de remords et se suicide. Incontestablement, la formation et la composition de cet épisode des légendes marquent la christianisation d'un compagnonnage qui se transforme en un Saint-Devoir de Dieu. À ce propos, il est intéressant d'observer que le *devoir de liberté* n'a jamais inscrit l'étape de la Sainte-Baume sur son tour de France, marquant ainsi, dans une époque où la religion séparait les sociétés compagnonniques, son désir de s'affranchir de tout lien avec l'Église catholique.

La Baume ne véhicule pas ce seul message, aussi important soit-il. L'approche symbolique de ce lieu de pèlerinage doit obligatoirement prendre en compte le personnage de Marie-Madeleine qui vient, parallèlement à maître Jacques, compléter la dimension spirituelle d'un témoignage qui s'adresse à l'intellect du compagnon.

La Sainte-Baume de Marie-Madeleine

Une légende raconte qu'après la mort du Christ, les Sanhédrites, effrayés par les progrès rapides de la propagation de sa doctrine, décidèrent de réagir vigoureusement à l'encontre des adeptes de cette nouvelle religion. Les amis de Jésus furent naturellement les premiers visés. Ainsi, Lazare, Marie-Madeleine, Maximin, Sidoine, Marie-Salomé et Marie-Jacomé furent conduits au port de Jaffa et placés dans une barque qui n'avait ni voile ni gouvernail. Livré aux caprices des flots, le groupe d'exilés arriva sur les rivages de la Provence, à l'embouchure du Rhône. À peine débarqués, les occupants de l'embarcation se dispersèrent. Marie-Jacomé et Marie-Salomé restèrent sur place, en un lieu qui allait devenir les Saintes-Maries-de-la-Mer. Les autres partirent vers Tarascon, Marseille et Aix. Quant à Marie-Madeleine, ne souhaitant que solitude et contemplation, elle erra dans la Provence puis découvrit enfin la grotte de la Baume où elle vécut trente-trois années, neuf cents ans après maître Jacques.

C'est cette même Marie-Madeleine qui a été élevée au rang de patronne des compagnons du *devoir*. Certes, il est compréhensible de voir une sainte choisie par un compagnonnage du Saint-Devoir de Dieu. En fait, en se retirant dans un asile qui avait déjà abrité le père fondateur du *devoir*, Marie-Madeleine devenait une figure symbolique idéale pour les compagnons du devoir qui, autour de la vie de cette pécheresse repentie, allaient construire puis proposer une démarche spirituelle.

Le cœur même du message véhiculé par Marie-Madeleine se situe dans la réplique du Christ ressuscité apparaissant à la

Ci-contre : **Lithographie souvenir du pèlerinage à la Sainte-Baume (1863).**

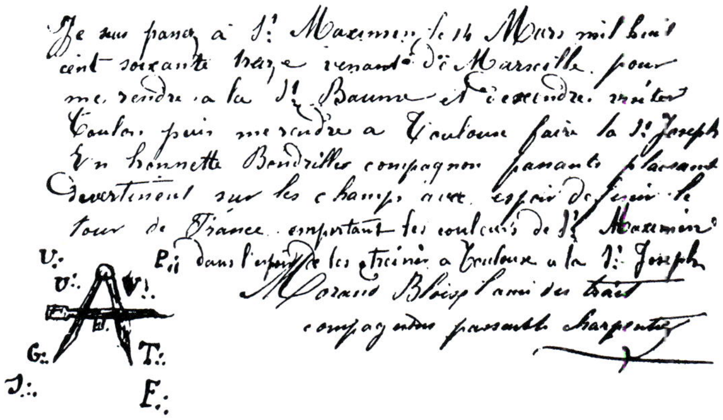

Ci-dessous : **Signature de *Blois l'Ami du Trait*, compagnon charpentier du devoir, sur le livre de passage après son pèlerinage en 1873. Cette coutume se perpétue.**

sainte sous les traits d'un jardinier. Voulant s'approcher de lui, Marie-Madeleine se vit répondre : « *Noli me tangere* » (ne me touchez pas). À partir de ces trois mots, de très belles interprétations sont possibles. « *Noli me tangere* » rappelle pour beaucoup le fameux « L.D.P. » (liberté de passer) évoquant la franchise du compagnon des temps anciens qui pouvait voyager de chantier en chantier en toute liberté. Si l'on cherchait à l'arrêter durant son voyage, il pouvait dès lors répondre symboliquement « *Noli me tangere* », car muni des protections ecclésiastiques et/ou seigneuriales, il était intouchable de par sa qualité de bâtisseur de château ou de cathédrale. Le caractère sacré du compagnon ne pouvait donc être touché par le profane.

Au-delà de cette première lecture, il nous faut considérer Marie-Madeleine à travers le prisme qui fait du compagnonnage un cheminement vers le spirituel. Sans l'esprit, toute œuvre humaine est condamnée à disparaître ; l'œuvre matérielle passe mais son esprit demeure. C'est un des messages principaux que véhicule la règle du devoir qui rappelle à l'aspirant devenu compagnon : « Maintenant tu sais, des choses visibles, t'élever aux choses invisibles. »

Dans la tradition occidentale du compagnonnage, Marie-Madeleine représente celle qui a su s'élever du visible vers l'invisible, en choisissant de se retirer à la Sainte-Baume. Ce faisant, elle devient un véritable symbole, le symbole étant pour les compagnons du devoir « une chose matérielle visible qui permet d'accéder à l'invisible ». D'autre part, les compagnons n'ont pu qu'être touchés par une Marie-Madeleine accomplissant chaque jour un rituel de mort (enfermement dans la grotte) et de résurrection (les anges l'amenaient tout en haut du Saint-Pilon qui surplombe la grotte pour entendre les musiques célestes).

La Sainte-Baume du pèlerinage

Aujourd'hui encore, le pèlerinage à la Baume fait partie des étapes du tour de France des devoirants. Comme dans le passé, un cachet est apposé sur les couleurs du compagnon, qui justifie de sa visite à la grotte et au Saint-Pilon. Chaque compagnonnage possède son propre fer pour frapper les rubans du pèlerin. Au siècle dernier, le père Audebaud, qui tenait boutique à Saint-Maximin, vendait des couleurs spéciales et des lithographies aux compagnons désireux de conserver un souvenir de leur passage. Ajoutés aux rameaux coupés dans le bois qui mène à la grotte, l'ensemble de ces souvenirs était connu sous le nom de pacotille.

Si vos pas vous mènent vers ce haut lieu du compagnonnage, à défaut de la canne du compagnon, munissez-vous du bâton

Fer à frapper les couleurs des compagnons du devoir. Déposé à la Sainte-Baume le 21 juillet 1947, il est apposé sur les couleurs des devoirants qui ont accompli le pèlerinage.

propre au pèlerin, il vous sera d'un précieux secours durant votre ascension. Sur la pierre des quelques oratoires qui ponctuent le chemin, des marques compagnonniques rappellent l'identité et l'orientation du pèlerinage : vous êtes sur les pas des compagnons du tour de France.
Après les sentiers de la forêt, un escalier assez raide vous fait parvenir sur une esplanade où trois croix de bronze rappellent le sens du pèlerinage chrétien. Pénétrant au cœur de la grotte, vous consacrerez un moment pour apprécier les superbes vitraux réalisés par Pierre Petit, dit *Tourangeau le Disciple de la Lumière*, compagnon vitrier des devoirs unis. À eux seuls, ces vitraux expliquent et justifient le pèlerinage. Une halte devant le sarcophage qui aurait contenu les reliques de Marie-Madeleine puis une visite au Saint-Pilon concluent le passage à la Baume.

La Sainte-Baume de Pierre le Saintonge

Cette chanson fut composée en 1948 par Pierre Morin, compagnon menuisier du devoir, connu de ses frères sous le nom symbolique de *Pierre le Saintonge* :

« C'est en Provence, la terre s'éveille
Partout la nuit qui s'efface au lointain…
Sur les rochers que l'aurore ensoleille…
Rend tout nouveau dans l'air pur du matin.
Là-bas soudain, sortant de l'ombre,
Un cloître blanc nous apparaît,
Au-dessus d'une forêt sombre,
Dans ces rochers gardiens de nos secrets.

Refrain (chœur)
Ohé ! Sainte-Baume !
Chantons ! Haut les cœurs
Voici le royaume du parfait bonheur.

Tous en suivant loin des monts notre route
Qui conduit sous les ombrages frais
Là, dans la paix de ces antiques voûtes
Nous montons au calvaire sacré.
Un oratoire en pierre dure
Où nos marques bravent le temps
Et sous la mousse un doux murmure
C'est l'eau du roc, qui s'égoutte en chantant.

Marchant toujours, au gré de l'aventure
Parmi les rocs, qui ne sont plus couverts
Tout au-dessus, où bravant la nature
Le Saint-Pilon veille en ce désert
Voici l'abri, c'est la chapelle
Saint-Maximin, et ses pignons…
Au loin partout tu nous appelles
Haut lieu si cher aux nobles compagnons.

Puis au retour du saint pèlerinage
Au rendez-vous des compagnons passants
Sur nos couleurs, de la Baume en hommage
Nous recevons le sceau des devoirants,
Dans cette grotte où Madeleine
Longtemps demanda son pardon
Où rois et grands… même des reines !
Vinrent prier, comme les compagnons.

Dans mon pays, loin du chant des cigales
Loin de la Baume et de Saint-Maximin
Je chanterai, Ô cité sans rivale
Près de la mer en Saintonge demain…
Tout le soleil et l'espérance
La Sainte-Baume, et dans mon cœur
Je chanterai, belle Provence
Le doux secret de tes lieux enchanteurs. »

FONDEUR
COUVREUR
CORDIER
FERBLANTIER
PLÂTRIER
SERRURIER
MARÉCHAL-FERRANT
FORGERON
CHARRON
TANNEUR
POÊLIER
TOURNEUR
CHAPELIER
MENUISIER
TOILIER
COUTELIER
ENFANTS SOYEZ DIGNES DE VOS AIEUX
VANNIER
SABOTIER
TISSEUR FERRANDINIER
SELLIER
VITRIER
TEINTURIER
TAILLEUR DE PIERRE
CHARPENTIER
CLOUTIER
CORDONNIER-BOTTIER
BLANCHER CHAMOISEUR
BOURRELIER
DOLEUR
LA FIDÉLITÉ VEILLE A LA SURETÉ DE NOS LOIS
LE PROFANE N'A JAMAIS CONNU LA BIENFAISANCE
TONDEUR DE DRAP
ÉPINGLIER
CLOUTIERS
LE GÉNIE DU COMPAGNONNAGE FAISANT LE TOUR DU GLOBE.
Par le travail,
la prudence
et la conduite

L'HISTOIRE DES DEVOIRS

Apparues officiellement dans la seconde moitié du Moyen Âge, les premières sociétés compagnonniques se développent dans une relative clandestinité. Défiant les corporations, le pouvoir royal puis, plus tard, l'Église de France, le compagnonnage attire sans difficulté une jeunesse à la recherche d'une promotion professionnelle et sociale.

Ayant su traverser les guerres, les condamnations et les révolutions (politiques ou industrielles), le compagnonnage s'apprête avec sérénité à aborder le XXIe siècle, grâce à son extraordinaire capacité d'adaptation et d'observation.

Cy commencent les chappitres du livre de politique que frere Gilles augustin envoia a philippes roy de france du gouvernement des roys et des princes

Le premier chappitre enseigne que len doit parler et determiner des choses dont la vie humaine se peult estre soustenue qui veult donner congnoissance et art de gouverner sa maison et son hostel et sa gent

Le second chappitre enseigne que les roys et les princes doivent faire leurs edifiemens et subtillement fais et en lieu aer et en sain et en lieu honneste

Le tiers chappitre enseigne en quel lieu et en quelles parties de la terre les roys et les princes doivent edifier leurs mesnages et leurs cites

Le quart chappitre enseigne que nature encline lomme a avoir possessions dont il peult vivre en cest siecle

Le quint chappitre enseigne que cest grant proffit a la vie humaine que chascun homme ait ses propres richesses et ses propres possessions terriennes

Le sixte chappitre enseigne comment len doit user des biens temporelz et

Sept siècles d'histoire

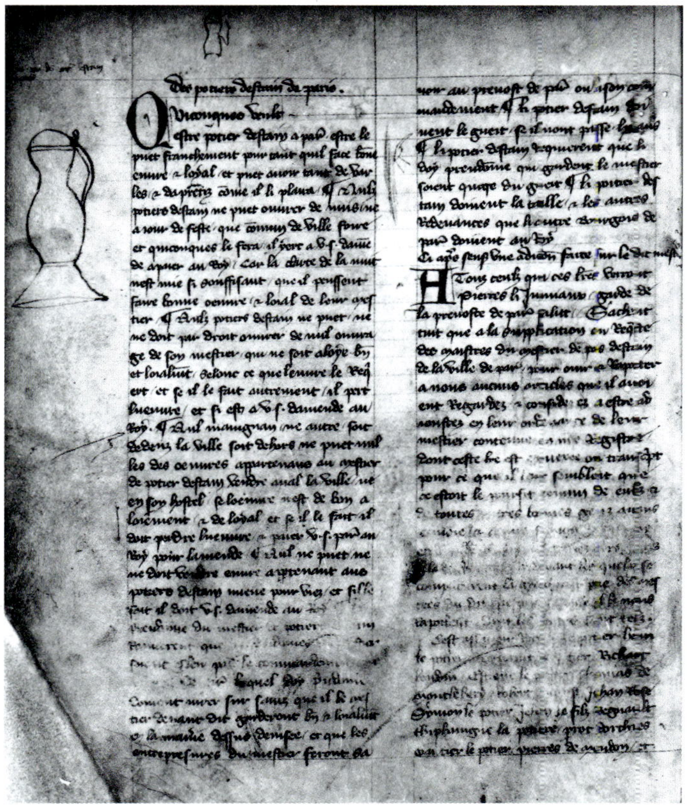

Ci-dessus : Extrait du *Livre des métiers* d'Étienne Boileau.

Ci-contre : Les rapports entre le maître d'œuvre et le maître d'ouvrage s'établissent sur la confiance. Le dessinateur ne s'y est pas trompé en les représentant sur un pied d'égalité (miniature du XIVe siècle, bibliothèque Sainte-Geneviève).

Laissant de côté les légendes (sans les ignorer), les historiens situent les origines des premières sociétés à caractère compagnonnique à l'époque des croisades et des constructions des cathédrales gothiques. Une simple lecture des listes de préséance des métiers, si nombreuses au XIXe siècle, confirme ce point de vue puisque les métiers des cathédrales occupent les premières places dans la hiérarchie du compagnonnage. Bois, pierre et fer forment en effet le triptyque fondateur des premiers corps organisés en *devoir.*

Pour étudier l'histoire du compagnonnage, l'historien dispose de peu d'outils. Les archives compagnonniques n'informent guère qu'à partir du XVIIIe siècle. Dans une société où la tradition orale tient une place prépondérante, l'événement historique n'a pas toujours été consigné, conservé ou transmis par écrit. Le chercheur consultera donc avec profit les édits, ordonnances et autres arrêts du royaume et de ses parlements, riches d'informations relatives aux compagnons du tour de France. Les rapports de police renferment également de précieux renseignements. Ajoutons enfin, pour des périodes particulières, les monitoires et autres sentences ecclésiastiques, et nous aurons recensé les principaux terrains de recherche à la disposition de l'historien.

Le *Livre des métiers*

Rédigé en 1268, à la suite de nombreuses années de collectes et d'auditions placées sous l'autorité du prévôt de Paris, Étienne Boileau, le *Livre des métiers* est un document capital pour étudier les usages, traditions et coutumes des corporations médiévales. Ce *Livre des métiers* fut commandé par Louis IX qui, s'inquiétant de l'existence de corps sauvages, voulut fixer des statuts officiels afin d'éviter certaines turbulences. Parmi tant d'autres, relevons une phrase assez significative : « Il est désormais interdit à tout ouvrier de quitter son maître sans son accord. » C'est donc une première allusion à certains ouvriers voyageurs.

Profitons de ce voyage au sein des corporations pour clarifier une terminologie parfois génératrice de confusion regrettable. L'organisation des métiers de l'Ancien Régime était structurée autour de trois états : apprenti, compagnon et maître. Il convient donc de bien faire la différence entre le compagnon de la corporation et le compagnon du tour de France. D'une

Ci-contre : L'équerre, présentée ici par le maître d'œuvre au maître d'ouvrage, permet symboliquement de vérifier la rectitude de la taille des pierres et par là même du chantier (miniature du XVe siècle, Vienne).

Ci-dessous : Le voyage constitue, depuis le Moyen Âge, l'essence même du compagnonnage.

part, un ouvrier qui, sa vie durant, est au service du même maître, sans espoir d'obtenir à son tour cette maîtrise indispensable pour fonder son propre atelier et, d'autre part, un compagnon désireux d'affirmer son indépendance face à l'immobilisme des corporations, immobilisme qui ne lui offre aucun espoir d'amélioration de son sort, à moins qu'il ne soit fils ou gendre de maître, seule possibilité d'accéder à cette maîtrise tant convoitée. Cette réaction, cette envie de voyager, ce désir de liberté sur le marché du travail étaient en profonde contradiction avec les statuts définis dans le *Livre des métiers*.
Face à la quasi-impossibilité de s'épanouir au sein de la cellule corporative, les ouvriers mécontents vont, avec un certain courage, entrer dans la clandestinité et s'organiser pour survivre. Les corporations devenant une voie sans issue, une société de compagnons va naître. Groupement fragile au départ, cette société s'organise progressivement en une véritable communauté fraternelle qui, bientôt, rayonnera sur toute la France.
Le mot compagnonnage étant une création récente (XIXe siècle), c'est le terme de *devoir* qui définit ces premières associations ouvrières.

L'émergence historique

1420 : le roi Charles VI rédige une ordonnance à l'intention des cordonniers de la ville de Troyes. Une allusion au tour de France compagnonnique est claire : « Plusieurs compaignons et ouvriers du dit mestier, de plusieurs langues et nations alloient et venoient de ville en ville ouvrer pour apprendre, congnoistre, veoir et savoir les uns des autres. »
1480 : un tableau intitulé *Le Siège de Rhodes* représente une réception rituelle de compagnons charpentiers et tailleurs de pierre par les hospitaliers de Saint-Jean de Jérusalem.
1506 : Louis XII régnant, la sentence du Châtelet évoque avec force détails une organisation qui semble très structurée : « Avons fait et faisons défense aux eux disans roy et com-

pagnons du mestier de couturier prétendans avoir aucun pouvoir puissance, ne prééminence plus que les autres varlets et apprentis de iceluy mestier de faire aucune assemblées, compaignies, conventicules, confrairies, disnez, souppers ne banqueetz pour traiter de leurs affaires sur peine de prison. »

Les rois se succèdent, les interdictions se multiplient, preuve de la résistance d'un *devoir* qui semble attirer de plus en plus de jeunes vers lui. Les archives signalent l'existence de sociétés à caractère compagnonnique dans de nombreuses villes du royaume. Paris, Lyon, Toulouse, Dijon, Reims… partout le *devoir* s'organise afin d'accueillir les itinérants sur les routes du tour de France.

1539 : dans la célèbre ordonnance de Villers-Cotterêts qui impose le français dans les actes officiels, François Ier réitère les condamnations de ses prédécesseurs : « Suivant nos anciennes ordonnances et arrêts de nos cours souverains, seront abattues, interdites, et défendues toutes confréries de gens de métier et artisans par tout notre royaume. »

1540 : un procès-verbal des archives judiciaires de Dijon cite des noms compagnonniques tels *Robert de Pontoyse* et *Jehan de La Mothe.* Ces deux compagnons cordonniers, peut-on lire, « allèrent goûter chez une femme nommée la mère ». En outre, *Jehan de La Mothe,* natif de Tours, déclare à son interrogateur avoir voyagé durant quatre ans et traversé les villes de Blaye-sur-Loire, Saumur, Angers, Nantes, Fontenay, Bordeaux, Poitiers, Nevers, Courbay, Villeneuve-le-Roi, Avallon et Dijon. Ainsi, en ce milieu du XVIe siècle, le tour de France est une réalité structurée ; l'existence des mères ne fait plus aucun doute.

1571 : Charles IX régnant, un édit irrévocable et perpétuel nous révèle, en partie, les diverses facettes du *devoir* puisqu'il condamne toutes manières de confréries, serments, monopoles, cotisations, capitaines, bannières, lieux de réunion, banquets, fêtes, trics, bâtons…

Le problème religieux

Du XIIIe siècle aux premières années du XVIIe, les associations du *devoir* se développent, apportant le plus grand soin à l'accueil des ouvriers voyageurs (embauche, hébergement, solidarité, entraide…). Jusqu'à présent, le royaume était le seul adversaire des compagnons, lesquels, en bravant les corporations, osaient défier le pouvoir royal. Mais, nous l'avons vu, malgré les interdictions successives, le *devoir* ne cesse de prospérer.

Le XVIIe siècle marque un tournant important dans l'histoire du compagnonnage avec une Église de France qui participe, elle aussi, à la condamnation du *devoir.* En fait, la religion catholique ne peut plus tolérer une association ouvrière qui, non contente de braver le pouvoir royal, vient emprunter des éléments à la symbolique chrétienne pour les rituels de réception de ses nouveaux membres. Outre les légendes de maître Jacques qui ne sont pas sans rappeler quelques épisodes de la passion du Christ, le *devoir* prétend baptiser ses enfants, allant même jusqu'à utiliser la Bible lors de la prestation de certains serments de fidélité exigés des nouveaux frères.

De 1645 à 1648, la confrérie du Très-Saint-Sacrement-de-

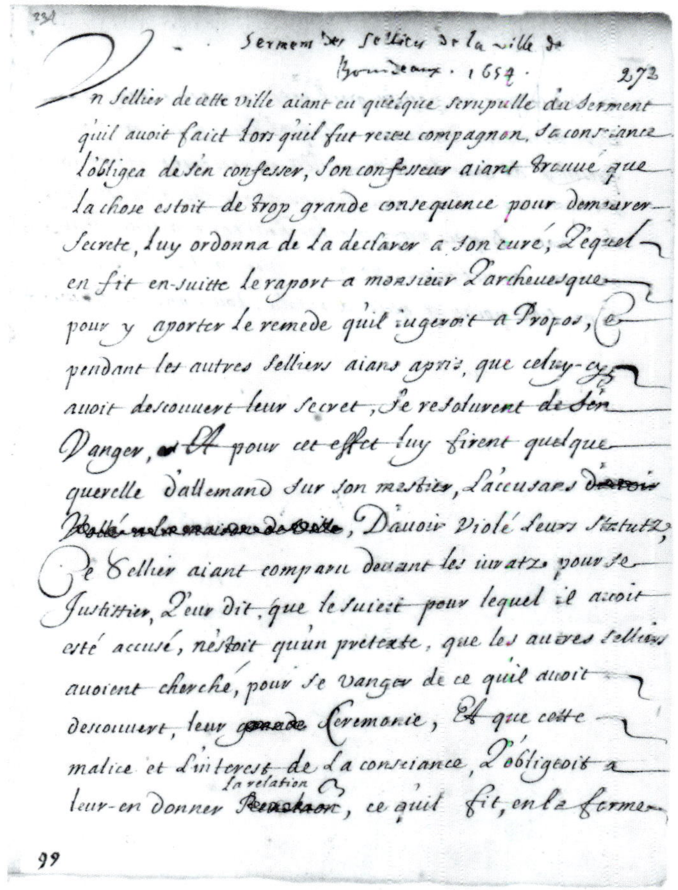
Serment des selliers de la ville de Bourdeaux. 1654. 273
Un sellier de cette ville aiant eu quelque scrupulle du serment quil avoit faict lors quil fut receu compagnon, sa conscience l'obligea de sen confesser, son confesseur aiant trouvé que la chose estoit de trop grande consequence pour demeurer secrete, luy ordonna de la declarer a son curé, lequel en fit en suitte le raport a monsieur l'archevesque pour y aporter le remede quil iugeroit a propos, cependant les autres selliers aians apris que celuy cy avoit descouvert leur secret, se resolurent de s'en vanger, et pour cet effet luy firent quelque querelle d'allemand sur son mestier, l'accusans d'avoir violé leurs statutz, ce sellier aiant comparu devant les iuratz pour se justifier, leur dit que le suiect pour lequel il avoit esté accusé, n'estoit qu'un pretexte, que les autres selliers avoient cherché, pour se vanger de ce quil avoit descouvert leur ceremonie, et que cette malice et l'interest de la conscience l'obligeoit a leur en donner la relation, ce quil fit, en la forme
99

Ci-dessus : Les problèmes relationnels entre compagnonnage et Église prennent leur source dans les serments prononcés et les rituels pratiqués lors des cérémonies de réception (serment des compagnons selliers du devoir, Bordeaux, 1654).

Ci-dessous : Les sabotiers, initialement tenus à l'écart des villages, furent très proches des compagnons fendeurs et charbonniers.

La communauté des bâtisseurs est hiérarchique et fraternelle. Chacun, en fonction de son savoir dans le métier, occupe une place et un rôle bien définis (miniature du XVe siècle, Bibliothèque de Vienne).

l'Autel va s'attacher à mettre en lumière les cérémonies de réception des compagnons selliers et cordonniers du *devoir* et de dénoncer ces pratiques comme d'intolérables atteintes à la foi. De ces monitoires naît la célèbre résolution des docteurs de la faculté de Paris, imprimée le 14 mars 1655, dans laquelle sont dénoncées « les pratiques impies, sacrilèges et superstitieuses qui ont cours dans plusieurs métiers du *devoir* ».

Parallèlement à l'acte officiel de condamnation, l'Église de France tente, sur le terrain même du *devoir*, d'impulser un contre-compagnonnage avec la création des frères cordonniers, ordre semi-religieux, confié à un certain Henri Buch. À la mort de ce dernier, en 1666, l'entreprise des frères cordonniers s'est soldée par un échec total. Habitué à la clandestinité, le *devoir* avait su s'organiser de telle façon qu'aucune entrave, fût-elle royale ou religieuse, ne puisse désormais freiner son expansion dans un monde ouvrier en quête d'une structure autre que corporative. Fraternel et efficace, le *devoir* semblait se diriger vers un avenir prometteur. C'était sans compter avec ses querelles internes.

En 1685, la révocation de l'édit de Nantes entraîne de graves conséquences dans un paysage compagnonnique en quête d'une unité. Compagnons catholiques et protestants ne peuvent plus cohabiter dans le cadre d'une même famille. Au très puissant Saint-Devoir de Dieu qui fédère tous les compagnons catholiques va répondre une association qui, au départ, regroupe des compagnons qui se proclament *non du devoir*. L'Église catholique souhaite progressivement oublier la condamnation de 1655 afin de prendre sous sa tutelle et sa bienveillance un mouvement compagnonnique dont il suffit de réviser les rituels. Preuve de cette nouvelle politique, le couvent des Carmes de la ville de Nantes accueille, en 1758, la chambre des compagnons menuisiers du *devoir*. En revanche, les protestants et les non-croyants se regroupent dans un *devoir* qui, bien plus tard au moment de la Révolution française, prendra le nom de *devoir de liberté*.

Malgré cette brisure historique qui donne naissance aux légendes d'Orléans, les *devoirs* ne perdent pas de vue pour autant la mission et la vocation des origines. Nombreuses sont les archives des diverses provinces de France qui insistent sur la solidarité compagnonnique face au pouvoir officiel des corporations. Pour se faire entendre des maîtres des jurandes, les compagnons ont inventé tout un système de défense et de revendication. Les cabales (grèves) et les interdits de boutique deviennent des armes redoutables et redoutées. Affaibli par des problèmes religieux, le compagnonnage va, paradoxalement, conquérir sa place d'unique défenseur du monde ouvrier.

« Il y a un esprit de rébellion si fort établi que l'on voit dans les villes de commerce, de 700 à 800 ouvriers d'une seule manufacture s'absenter tout à coup parce qu'on leur voulait diminuer d'un sou leur journée... Il y a même des statuts parmi eux, dont quelques-uns sont par écrit et qu'ils se remettent de main en main... Il est porté que si l'un d'eux entreprend de diminuer le prix ordinaire, il soit aussitôt interdit de faire le métier. » Telle est l'image du compagnonnage aux yeux des maîtres tailleurs d'habits de la ville de Lyon, en 1688.

Ci-dessous et ci-contre : **Divergences religieuses et politiques, souci de préserver un monopole de l'embauche, furent les principales raisons des rixes entre compagnonnages rivaux (*L'Illustration*, 1845).**

Un compagnonnage militant et divisé

À partir des premières décennies du XVIIIe siècle, le compagnonnage se présente sous deux aspects. Les nombreux manuscrits et imprimés datant de cette époque insistent sur un compagnonnage très vigilant quant aux conditions de travail et d'embauche n'hésitant plus à organiser des grèves, parfois très longues, pour obtenir satisfaction auprès des maîtres récalcitrants. D'un autre côté, ces mêmes documents montrent un compagnonnage de plus en plus divisé en rites adverses. Ces querelles donnent parfois lieu à de violentes batailles entre *devoirs* ennemis.

L'ordonnance du gouverneur de Montpellier, en 1730, est devenue une pièce importante que l'on retrouve fréquemment dans l'historiographie

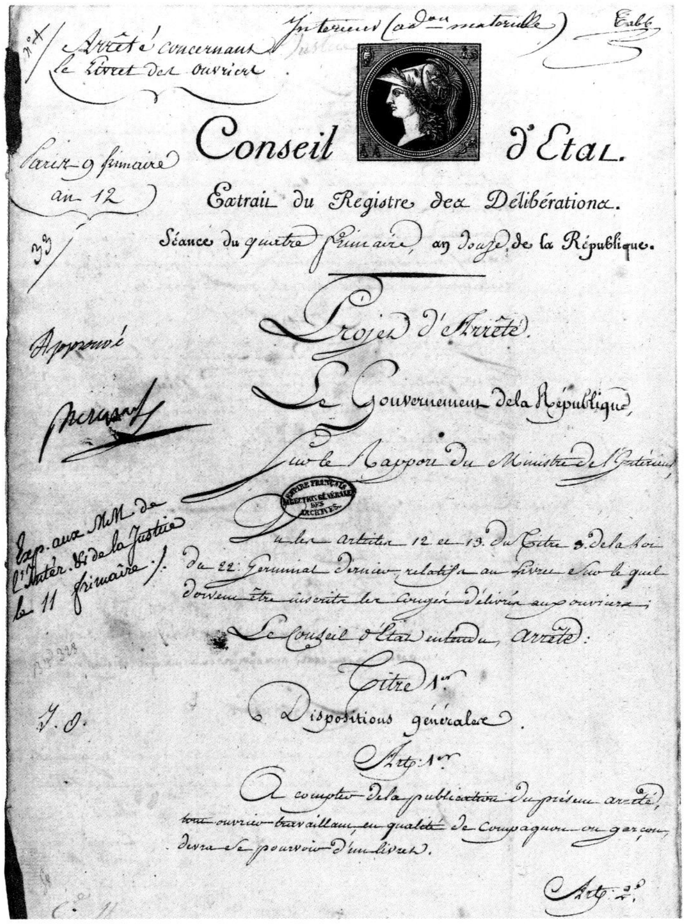

N° 7 / Arrêté concernant le Livret des ouvriers. — Intérieur (ad[on] matérielle) — Établ.

Paris 9 frimaire an 12

33

Conseil d'État.

Extrait du Registre des Délibérations.

Séance du quatre frimaire, an douze de la République.

Projet d'Arrêté.

Approuvé

Le Gouvernement de la République,

Sur le Rapport du Ministre de l'Intérieur,

Exp. aux MM. de l'Intér. et de la Justice le 11 frimaire.

Vu les articles 12 et 13. du Titre 3. de la loi du 22. Germinal dernier relatifs au Livret sur lequel doivent être inscrits les congés délivrés aux ouvriers ;

Le Conseil d'État entendu, Arrête :

Titre 1.er

Dispositions générales.

Art. 1.er

A compter de la publication du présent arrêté, tout ouvrier travaillant en qualité de compagnon ou garçon, devra se pourvoir d'un livret.

Art. 2.

compagnonnique. Pour la première fois, le mot syndicat est employé pour définir le compagnonnage, preuve, s'il en fallait encore une, de sa vocation initiale : « Ce qui les provoque encore plus au désordre, c'est que par un abus punissable ils ont entrepris de faire un syndicat entre eux… Les voilà les uns syndiqués contre les autres et tous ensemble contre les maîtres. »

L'exemple de Montpellier ne doit pas cacher la multitude de documents faisant état des rixes entre sociétés rivales. Ainsi, en 1745, le parlement d'Angers condamne les compagnons charpentiers du *devoir* « à être attachez au carcan du pilory de la dite ville, un jour de marché, avec des écritaux devant et derrière portant ces mots compagnons du *devoir* et perturbateurs du repos publique ».

Les maîtres ne désarment pas. Un peu partout, ils déposent des plaintes qui, dans la majorité des cas, se montrent sans effet. Ainsi, en 1779, une ordonnance de police de Blois rappelle qu'« il est désormais interdit aux compagnons de s'assembler, de quitter les maîtres et de s'embaucher eux-mêmes ». Certaines villes tentent même de mettre

Ci-dessus : L'instauration du livret d'ouvrier visait notamment à mieux contrôler les déplacements et les activités des ouvriers qui effectuaient le tour de France.

sur pied un bureau de placement, menaçant d'expulsion tout ouvrier nouvel arrivant qui trouverait embauche sans passer par ce service municipal. Rien n'y fait, dans de nombreuses villes les sociétés compagnonniques ont définitivement conquis le monopole de l'embauche et se montrent de plus en plus revendicatives dans leurs rapports avec les maîtres. Ces derniers refusent-ils une demande ? La damnation de boutique les fait reconsidérer leur position sous peine de faillite. Les maîtres se liguent-ils pour faire face aux compagnons? Ces derniers mettent alors la ville entière en interdit, empêchant toute main-d'œuvre étrangère au compagnonnage de venir à l'aide des corporations.

Puissant et revendicatif à l'extrême, le compagnonnage aurait pu constituer un sérieux danger pour l'ordre établi. Les rivalités entre rites se chargeront d'écarter cette menace.

L'espoir déçu de la Révolution

Avec les édits de Turgot, les corporations savaient leur fin proche. La révolution de 1789 ne fera que parachever une démarche amorcée dans les dernières années de l'Ancien Régime. Les corporations dissoutes, le compagnonnage apparaissait dès lors comme la seule structure capable d'organiser le marché du travail.

En 1791, la loi d'Allarde concrétise le vieux rêve, la revendication séculaire du compagnonnage : « À compter du 1er avril, il sera libre à tout citoyen d'exercer telle profession ou métier qu'il trouvera bien, après s'être pourvu d'une patente et d'en avoir acquitté le prix. » Mais, deux mois plus tard, la loi Le Chapelier bouleverse les prévisions optimistes en interdisant le compagnonnage au titre d'association ouvrière. En pleine Terreur, les diverses sociétés compagnonniques vont se faire discrètes, continuant leur action formatrice et généreuse auprès d'un monde ouvrier pris dans la tourmente des événements.

Cette même époque révolutionnaire engendre la naissance officielle du *devoir de liberté.* Une première cayenne de compagnons charpentiers du devoir de liberté est fondée à Paris, le 16 floréal 1804. Tous les compagnons qui ne se reconnaissent pas dans le Saint-Devoir de Dieu rejoignent ce nouveau compagnonnage, placé sous le patronage symbolique du roi Salomon. Les compagnons *non du devoir* sont désormais des *loups*, des *étrangers*, des *indiens*, des *gavots* qui se retrouvent autour d'un *devoir de liberté* de confession. Protestants, athées, libres penseurs viennent renforcer les rangs de cette nouvelle famille. Rapidement, des chambres et des cayennes se créent à Tours, Dijon, Auxerre, Nîmes, Lyon, Marseille, Toulouse, Montpellier et Bordeaux.

Avec Napoléon, le livret d'ouvrier prend toute son importance. Moyen de contrôle efficace, ce livret obligatoire permet aux pouvoirs publics de mieux maîtriser les déplacements des compagnons. Les articles 415 et 416 de ce petit document sont révélateurs : « Toute coalition de la part des ouvriers pour faire cesser en même temps de travailler sera punie d'un emprisonnement de deux à cinq ans. » Un peu plus loin, on peut également lire : « Seront aussi punis les ouvriers qui auront prononcé des amendes, des défenses, des interdictions ou des damnations. » Le compagnonnage est clairement désigné par ces lignes.

Ci-dessus et ci-contre : **Le chemin de fer fut le symbole majeur des premières révolutions industrielles. Le tour de France à pied (et avec lui le folklore du voyage ainsi que ses rituels), les tours de main séculaires... trouvèrent dans le machinisme et le capitalisme triomphant une concurrence qui faillit aboutir à la mort de l'institution.**

Page de droite : **Jean Bernard († 1994), fondateur de l'Association ouvrière des compagnons du devoir. Son charisme et son rayonnement (peintre, sculpteur, philosophe...) ont fait de lui un des personnages fondamentaux du compagnonnage français contemporain.**

Vers une union des devoirs

En cette première moitié du XIXe siècle, le compagnonnage atteint son apogée. On estime à 200 000 (certains vont même jusqu'à 500 000 !) le nombre d'ouvriers membres du *devoir* ou du *devoir de liberté.* À cette époque, le compagnonnage est à la pointe des revendications ouvrières et offre une organisation protectrice et efficace. Mais les haines fratricides entre sociétés rivales alimentent de nombreux rapports de police et commencent à faire la une de plusieurs gazettes. En 1839, un jeune compagnon menuisier du *devoir de liberté* fait paraître un *Livre du compagnonnage.* Dans cet ouvrage, l'auteur présente, pour la première fois, le compagnonnage au grand public tout en suggérant la fin des discordes et l'union des *devoirs.* C'est le début d'une œuvre longue et difficile. Agricol Perdiguier, dit *Avignonnais la Vertu*, va y consacrer sa vie entière.

Dès le milieu du XIXe siècle, le compagnonnage est miné intérieurement. La rénovation entreprise par Perdiguier n'obtient pas l'assentiment de tous. Aux querelles religieuses d'antan se sont succédé les divergences politiques. Ainsi, en 1848, la Révolution est diversement accueillie. Sous l'impulsion de Perdiguier, une réconciliation éphémère parvient cependant à réunir les divers rites. Plusieurs compagnons osent se présenter aux élections organisées pour désigner l'Assemblée nationale. Perdiguier et quelques autres sont élus, ils le paieront plus tard par l'exil lors du coup d'État du futur Napoléon III.

Le déclin

Avec le Second Empire, le machinisme et le capitalisme accélèrent leur marche et développent la division du travail ainsi que la concentration des entreprises. Un nouveau monde se dessine. Les Expositions universelles de 1855 et 1867 révèlent au public les immenses modifications apportées par les machines. Les bases professionnelles ancestrales du compagnonnage sont fortement menacées par des progrès qui dépassent les secrets de métier et les tours de main si chers

aux compagnons. En quelques années, les jeunes se sont détournés d'un compagnonnage qu'ils jugent sévèrement en raison de ses luttes intestines. Conscients du danger, les compagnons tentent de se regrouper, mais le poids du passé empêche toute expérience de ce genre.

L'épisode tragique de la Commune contribue à affaiblir encore plus un compagnonnage totalement désorienté par les événements. En 1875, Perdiguier meurt sans avoir réussi à concrétiser son projet initial. À partir de 1884, les syndicats ouvriers peuvent se constituer sans autorisation gouvernementale. Une grande page est alors tournée dans l'histoire du compagnonnage. Sous l'impulsion du compagnon Lucien Blanc, dit *Provençal le Résolu*, se crée en 1889 l'Union compagnonnique des compagnons du tour de France des *devoirs* unis. Mais ce mouvement ne peut regrouper l'ensemble des *devoirs*, innovant trop aux yeux des compagnons attachés à une certaine idée du compagnonnage. Face à l'Union compagnonnique, tentent de s'organiser les compagnons *restés fidèles au devoir*.

En cette fin de XIXe siècle, le compagnonnage a perdu sa grandeur et sa puissance. Le machinisme conquiert définitivement la grande industrie, menace la petite et révolutionne la notion même d'apprentissage en sollicitant en grand nombre femmes et enfants. Les progrès rapides du chemin de fer désorientent considérablement le compagnonnage en condamnant le séculaire tour de France à pied. En outre, l'électricité vient bouleverser les pratiques et l'outillage de nombreuses professions. Face à un nouveau monde du travail qui se met en place, les syndicats répondent mieux aux attentes des nouvelles générations. Grâce à une habile campagne de propagande, les premiers syndicats tournent en dérision les coutumes compagnonniques. Une nouvelle page se tourne.

Vers une rénovation

En 1901, Étienne Martin Saint-Léon publie son livre *Le Compagnonnage*, dans lequel il prédit la disparition rapide de cette vénérable institution. La Grande Guerre de 1914-1918 entraîne de lourdes pertes au sein de toutes les sociétés compagnonniques. À la fin des hostilités, l'état du compagnonnage est plus que précaire. À l'image d'Auguste Bonvous, quelques compagnons réfléchissent néanmoins à une nouvelle forme de compagnonnage mieux adaptée à la société moderne, mais les rapports entre la jeune Union compagnonnique et les vieux *devoirs* ne sont pas des plus cordiaux et n'autorisent pas un éventuel rapprochement des rites.

La Seconde Guerre mondiale entraîne un profond changement dans le monde compagnonnique. En 1941, en pleine Occupation, une rénovation du compagnonnage est entreprise par quelques compagnons du *devoir* groupés autour d'un jeune tailleur de pierre, Jean Bernard, dit *La Fidélité d'Argenteuil*. Bénéficiant de la protection et du soutien du maréchal Pétain, il parcourt plusieurs villes du tour de France afin d'expliquer son projet et d'obtenir l'assentiment des diverses sociétés compagnonniques. Après maintes réunions préparatoires, le maréchal Pétain accorde une charte du compagnonnage, délivrée à Commentry, le 1er mai 1941. Ainsi est née l'Association ouvrière des compagnons du devoir du tour de France.

Cette tentative de rénovation du compagnonnage ne parviendra pas à réunir l'ensemble des sociétés, plusieurs d'entre elles préférant attendre la libération du pays pour entreprendre pareille expérience. La France libérée, l'Union compagnonnique reprend ses activités mises en sommeil durant l'Occupation. En novembre 1945, les deux rites de charpente fusionnent, *indiens* et *soubises* se regroupant en une société des compagnons charpentiers des devoirs. Après un référendum et de nombreuses controverses, cette société refuse d'adhérer à l'Association ouvrière. Au début des années cinquante, elle devient la clef de voûte d'un nouveau compagnonnage, la Fédération compagnonnique des métiers du bâtiment.

L'histoire du compagnonnage en France ne s'arrête pas aux années qui ont suivi la libération du pays. Depuis, bien des événements ont enrichi le grand livre des *devoirs*. Depuis 1953, un organisme existe qui regroupe les compagnonnages européens, la Confédération des compagnonnages européens. Cette confédération organise des grands rassemblements qui, tous les cinq ans, permettent aux compagnons d'Europe de se retrouver et de réfléchir à des actions communes. Grâce à cette confédération des compagnonnages européens, des jeunes gens peuvent ainsi voyager à travers l'Europe en bénéficiant d'une structure d'accueil et de placement.

À l'aube du XXIe siècle, les diverses familles compagnonniques enregistrent, avec satisfaction, une augmentation régulière de leurs effectifs. Ici et là, on inaugure de nouveaux sièges, preuve du dynamisme et de la vitalité du compagnonnage. Loin de cultiver la nostalgie des temps passés, les compagnons d'aujourd'hui sont présents sur tous les chantiers où une main-d'œuvre hautement qualifiée est indispensable. À la fin du XIXe siècle, les compagnons charpentiers du *devoir de liberté* partaient pour l'Amérique afin d'encadrer ou de diriger des travaux exceptionnels. Aujourd'hui, le compagnonnage continue à s'exporter tant son image de marque et sa réputation sont mondialement connues. L'histoire du compagnonnage nous réserve encore, c'est certain, de belles et nombreuses pages.

Le compagnonnage aujourd'hui

Comme dans le passé, le compagnonnage présente plusieurs facettes. L'Union compagnonnique des devoirs unis, fondée en 1889, perpétue sa politique d'ouverture à de nombreux métiers. L'Association ouvrière des compagnons du devoir a parcouru un chemin considérable depuis les années quarante qui la portèrent sur les fonts baptismaux. La Fédération compagnonnique des métiers du bâtiment, créée dans les années cinquante, complète un paysage compagnonnique français dont les effectifs ne cessent de croître, après avoir connu une longue période de stagnation.

Yves THURIES

Un compagnonnage pluriel

Depuis son origine, le compagnonnage a toujours présenté un visage multiple composé de diverses sociétés. À ce propos, il convient de préciser un point de vocabulaire afin d'éviter d'éventuelles confusions. En aucun cas, le terme d'obédience ne saurait convenir pour définir un mouvement ou une famille compagnonnique. À l'image du mot *devoir*, la notion même de compagnonnage désigne l'institution dans son ensemble et sa diversité, tout en étant utilisée pour la définition de chacune des différentes familles compagnonniques. Depuis la fin de la Seconde Guerre mondiale, le paysage compagnonnique français présente trois compagnonnages. Chacun d'entre eux possède sa propre histoire, son cheminement particulier, son identité originale. Malgré leurs différences, parfois importantes, ces trois familles sont les héritières des anciennes sociétés compagnonnales qui, elles aussi, offraient différentes sensibilités quant à la conception même du compagnonnage.

Depuis, les rivalités dues aux problèmes religieux, voire politiques, se sont estompées. Aujourd'hui, on choisit un compagnonnage presque par hasard ; un parent, un ami, une publicité sont souvent à l'origine de la décision d'un jeune garçon qui voit dans le compagnonnage moderne une voie susceptible de répondre à ses attentes de futur artisan ou artiste. En outre, certains métiers évitent tout choix. Pour prendre un exemple, le jeune désireux de devenir compagnon cuisinier ne pourra se diriger que vers l'Union compagnonnique des devoirs unis, seul mouvement qui reconnaisse et accepte ce métier. Dans une Europe en création continue, le compagnonnage français occupe une place particulière. Il est le gardien et le garant non pas d'une idéologie, mais d'une sagesse qui se confond dans une véritable conscience ouvrière.

Ci-dessus : **Siège national de l'Union compagnonnique à Versailles.**

Ci-contre : **À l'image des cuisiniers, l'Union compagnonnique a souhaité accepter nombre de métiers jusqu'alors exclus du compagnonnage traditionnel.**

L'Union compagnonnique des compagnons du tour de France des devoirs unis

Ce mouvement est le plus ancien des trois compagnonnages français. Il fut officiellement créé le 5 septembre 1889, lors d'un congrès historique réunissant à Paris plusieurs sociétés compagnonniques qui s'étaient déjà fédérées quelques années auparavant. Regroupant des compagnons des trois rites (Salomon, Jacques et Soubise), ce mouvement voulait s'inscrire dans la lignée de l'œuvre de réconciliation entreprise par Perdiguier.

Par cette ligne directrice, l'Union compagnonnique entendait rassembler un maximum de compagnons à la recherche d'une structure dans une époque où les syndicats naissants attiraient vers eux les nouvelles générations ouvrières. Ce fut la principale mission du premier président et fondateur de l'Union compagnonnique, Lucien Blanc, dit *Provençal le Résolu,* compagnon bourrelier-harnacheur du *devoir.* Sous son impulsion, la jeune Union fit de nombreuses recrues dans les sociétés compagnonniques éparses. En 1909, l'Union pouvait afficher 3 000 sociétaires et une quarantaine de sièges sur le tour de France. Mais l'enthousiasme des premières années fut de courte durée. De plus en plus de compagnons du *devoir* et du *devoir de liberté* (appelés communément les vieux *devoirs*) commencèrent à reprocher à l'Union son irrespect des traditions séculaires. Certains dénoncèrent les admissions nombreuses, la qualité étant sacrifiée au profit de la quantité. D'anciennes querelles resurgirent concernant l'acceptation de métiers éloignés de la tradition compagnonnique. L'idée d'une réception commune à tous les corps d'état, sans distinction, fut le point qui marqua définitivement la césure entre les vieux *devoirs* et la jeune Union compagnonnique. Enfin, de nombreux compagnons du *devoir,* fervents catholiques, dénoncèrent une certaine influence maçonnique qui, selon eux, se manifestait jusque dans les rituels proposés aux sections. En outre, l'appartenance de Lucien Blanc à une obédience maçonnique fut habilement exploitée par ses détracteurs. La disparition de *Provençal le Résolu* (1909) ajoutée à l'hécatombe de la Première Guerre mondiale portèrent un sérieux coup d'arrêt au rayonnement de l'Union compagnonnique. Plutôt que d'adhérer à un compagnonnage trop innovateur, de nombreux compagnons préférèrent rester isolés, ne croyant plus en un avenir radieux pour leur idéal compagnonnique. La Seconde Guerre mondiale allait bouleverser un compagnonnage français à la recherche de sa vocation.

Avec la création de l'Association ouvrière des compagnons du devoir, en 1941, l'Union compagnonnique voyait apparaître une nouvelle expérience de rénovation du compagnonnage, cinquante-deux ans après sa propre tentative soldée par un échec. Bien qu'ayant suivi avec intérêt les premiers pas de ce compagnonnage, elle se démarqua progressivement de ce mouvement qu'elle jugeait trop lié au régime de Vichy. Ainsi, à la Libération, l'Union compagnonnique reprit ses activités et réaffirma son indépendance par rapport à l'Association ouvrière des compagnons du devoir.

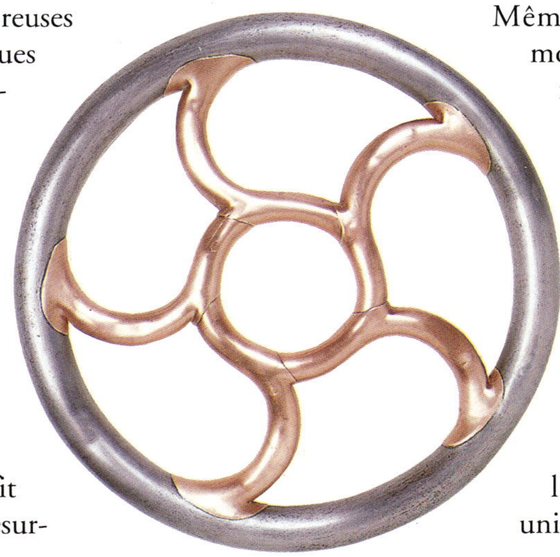

Les métiers du fer constituent une des branches traditionnelles du compagnonnage français.

Depuis, l'Union compagnonnique des devoirs unis cultive plusieurs particularités. Elle demeure le seul compagnonnage à pratiquer une cérémonie de réception identique pour tous les métiers. Ayant réalisé une union des *devoirs,* son rite est dit trinitaire puisqu'il prétend représenter en une unité les rites Salomon, Jacques et Soubise. Structurée en sections, l'Union compagnonnique accepte beaucoup plus de professions que les deux autres compagnonnages réunis. Santonniers, bijoutiers, chocolatiers, cuisiniers... contribuent à façonner son originalité.

Même si son tour de France est beaucoup moins structuré que celui des deux autres familles compagnonniques, l'Union propose une formation de qualité qui peut déboucher sur un brevet professionnel ou un brevet de maîtrise.

Administrativement, chaque section élit régulièrement un bureau placé sous l'autorité d'un président de cayenne. L'ensemble des sections du tour de France dépend d'une direction générale ayant à sa tête un président général, représentant officiel de l'Union compagnonnique des devoirs unis. Un congrès national est organisé tous les trois ans.

Même si l'Union a quitté, depuis 1988, la Confédération des compagnonnages européens, elle fut, avec la Fédération compagnonnique des métiers du bâtiment, une des locomotives pour faire avancer l'idée d'un rassemblement des sociétés européennes à caractère compagnonnique.

Siège national : 15, rue du Champ-Lagarde,
78000 Versailles. Tél. : (1) 39 50 85 01.
Journal : *Le Compagnonnage* (même adresse).

L'Association ouvrière des compagnons du devoir du tour de France

Ce mouvement est issu de l'œuvre d'un jeune compagnon tailleur de pierre, Jean Bernard, dit *La Fidélité d'Argenteuil,* qui, en pleine Occupation, entreprit de créer un compagnonnage susceptible de regrouper les diverses sociétés compagnonniques françaises. Ainsi naquit l'Association ouvrière des compagnons du devoir du tour de France.

Par l'intermédiaire du docteur Ménétrel, Jean Bernard fut introduit auprès du maréchal Pétain. Il plaida alors la cause d'un compagnonnage rénové tout en insistant sur le caractère corporatif d'une institution qu'il ne souhaitait pas voir assimilée à une société secrète plus ou moins proche de la franc-

Page de droite : **En 1987, la restauration de l'archange du Mont-Saint-Michel fut réalisée par les compagnons du devoir, dans les ateliers de la Fondation de Coubertin. La dépose et la pose furent assurées par hélicoptère.**

maçonnerie. À l'issue de cette rencontre, Jean Bernard avait obtenu la confiance du Maréchal : « Compagnons du tour de France, l'un des vôtres est venu me voir; il m'a expliqué et j'ai compris la profondeur qui émane de vos institutions... »
Fort du soutien du chef de l'État, Jean Bernard participa, d'octobre 1940 à février 1941, à des réunions officielles ou clandestines dans une vingtaine de villes du tour de France afin d'exposer son projet d'un compagnonnage rénové. Après cette campagne d'information, les villes de Lyon et de Vichy accueillirent, durant plusieurs mois, des compagnons délégués de divers métiers pour réfléchir aux statuts et au fonctionnement de ce nouveau compagnonnage.
Le 1er mai 1941, à Commentry, devant près de 300 compagnons, le maréchal Pétain remit solennellement la charte du compagnonnage à Jean Bernard, acte consacrant la création officielle de l'Association ouvrière : « J'accorde aux compagnons du tour de France cette charte du compagnonnage, afin de leur permettre de faire revivre les traditionnelles et séculaires vertus d'une chevalerie ouvrière issue du peuple, et je les charge d'en répandre l'action chez les travailleurs d'une France renaissante. »
Depuis son premier siège fondé à Lyon, l'Association ouvrière allait tenter de faire rayonner une certaine idée du compagnonnage dans une époque et un contexte difficiles et complexes. À la libération de la France, Jean Bernard et ses amis ne furent nullement inquiétés, leur action n'étant pas assimilée à une quelconque collaboration avec l'occupant. Cependant, ce mouvement n'était pas parvenu à rallier à lui les diverses composantes du compagnonnage français. L'Union compagnonnique des compagnons du tour de France des devoirs unis avait repris ses activités interrompues durant la guerre. Quant au nouveau corps des compagnons charpentiers des *devoirs* (fusionnés en 1945), il refusa, après de multiples démarches, de se fondre au sein de l'Association ouvrière des compagnons du devoir du tour de France. La création d'un troisième compagnonnage apparaissait imminente, la Fédération compagnonnique des métiers du bâtiment était en voie de constitution.
En fait, l'Association ouvrière est parvenue à regrouper l'immense majorité des sociétés du rite de maître Jacques. N'ayant pu attirer le rite de Salomon, elle a toutefois maintenu le rite Soubise grâce à quelques compagnons passants charpentiers du *devoir* qui refusèrent la fusion des *indiens* et des *soubises,* réalisée à Paris en novembre 1945.
Depuis 1941, l'Association ouvrière a forgé un réseau impressionnant de maisons des compagnons du *devoir* à travers toute la France. Elle s'est implantée également en Allemagne, en Suisse, en Belgique, en Hollande et au Canada. Un conseil du compagnonnage dirige le mouvement qui se réunit chaque année en assises nationales où sont définies les orientations de l'Association. Le premier conseiller est le représentant officiel élu par ses pairs.
Présents sur les grands chantiers en France (Orsay, le Louvre...) et dans le monde (restauration de la statue de la Liberté, métro de Caracas, Olympiade des métiers...), les compagnons du *devoir* préconisent également une ouverture dynamique sur les technologies modernes. Proposant une formation pouvant conduire à un BTS, l'Association ouvrière est, de loin, le mouvement compagnonnique le plus structuré. Les métiers acceptés par ce compagnonnage se répartissent en quatre grandes familles : bâtiment, métaux, cuirs et plastiques et, enfin, alimentation.
L'Association ouvrière des compagnons du devoir du tour de France n'a jamais souhaité adhérer à la Confédération des compagnonnages européens.

Siège national : 82, rue de l'Hôtel-de-Ville, 75180 Paris Cedex 04.
Tél. : (1) 44 78 22 50.
Journal : *Compagnon du devoir* (même adresse).

La Fédération compagnonnique des métiers du bâtiment

L'origine de ce troisième et dernier mouvement compagnonnique se situe lors de la fusion historique des compagnons passants charpentiers du *devoir, bons drilles* du père Soubise (les *chiens*) avec les compagnons charpentiers du *devoir de liberté,* enfants du roi Salomon (les *indiens,* parfois appelés *loups*). Le 25 novembre 1945 à Paris, ces rivaux de toujours se fondirent en une seule famille dont les enfants sont désormais très logiquement surnommés les *chiens-loups,* compagnons charpentiers des *devoirs* du tour de France.
Ce corps des compagnons charpentiers fusionnés, après

Page de gauche : **Héritiers des bâtisseurs de cathédrale, les compagnons sont régulièrement sollicités pour des chantiers d'entretien et de restauration (ici, portail royal de la cathédrale de Chartres).**

Ci-contre, à gauche : **Siège de l'Association ouvrière des compagnons du devoir. Sièges provincial et national occupent un espace de la place Saint-Gervais jusqu'à la rue de Brosse.**

Ci-contre, à droite : **Siège national de la Fédération compagnonnique des métiers du bâtiment, anciennement cayenne des charpentiers soubises à La Villette.**

maintes négociations, organisa un référendum en 1947 afin de statuer sur son éventuelle adhésion à l'Association ouvrière des compagnons du devoir du tour de France. Les cayennes consultées refusèrent majoritairement de se fondre dans l'Association ouvrière. En 1953, regroupés autour des *coteries* Vergez, Pelluchon, Breton et Liabastres, les compagnons charpentiers des *devoirs* créèrent alors une Fédération compagnonnique des métiers du bâtiment, nouveau compagnonnage qui accueillait, aux côtés des *chiens-loups,* les compagnons menuisiers et serruriers du *devoir de liberté* (les *gavots*) et, progressivement, d'autres corps d'état qui allaient être constitués pour la circonstance.

Depuis cette époque, la Fédération compagnonnique est composée de quatre sociétés :

– Société des compagnons charpentiers des *devoirs* du tour de France (rites de Salomon et Soubise fusionnés), véritable initiatrice de la fédération ;

– Société des compagnons maçons-tailleurs de pierre des *devoirs* du tour de France (rite de maître Jacques) ;

– Société des compagnons passants *bons drilles* couvreurs, zingueurs, plombiers et plâtriers (rite du père Soubise) ;

– Société des compagnons menuisiers et serruriers du *devoir de liberté* (*gavots,* rite de Salomon).

On notera également la présence de quelques compagnons maréchaux-ferrants du *devoir* à la Fédération compagnonnique. La particularité de ce compagnonnage réside dans le fait que chacune de ses sociétés régit son propre tour de France et dirige en toute autonomie la vie de ses cayennes ou de ses chambres, tout en participant à la gestion commune de la fédération. En outre, chaque métier reçoit ses nouveaux compagnons selon son rituel propre. Chaque année, une assemblée générale réunit les délégués des divers sièges régionaux. Le responsable national élu reçoit le titre de président national.

La Fédération compagnonnique s'adresse à des jeunes garçons titulaires d'un CAP ou d'un BEP. Quelques tests sont proposés aux candidats qui doivent ensuite s'engager à accepter le règlement en vigueur sur le tour de France. Comme les deux autres compagnonnages, la Fédération compagnonnique des métiers du bâtiment attache une importance particulière au cheminement pédagogique du jeune ouvrier. Au même titre que l'Association ouvrière, elle possède de nombreux sièges qui constituent les fédérations régionales. Ses rapports sont amicaux avec l'Union compagnonnique des devoirs unis mais parfois plus réservés vis-à-vis de l'Association ouvrière, le souvenir des années d'après-guerre étant encore un sujet de controverse. En contact étroit avec les sociétés compagnonniques européennes, la Fédération compagnonnique des métiers du bâtiment est désormais le seul compagnonnage représentant la France dans le cadre de la Confédération des compagnonnages européens.

Siège national : 145, avenue Jean-Jaurès, 75019 Paris. Tél. : (1) 42 02 06 23.
Journal : *Compagnons et Maîtres d'Œuvre* (même adresse).

LE TOUR DE FRANCE

Trimard, brillant... autant de termes qui, à travers les âges, ont qualifié ce fameux tour de France, voyage professionnel que le compagnonnage propose à une jeunesse ouvrière qui a envie d'apprendre et de découvrir.

En dépit des mutations profondes du monde du travail, il garde intactes toutes ses vertus des temps passés. Passant de ville en ville, voire de pays en pays, le jeune itinérant d'aujourd'hui peut toujours apprécier les messages délivrés par un voyage de plusieurs années qui l'invite à approfondir la connaissance de son métier et, au-delà, de sa propre personnalité.

Vesci les ligemens de le glize de miax de saint estienne.
Deseure est une glize a double charole. k vilars de honecort trova

La lumière des cathédrales

Sur la route du Tour de France
Ta cathédrale est comme un phare
Qui brille d'espérance
Avec le verre pour miroir.

La Franchise de Villeneuve.

Ci-dessus : **Les vitraux de Notre-Dame de Chartres. Une visite très appréciée par les compagnons du tour de France, tous métiers confondus.**

Ci-contre : **Le carnet de l'architecte Villard de Honnecourt (XIIe siècle), ou la mémoire des bâtisseurs.**

CHARTRES

« Chartres est une petite ville avec des montées, des descentes ; aussi plusieurs de ses rues prennent-elles le nom de tertre qui leur convient si bien : elles ne sont pas praticables pour les voitures. À part la cathédrale, il n'y a aucun monument qui puisse fixer l'attention. »
C'est par ces quelques phrases que, dans ses *Mémoires d'un compagnon,* Agricol Perdiguier brossait le souvenir de Chartres, ville qui le vit accéder au titre de compagnon fini, lors d'une cérémonie solennelle, en 1826.
Chartres n'a jamais été une grande ville du tour de France. En réalité, peu nombreuses étaient les sociétés qui, à l'image des *gavots,* y possédaient une *chambre* ou une *cayenne.* Si nous avons cependant choisi de commencer notre itinéraire sur le tour de France par cette cité de l'Eure-et-Loir, c'est en raison du monument sublime qu'elle abrite, monument sacré cher à tous les compagnons, seul édifice remarqué et souligné par Agricol Perdiguier : la cathédrale.

Les héritiers des bâtisseurs de cathédrales

Nombreux sont les écrits (compagnonniques ou non) qui présentent les compagnons du tour de France comme les dignes héritiers et les fils spirituels des bâtisseurs de cathédrales. De l'Association ouvrière des compagnons du devoir à la Fédération compagnonnique des métiers du bâtiment en passant par l'Union compagnonnique des devoirs unis, toutes les familles compagnonniques françaises se retrouvent sur ce point unanimement partagé.
Sur les vieilles pierres et charpentes d'époque, des signes géométriques particuliers sont gravés et le visiteur qui prend le temps de lire les cathédrales peut découvrir des étoiles, des cercles, des triangles, des flèches, des équerres, des compas et bien d'autres symboles chers aux compagnons. Ces simples marques visibles dans le bois et la pierre suffisent à certains pour considérer le compagnonnage comme le véritable creu-

Double page précédente : « **Un bleu qui émeut comme s'il était d'un autre monde** » (***Tourangeau le Disciple de la Lumière***).

Ci-contre : **La cathédrale de Chartres jouit d'un prestige particulier. Livre de pierre et de verre qui interpelle les nombreux pèlerins venus pour l'admirer.**

set où les maîtres d'œuvre trouvèrent les hommes capables d'élever ces chefs-d'œuvre de l'art royal.

Il est évident que les chantiers des cathédrales attirèrent des œuvriers spécialistes en l'art de bâtir et de décorer de tels édifices. Aux yeux des populations locales, ces artisans voyageurs, bénéficiant de franchise durant leur déplacement, apparaissaient comme des *étrangers* et des *passants,* deux qualificatifs extrêmement importants dans l'histoire du compagnonnage.

À Chartres, l'humilité est le premier sentiment éprouvé par le visiteur. Après avoir admiré le décor sculpté des portails et des porches, le voyageur peut pénétrer dans la cathédrale où l'attend tout un monde merveilleux de symboles et de légendes. Lieu de pèlerinage pour le peuple chrétien, Chartres est, aux yeux des compagnons vitriers, un endroit sacré, un temple qui offre une superficie de deux mille mètres carrés de verrière.

Parmi les chefs-d'œuvre de verrerie qui illuminent la cathédrale, les vitraux consacrés à l'arbre de Jessé, l'enfance de Jésus et la Passion sont d'une perfection jamais atteinte. Dans le journal *Le Compagnonnage* (août 1977), *Tourangeau le Disciple de la Lumière,* compagnon vitrier des devoirs unis, appréciait en connaisseur : « La scène du vitrail de la *Passion* se détache sur un fond d'un bleu surnaturel, pas même les plus précieux saphirs ne peuvent rivaliser avec ce bleu qui émeut comme s'il était d'un autre monde. »

Édifice rationnel et fonctionnel, la cathédrale est aussi un vaisseau mystique et symbolique. En ce sens, elle est identique au compagnonnage car, tous deux, derrière une façade, véhiculent un message de fraternité, une recherche, un amour du beau, une philosophie qui situe l'homme-œuvrier au sein du grand chantier qu'est l'univers.

Chartres est la cathédrale des corporations et des métiers. Dès le début du XIIIe siècle, ces derniers offrirent l'image et la légende de leurs saints patrons. Chartres est une étonnante église avec ses dix mille personnages peints ou sculptés. Mieux que tous les livres d'histoire, la cathédrale ressuscite le Moyen Âge en dévoilant sa pensée profonde à ceux qui savent voyager dans le navire renversé, d'est en ouest, du nord au sud, de bas en haut.

La cathédrale est donc une invitation au voyage, un cheminement initiatique au cœur d'une humanité purifiée, au cœur de soi-même. Dans le journal *Compagnonnage* (septembre 1984), *La Volonté de Vouvray,* honnête compagnon passant tailleur de pierre du devoir, livrait son émotion et sa conviction : « Symboliquement, l'homme qui priait à genoux dans la pénombre des cathédrales romanes se redresse, et c'est les mains jointes vers l'infini qu'il tend ses bras vers le Créateur. Comme les arcs qui se joignent et se clavent si parfaitement au-dessus de sa tête. Comme les tours qui ressemblent aux deux bras implorants. De la pénombre des cathédrales romanes pourvues de leurs petites et rares ouvertures, l'homme se redresse dans la lumière rayonnante des vitraux des cathédrales gothiques. Et tout l'art, tout l'édifice devient rayonnant. Et l'homme se surpasse, se dépasse, s'élève vers son Créateur avec l'aide de cette Foi qui l'entraîne. Les ouvrages en pierre, en bois, les

Couleurs actuelles de compagnons. À gauche, couleurs de compagnon menuisier du devoir (CMDD). À droite, couleurs de compagnon des devoirs unis (UC/Union compagnonnique).

peintures, les sculptures font plus que rayonner. Ils flamboient. C'est la révélation du magnifique au-delà de l'œuvre. C'est le summum de l'Art. »

Croyants ou non, les compagnons sont bien les héritiers des bâtisseurs de cathédrales. Il suffit pour s'en convaincre de les écouter parler de Chartres, d'Amiens, de Reims, de Strasbourg ou de Paris. Dans le tracé de la cathédrale, dans ses sculptures, dans ses vitraux, dans tous les chefs-d'œuvre situés tant à l'extérieur qu'à l'intérieur du monument, les compagnons d'aujourd'hui apprennent encore à déchiffrer les messages transmis par ces hommes qu'ils considèrent comme leurs anciens. Voilà pourquoi la cathédrale figure en bonne place dans la symbolique compagnonnique où chaque homme-œuvrier devient une pierre vivante dans un édifice tendant vers la perfection.

Le labyrinthe

Le labyrinthe de Chartres est l'un des plus célèbres avec ceux d'Amiens et de Bayeux. Pour le chrétien qui ne pouvait se rendre en Terre sainte, le labyrinthe était un substitut qu'il fallait parcourir à genoux, en priant. Composés de mosaïques, de pierres de différentes couleurs et de carrelages émaillés, les labyrinthes sont, aux yeux de certains, une signature des bâtisseurs. Ici encore, il nous faut évoquer la dualité de toute construction sacrée. Outre sa vocation fonctionnelle, le labyrinthe possède lui aussi un caractère symbolique. Dans le compagnonnage, il est considéré comme le symbole même de la recherche, de la connaissance et de la transmission. Lorsque le voyageur a pu atteindre le centre, il lui faut revenir sur ses pas afin de transmettre son expérience ou, du moins, une partie de celle-ci car, dans tout voyage ou pèlerinage, il existe des découvertes personnelles impossibles à communiquer à autrui. À l'image du labyrinthe, le tour de France ne délivre ses enseignements qu'à l'itinérant qui le parcourt réellement.

Dans le compagnonnage du *devoir*, lorsque le jeune garçon est adopté en qualité d'aspirant, les compagnons lui remettent une couleur symbolique sur laquelle figure un labyrinthe, symbole du long, difficile mais formateur cheminement qui attend l'itinérant durant son tour de France. Preuve de l'importance symbolique du labyrinthe, ce dernier est également frappé sur les couleurs des *mères* des compagnons du *devoir*.

Les couleurs

Ce terme désigne des rubans de formes, de tailles et de couleurs (d'où le nom) particulières qui sont frappés avec ces rouleaux gravés lorsqu'ils sont en soie ou avec des fers à chaud quand ils sont en velours. Pendant des siècles, les couleurs furent portées plus ou moins haut, du chapeau à l'habit, en fonction de l'ancienneté du métier dans le compagnonnage. Aujourd'hui, les compagnons ont simplifié le port et le symbolisme des couleurs. Cependant, elles restent encore un attribut sacré pour le compagnon car elles témoignent de son état et de son titre.

L'Union compagnonnique des devoirs unis attribue une cou-

Page de gauche : **Le labyrinthe de Chartres.**

Ci-contre et ci-dessous : **Aujourd'hui encore, quelques rares compagnons effectuent à pied quelques étapes de leur tour de France. Ici, deux jeunes compagnons charpentiers sur la route de Chartres.**

Ci-contre, à gauche : **Compagnon maçon tailleur de pierre de la Fédération compagnonnique des métiers du bâtiment.**

leur verte à ses aspirants, symbolisant l'espérance et la persévérance. Le compagnon reçu se voit attribuer une couleur rouge qu'il porte en écharpe. On peut y distinguer, entre autres, un delta rayonnant ainsi que l'équerre et le compas. S'il devient compagnon fini, ses couleurs s'enrichissent d'une branche d'acacia. Les *pays* qui ont rendu de grands services au compagnonnage reçoivent une écharpe blanche, dite d'honneur.

La Fédération compagnonnique des métiers du bâtiment laisse le soin et le choix des couleurs à chacune de ses sociétés adhérentes. Ainsi les *gavots* perpétuent leurs traditionnels rubans bleus et blancs qu'ils fixent à la première boutonnière gauche de la veste. Le premier compagnon arbore toujours une grande écharpe brodée de riches symboles (équerre et compas, Justice tenant une balance, étoiles…) sur laquelle son nom est gravé ainsi que les dates de début et de fin de sa charge accompagnées du nom de la ville ; les franges des couleurs sont dorées.

L'Association ouvrière des compagnons du devoir donne à ses membres des couleurs en velours qui se portent en écharpe. Avec des fers à chaud on frappe le cachet et les symboles des villes traversées. Si l'on assiste à la réception d'une *mère*, un fer commémoratif peut également être apposé. Les aspirants reçoivent leurs premières couleurs où figurent le labyrinthe et la tour de Babel ; le voyage apportera d'autres symboles.

Afin de distinguer les métiers, l'Association ouvrière a institué une équivalence dans ses couleurs. Ainsi le bleu n'est accordé qu'aux métiers issus de la tradition du bois, le rouge aux *pays* du fer car ils doivent maîtriser le feu pour réaliser leurs ouvrages. Le jaune, couleur du blé, est porté par les boulangers et les pâtissiers. Le vert est attribué à ceux qui travaillent le cuir et les tissus. Quant aux maçons, tailleurs de pierre, couvreurs et plâtriers, ils reçoivent une couleur crème.

Il convient enfin de souligner un point commun entre les trois compagnonnages puisque toutes les *mères* du tour de France sont décorées également de couleurs symboliques blanches.

« Je me souviens de la première fois
Lorsque je vis flotter au cœur des devoirants
Ces longs et beaux rubans de soie
À ce moment je n'étais qu'un simple aspirant
Mais déjà en mon cœur j'éprouvais le désir
À ce beau rang un jour de pouvoir parvenir
Aussi depuis ce jour
Je chante avec amour

Ah ! Nos belles couleurs
Emblèmes de paix, d'union
Symbole de gloire et d'honneur
Objet chéri des compagnons. »

(Chanson *Nos belles couleurs* de Pierre Aubard, dit *Berry la Gaieté du Tour de France.*)

La grande ville

Après avoir voyagé
Dans toutes les vill' principales,
Pour le bouquet j'ai gardé
La reine des capitales.
Beau Paris, charmant pays,
Quand j'ai franchi la barrière
Les Compagnons, mes amis,
M'ont reçu comme un frère.

L'Ami des Filles le Languedocien.

Ci-dessus : **La forêt de Notre-Dame de Paris.**

Ci-contre : **La tour Eiffel, un chef-d'œuvre compagnonnique.**

PARIS

« Cette grande et belle ville, peuplée à elle seule autant que plusieurs de nos départements, est le séjour des rois, des princes, des grands, de l'intelligence. C'est le siège du gouvernement, la tête de la France, le théâtre des révolutions. C'est là que se manifestent ou brillent les talents, les élans du génie, les sciences, les arts, les choses surprenantes… Quel beau pays par ses quais, ses boulevards, ses Champs-Élysées, ses places publiques, ses vastes jardins, ses nombreux monuments, ses riches campagnes ! Paris mérite assurément de fixer notre admiration. Oui mais un contraste pénible me frappe. Ce beau pays est, pour nous, jeunes voyageurs, moins hospitalier que beaucoup d'autres. » Ainsi apparaissait Paris aux yeux de Perdiguier dans les premières décennies du XIXe siècle. Son appréciation était sans nul doute partagée par l'immense majorité des jeunes itinérants qui, pour la première fois de leur vie, découvraient la capitale.

Sur le tour de France, cette dernière était alors la seule à être qualifiée de grande ville, expression régulièrement reprise dans les chansons compagnonniques de l'époque. En réalité, la présence d'autant d'ouvriers dans une ville aussi étendue entraînait obligatoirement des difficultés relationnelles que l'on ne connaissait nulle part ailleurs sur le tour de France, d'où le caractère inhospitalier ressenti par Perdiguier au moment de son arrivée. Mais, comme aujourd'hui, le charme et l'intérêt de la grande ville se dévoilaient progressivement au bout de quelques jours.

Plaque commémorative fixée sur le poinçon central de la forêt de Notre-Dame. On remarquera l'emblème et les symboles des compagnons charpentiers du devoir de liberté.

Page de droite : Portrait d'Eugène Milon dit *Guépin le Soutien de Salomon* (avec son sautoir de franc-maçon). Chef levageur de la tour Eiffel, il devint ensuite l'ingénieur principal chargé de l'entretien et de l'exploitation du monument.

Paris et les compagnons du tour de France

À l'image de Lyon, la ville de Paris nécessiterait un livre pour elle seule. Partout, le compagnonnage est présent. Il n'est pas un arrondissement parisien qui n'abrite un souvenir compagnonnique gravé dans la matière ou inscrit dans les mémoires. De la tour Eiffel aux Invalides, de Notre-Dame à l'Opéra, le compagnonnage rappelle l'œuvre grandiose signée par les enfants de tous ses rites.

De décembre 1951 à avril 1952, le musée des arts et traditions populaires rendit un hommage fort mérité au compagnonnage en organisant, pour la première fois en France, une importante exposition dans les murs du palais de Chaillot. Le titre de cette manifestation mémorable résonne encore comme un remerciement solennel : « Paris et les compagnons du tour de France » !

Traditions et légendes

Il est encore aujourd'hui quelques compagnons qui considèrent Paris comme le lieu où le compagnonnage aurait reçu sa règle des mains des chevaliers du Temple (Salomon étant le dénominateur commun aux deux institutions) au moment où ces derniers construisaient leur maison dans un ancien marais, quartier resté célèbre sous ce nom jusqu'à nos jours. Hypothèse séduisante pour les uns, non fondée pour les autres, en dépit de l'existence de ce tableau datant de 1480, *Le Siège de Rhodes,* qui représente des compagnons charpentiers et tailleurs de pierre reçus rituellement par le grand maître de l'ordre de Saint-Jean de Jérusalem, ordre qui recueillit l'héritage des Templiers après leur procès et leur extermination.

Dans ce voyage au pays des légendes, nombreuses sont celles relatives à la construction de Notre-Dame et de la Sainte-Chapelle. À propos de cette dernière, un très beau conte compagnonnique présente un jeune compagnon tailleur de pierre du Saint-Devoir comme le véritable auteur de l'épure du projet de la Sainte-Chapelle.

La Sainte-Chapelle

Construite au XIIIe siècle pour accueillir une part de la couronne d'épines du Christ ainsi que quelques morceaux de la croix, la Sainte-Chapelle est un véritable chef-d'œuvre qui fut élevé de 1243 à 1248 par Pierre de Montreuil. Si nous faisons abstraction de la légende citée plus haut, le compagnonnage est historiquement associé à l'édifice sacré puisque ce furent surtout les compagnons du *devoir de liberté, indiens* et *étrangers,* qui assurèrent la restauration du monument sous l'autorité de Lassus. Henri Georges (1818-1887), dit *Angevin l'Enfant du Génie,* s'illustra brillamment en signant la flèche de la Sainte-Chapelle. En outre, le compagnon Hérard, dit *La Vertu de Malicorne,* encadra les travaux des tailleurs de pierre présents sur le chantier.

La forêt de Notre-Dame

Réalisée entre 1260 et 1370, la charpente extraordinaire de Notre-Dame de Paris nécessita l'abattage de huit cents chênes, une véritable forêt, d'où le nom donné à l'ensemble

de l'œuvre de charpente de la cathédrale. Si vous avez le privilège de parcourir la forêt de Notre-Dame, vous pourrez, au hasard de votre marche, observer quelques marques compagnonniques anciennes. Votre attention sera surtout attirée par une petite plaque fixée sur le poinçon central de la charpente. Gravée de métal argenté, on peut y lire :

« À la gloire du grand architecte de l'univers
Cette flèche a été faite en l'an MDCCCLIX
M. Viollet-le-Duc
Étant architecte
De la cathédrale
Par Bellu
Entrepre. charpente
Georges
Étant gâcheur
des compagnons charpentiers
du devoir de liberté. »

Le protocole de Paris

L'observateur peut, à juste titre, s'étonner de la présence quasi exclusive du *devoir de liberté* sur les chantiers de restauration de Notre-Dame ou de la Sainte-Chapelle. Les charpentiers *soubises* étaient-ils moins compétents ? Certes non, la belle ouvrage des uns était aussi réputée que celle des autres. La présence majoritaire des enfants de Salomon aux côtés de Viollet-le-Duc et Lassus trouve son explication dans le protocole de Paris. Cet accord fut signé en 1848 entre les compagnons charpentiers *indiens* et *soubises* afin de se répartir équitablement les nombreux travaux de restauration ou d'embellissement de la capitale.
Le protocole avait l'immense mérite d'éviter d'éventuels conflits entre les deux sociétés rivales. Les *indiens* obtinrent la rive gauche de la Seine et la Cité. Les *soubises* eurent l'exclusivité des chantiers situés sur la rive droite. Ainsi s'explique la présence des charpentiers du *devoir de liberté* à Notre-Dame, à la Sainte-Chapelle ou aux tours de la Conciergerie. Pour cette même raison, ils assurèrent majoritairement le levage de la tour Eiffel quelques années plus tard. Quant aux charpentiers du *devoir, bons drilles* du père Soubise, ils réalisèrent, conformément au protocole, la restauration des charpentes en bois de l'Hôtel de Ville et signèrent celles en fer du Grand Palais.

Le levage de la tour Eiffel

Outre les flèches de Notre-Dame ou de la Sainte-Chapelle, il en est une autre qui, célèbre et originale, se dresse majestueusement dans le ciel de Paris : la tour Eiffel.
Formidable pari lancé dans le cadre de l'Exposition universelle de 1889, la gigantesque flèche de fer imaginée par l'ingénieur Eiffel put être levée grâce au talent d'Eugène Milon, dit *Guépin le Soutien de Salomon,* qui, avec une quarantaine de compagnons charpentiers *indiens* associés à quelques *soubises,* réussit un exploit jugé impossible par les nombreux détracteurs du projet, parmi lesquels figuraient des personnalités comme Alexandre Dumas fils, Maupassant, Sully Prudhomme et même l'architecte Garnier qui avait collaboré avec les compagnons pour construire l'Opéra de Paris (1862-1874).

Page de gauche : **Portrait de Viollet-le-Duc photographié par Nadar.**

Ci-dessus : **Plaque en hommage aux compagnons, fixée sur la tour Eiffel.**

La Sainte-Chapelle : une légende attribue son tracé à un compagnon du devoir.

Eugène Milon était un chef levageur hors du commun ; il avait déjà travaillé avec la société Eiffel pour lancer notamment les audacieux viaducs de Tardes et de Garabit.
Le chantier débuta le 26 janvier 1887. Le 31 mars 1889, Gustave Eiffel pouvait enfin hisser un drapeau tricolore au sommet de sa tour. Ce fantastique projet put donc se concrétiser grâce à quelques compagnons charpentiers qui réussirent leur mission sans une grue électrique, utilisant seulement leurs bras, des treuils et des palans, tout cela sans qu'aucun accident mortel vienne endeuiller un chantier pourtant fort dangereux.
Les compagnons d'aujourd'hui ont voulu honorer leurs frères d'hier. Aussi, le 25 mars 1984, en présence de M. Jacques Chirac, maire de Paris, fut posée et inaugurée solennellement une plaque souvenir qui indique désormais aux visiteurs de la tour Eiffel le rôle capital joué par le compagnonnage dans le levage de ce chef-d'œuvre monumental.

« Honneur et gloire
à
Eugène Milon
dit : *Guépin le Soutien de Salomon,*
compagnon charpentier
du devoir de liberté
1859-1917
et
Aux compagnons des deux devoirs
qui sous sa conduite
du 26 janvier 1887 au 31 mars 1889
ont levé la tour Eiffel. »

La tour Eiffel est aussi le symbole de la rencontre du fer et du bois, longtemps séparés dans la tradition compagnonnique. Il fallut beaucoup d'efforts à Eugène Milon pour convaincre ses frères charpentiers de quitter le noble bois pour ce que certains d'entre eux appelaient péjorativement la *ferraille.* Signalons enfin que ce fut un compagnon forgeron du *devoir,* le *pays* Larivière, dit *Beauceron la Belle Conscience,* qui forgea au marteau-pilon les boulons de scellement des plaques d'assises des quatre piliers de la Tour.

De l'Opéra Garnier au pont Alexandre-III

En passant devant l'Opéra de Paris, baptisé Opéra Garnier en hommage à l'architecte qui le conçut, les compagnons du tour de France se souviennent d'un des leurs qui fut le véritable appareilleur de l'édifice. En effet, la coupe de pierre du célèbre Opéra parisien fut entièrement assurée par le compagnon Jansaud, connu des honnêtes compagnons passants tailleurs de pierre du *devoir* sous le nom symbolique de *La Prudence de Draguignan.*
Dans ce XIXe siècle finissant, la fièvre de bâtir, d'effacer les désastres de la guerre et de la Commune, s'empara de la capitale. Dans cette frénésie de la reconstruction, Paris se couvrit d'immeubles remarquables réalisés en pierre de taille. Plusieurs d'entre eux furent appareillés par le compagnon Leturgeon, dit *La Fidélité de Vouvray.* La restauration de l'Hôtel de Ville fut placée sous l'autorité de l'appareilleur Maréchal, dit *La Franchise de Grenoble.* Le compagnon Cornette, *La Franchise de Pont-à-Mousson,* signa les nouveaux bâtiments de la

TONNELIERS DU DEVOIR
TEINTURIERS DU DEVOIR
CHAPELIERS DU DEVOIR
CHARPENTIERS DU DEVOIR DE LIBERTE
SERRURIERS DU DEVOIR
MENUISIERS DU DEVOIR DE LIBERTE
TAILLEURS DE PIERRE ETRANGERS
CHARRONS DU DEVOIR
VITRIERS DU DEVOIR
CLOUTIERS DU DEVOIR
VANNIERS DU DEVOIR
CORDIERS DU DEVOIR
MARÉCHAUX DU DEVOIR
TOILIERS DU DEVOIR
CORDONNIERS DU DEVOIR
TONDEURS DU DEVOIR
SELLIERS DE DEVOIR
SABOTIERS DU DEVOIR

BOULANGERS DU DEVOIR
POELIERS DU DEVOIR
FONDEURS DU DEVOIR
COUTELIERS DU DEVOIR
PLATRIERS DU DEVOIR
TOURNEURS DU DEVOIR
BOURRELIERS DU DEVOIR
FORGERONS DU DEVOIR
TANNEURS DU DEVOIR
DOLEURS DU DEVOIR
CHARPENTIERS DU DEVOIR
MENUISIERS DU DEVOIR

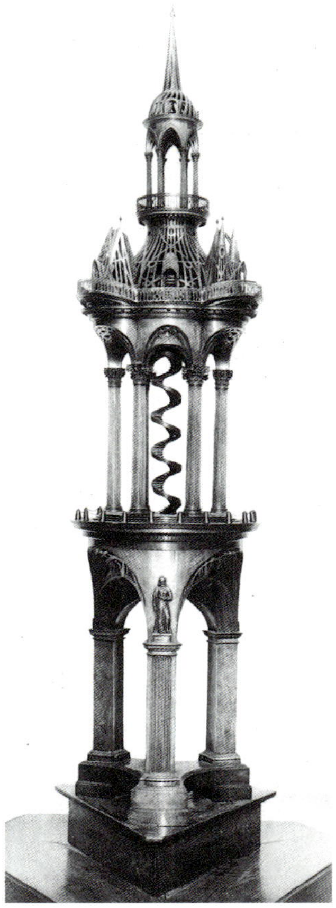

Double page précédente : La réconciliation des compagnons à la place des Vosges : lithographie commémorant le rassemblement fraternel du 21 mars 1848 qui regroupa 10 000 compagnons de tous les devoirs.

Ci-contre, à gauche : *Le Berryer* : chef-d'œuvre offert par les compagnons charpentiers soubises au célèbre avocat parisien qui les avait défendus après à la grande grève de 1845.

Ci-contre, à droite : Travail de réception d'un compagnon ébéniste (détail).

gare Saint-Lazare. La *coterie* Boucher, dit *Franc-Cœur d'Avallon,* assura l'appareillage du Grand Palais. En 1889, l'entreprise Letellier, qui recherchait un appareilleur capable de diriger les délicates coupes du pont Alexandre-III, porta son choix sur Jean Galineau, dit *Joli Cœur de Coutras.*
De l'immense chantier de transformation de Paris ouvert par le baron Haussmann jusqu'au traçage des premières lignes du métropolitain, les compagnons de la pierre, du bois et du fer furent aux premières loges.

Berryer, un avocat du *devoir*

En 1845, le célèbre avocat parisien Pierre Antoine Berryer plaida la défense d'un groupe de compagnons charpentiers (dont la majorité était des *soubises*) cités devant les tribunaux pour coups, violences, menaces et entraves au travail, suite aux grandes grèves organisées durant l'été par tous les charpentiers de Paris. Pour faire aboutir leurs revendications, les compagnons des deux rites n'avaient pas hésité à unir leurs forces. Berryer, estimant que leur cause était juste, refusa ses honoraires. Les quatre avocats qui l'avaient aidé firent de même.
En témoignage de reconnaissance, les compagnons charpentiers du *devoir* offrirent à maître Berryer, en 1847, un remarquable chef-d'œuvre qui fut immédiatement surnommé *le Berryer.* Construit par la *coterie* Pizargue, l'ouvrage représentait un baldaquin d'une hauteur de 2,40 m, à trois étages, surmonté d'un campanile à flèche torse avec un escalier intérieur. L'avocat le conserva toute sa vie dans son bureau parisien. À sa mort, il fut rendu aux compagnons *soubises.* Depuis la fusion des deux rites de charpente, en 1945, il est la propriété des compagnons charpentiers des *devoirs* qui l'ont déposé en leur siège de l'avenue Jean-Jaurès.

Le faubourg Saint-Antoine

Le souvenir de Perdiguier est présent dans de nombreux endroits de Paris. Dans le cimetière du Père-Lachaise, sa tombe est régulièrement fleurie par les compagnons qui, à chaque Toussaint, viennent lui rendre hommage.
Avignonnais la Vertu fut, avant tout, le menuisier de Saint-Antoine. Outre les visites fréquentes des compagnons de tous rites, des personnalités comme Jules Ferry ou Léon Gambetta vinrent rencontrer le réformateur du compagnonnage dans sa demeure de la rue Traversière, en plein cœur du faubourg Saint-Antoine.
Ce haut lieu de la capitale abrite depuis des siècles des générations d'artisans menuisiers et ébénistes vivant là en communauté corporative. Il faut écouter Raoul Vergez évoquer Saint-Antoine pour saisir la place particulière occupée par le faubourg dans le patrimoine compagnonnique :
« Le faubourg n'est pas une communauté morte. Oh ! que non ! Partout on scie, on varlope, les dégauchisseuses tournent, au quatrième, au cinquième étage, les toupies ronronnent jusqu'au fond des courettes... Combien de temps encore restaurera-t-on du Louis XV, de l'Empire ou de la Renaissance, rue de la Main-d'Or, au marché d'Aligre et jusqu'au bout de la rue de Reuilly ? Le tranchage, le déroulage

À gauche : Agricol Perdiguier à la fin de sa vie.
À droite : *Le Viannay* : entièrement en noyer, d'une hauteur impressionnante de 5,70 m, ce chef-d'œuvre réalisé par les *indiens* est la propriété des compagnons charpentiers des devoirs (FCMB).

et la contreplaque de lignon furent conçus et réalisés dans ce vaste laboratoire du bois. La Révolution française, avec le brasseur Santerre, le coup d'État de 1851, avec le représentant Baudin qui montra comment un député pouvait mourir pour 25 francs par jour et aussi 45 000 menuisiers votant en 1848 pour un des leurs qu'ils envoyèrent siéger au Parlement : Agricol Perdiguier. C'est l'extraordinaire influence des ouvriers du faubourg Saint-Antoine qui, dans les orages de l'histoire, força le destin de Paris » (Raoul Vergez, *Les Compagnons d'aujourd'hui*, Bois d'aujourd'hui, 1973).

Nulle part ailleurs qu'au faubourg, l'image du compagnon engagé dans le social et la politique sans pour autant délaisser son métier prend toute sa dimension. Comme les autres quartiers parisiens, Saint-Antoine se transforme et voit, chaque année, de vieux ateliers chargés de souvenirs disparaître. Sans sombrer dans une inutile nostalgie, les compagnons d'aujourd'hui savent que jamais plus ne revivra l'incomparable communauté ouvrière, véritable fraternité du bois, qui traça l'histoire de Paris avec sa sueur et son sang.

De la place des Vosges au dôme des Invalides

L'action militante de Perdiguier en faveur d'une unification des vieux *devoirs* trouva son cadre privilégié dans un Paris qui lui offrait une tribune respectée sur tout le tour de France. Livres, conférences, voyages et rencontres rythmèrent donc la vie d'*Avignonnais la Vertu,* qui partageait son temps entre la politique (qui lui valut l'exil en 1851) et le compagnonnage. Le rêve de Perdiguier devint réalité l'espace d'un jour. Le 21 mars 1848, place des Vosges, dix mille compagnons de tous les *devoirs* se regroupèrent fraternellement puis défilèrent dans Paris avant d'être reçus à l'Hôtel de Ville par le gouvernement provisoire. Cette union éphémère fut immortalisée par Perdiguier qui, en 1872, édita une lithographie au titre évocateur : *La Réconciliation des compagnons.*

Dans la découverte du Paris compagnonnique, il convient de réserver une mention à l'hôtel des Invalides. Les compagnons charpentiers *soubises* y associent le souvenir de Nicolas Fourneau, dit *Angevin la Cour Céleste,* qui aurait participé à la finition du dôme. En outre, il est important de noter que le tombeau de Napoléon, véritable chef-d'œuvre de pierre et de polissage, fut réalisé par François Guibert, honnête compagnon passant tailleur de pierre du *devoir.*

Le compagnonnage contemporain a lui aussi imprimé sa marque dans la capitale. Les fameuses pyramides du Louvre sont le parfait symbole d'un compagnonnage qui a su s'adapter aux exigences des temps modernes.

Les sièges nationaux

À quelques pas de la mairie de Paris, juste à côté de l'église Saint-Gervais, se trouve le siège national de l'Association ouvrière des compagnons du devoir. *Au Compagnon fini* est le titre symbolique de cette maison du tour de France qui accueille les jeunes itinérants durant leur séjour parisien. Le numéro 82 de la rue de l'Hôtel-de-Ville abrite les différentes instances directrices du compagnonnage du *devoir.* Le journal *Compagnon du devoir* est également rattaché administra-

PAIX
LIBERTÉ
TRAVAIL
F. MÉAULLE

Page de gauche : *Le Viannay* quitte l'Exposition universelle pour retourner dans sa cayenne, rue Mabillon (*Le Petit Parisien*, 1900).

Ci-contre, à gauche : Tombe d'Agricol Perdiguier au Père-Lachaise.

Ci-contre, à droite : Marque compagnonnique de « De Charttre Le Parisiin » (escalier à vis de Saint-Gilles du Gard).

tivement à cette même adresse. Quelques pas supplémentaires vous conduiront à la rue de Brosse où est installée la *Librairie du compagnonnage* dont le rayonnement s'étend sur la France entière.

La Fédération compagnonnique des métiers du bâtiment est située au 145, avenue Jean-Jaurès, dans le 19e arrondissement. Haut lieu du compagnonnage des charpentiers *soubises,* La Villette est passée sous le contrôle de la Fédération depuis la fusion réalisée en 1945 entre *indiens* et *soubises.* À quelques mètres du siège national, le restaurant *Aux arts et sciences réunis* est le lieu de rencontre entre compagnons ; le profane y est cordialement reçu et, l'espace d'un repas, il peut s'imprégner de l'ambiance compagnonnique qui règne en ce lieu. En qualité d'ami des compagnons, il pourra alors admirer les grands chefs-d'œuvre de charpente qui furent réalisés au siècle dernier par les *soubises* et les *indiens.* Les *Mazerolle, Viannay, Légendre* et autre *Berryer* se côtoient dans une petite salle attenante au restaurant.

Un autre lieu de pèlerinage cher aux compagnons charpentiers des *devoirs* se situe dans la célèbre rue Mabillon (6e). L'ancienne cayenne des *indiens* s'est transformée en une librairie-musée du compagnonnage qui jouxte le non moins fameux restaurant *Les Charpentiers* où, entre chefs-d'œuvre et diplômes, vous pouvez déjeuner ou dîner.

L'Union compagnonnique des devoirs unis a quitté Paris et ses vieux locaux des rues Pavée et Debelleyme pour établir son siège national à Versailles, 15, rue du Champ-Lagarde, dans une magnifique demeure entièrement restaurée et inaugurée officiellement en septembre 1989. L'Union n'a cependant pas abandonné la capitale puisque, depuis 1988, la Ville de Paris lui a confié un immeuble à rénover (45, rue Berger) au cœur même du quartier des Halles, devant les jardins du Forum et l'église Saint-Eustache. Ce bâtiment est destiné à abriter les compagnons de la cayenne de Paris.

On ne saurait terminer ce périple parisien sans signaler l'existence de la célèbre Fondation de Coubertin, installée à Saint-Rémy-lès-Chevreuse. Issue d'une rencontre en 1950 entre le compagnon Jean Bernard, premier conseiller de l'Association ouvrière, et Yvonne de Coubertin (nièce de Pierre de Coubertin), cette fondation fut officiellement créée en 1973, après de nombreuses années préparatoires. Articulée autour du splendide château de Coubertin (bibliothèque, salles de cours, d'études, ateliers…), la Fondation accueille de nombreux stagiaires membres du compagnonnage du devoir. Elle leur propose une formation de très haute qualité (pratique, théorique, culture…). En quelques années, la Fondation de Coubertin s'est forgée une solide renommée de par ses productions en métallerie mais aussi et surtout en fonderie d'art.

La rencontre de la main et de l'esprit

Déjà connu pour ta beauté
Le Tour de France t'apprécie
Par ton musée de l'outil
Qui lie la main à la pensée.

La Fidélité de Carcassonne.

TROYES

« Notre ville de Troyes, capitale en Champagne
D'Urbain à François Roux, ce dernier compagnon
Combien d'hommes fameux sont partis en campagne
Venant de tes faubourgs, simplement, sans façon.
En l'hôtel de Mauroy "La pensée ouvrière"
Ce musée de l'outil célèbre de renom,
Dans ta maison en bois, de tuiles et de pierre
Aspirant, compagnon, suis la tradition. »

Ce couplet extrait de la chanson *Trois villes encor,* composée en 1977 par Pierre Morin, dit *Pierre le Saintonge,* compagnon menuisier du *devoir,* a le mérite de mettre en valeur les deux particularités que le compagnonnage reconnaît à la ville de Troyes. Troyes est, en effet, la ville natale du célèbre menuisier François Roux, auteur d'un non moins fameux chef-d'œuvre, la ville abrite également un musée unique en son genre et dont peut s'enorgueillir à juste titre l'Association ouvrière des compagnons du devoir du tour de France : la Maison de l'outil et de la pensée ouvrière.

L'ordonnance de Charles VI

Le chef-lieu du département de l'Aube occupe une place particulièrement importante dans l'histoire du compagnonnage puisque, en 1420, dans une ordonnance du roi Charles VI concernant les cordonniers de la ville, se trouve la citation la plus ancienne (connue à ce jour) relative à l'existence du tour de France : « Plusieurs compaignons et ouvriers du dit mestier, de plusieurs langues et nations, alloient et venoient en ville, ouvrer pour apprendre, congnoistre, veoir et savoir les uns des autres. »
On ne pouvait mieux définir la vocation première du tour de

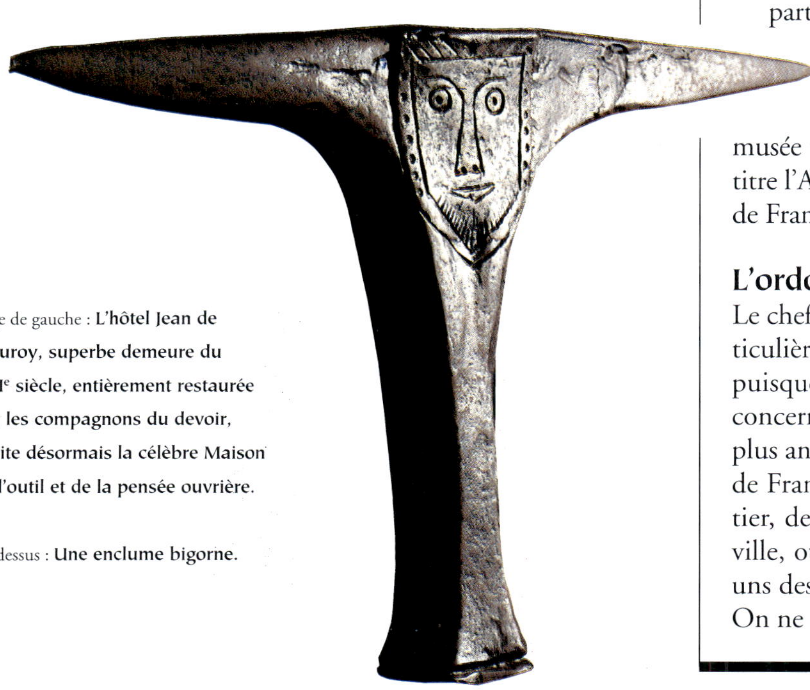

Page de gauche : **L'hôtel Jean de Mauroy, superbe demeure du XVIe siècle, entièrement restaurée par les compagnons du devoir, abrite désormais la célèbre Maison de l'outil et de la pensée ouvrière.**

Ci-dessus : **Une enclume bigorne.**

Grand chef-d'œuvre et portrait de François Roux, dit *François le Champagne*, compagnon menuisier du devoir. Ce travail extraordinaire compte dix-sept mille sept cents pièces qui se montent et se démontent comme un jeu de construction. Il fut restauré en 1955 par Pierre Sudre dit *Pierre l'Ariégeois*.

France compagnonnique : voyager pour se perfectionner dans la pratique du métier. Cet objectif est toujours d'actualité pour les jeunes itinérants de l'Association ouvrière des compagnons du devoir, seul mouvement compagnonnique présent à Troyes et dont la prévôté est située rue Marie-Curie.

François Roux, dit *François le Champagne*

Né à Troyes le 8 mars 1809 dans une famille de tisserands, François Roux partit sur le tour de France et fut reçu compagnon menuisier du *devoir* à Marseille, pour la Pentecôte 1833, sous le nom symbolique de *François le Champagne.* Après avoir terminé son tour de France, il revint s'installer définitivement à Marseille où il ouvrit un atelier artisanal. Nous aurions donc pu évoquer la personnalité de ce compagnon dans le chapitre consacré à la cité phocéenne, cependant le seul nom compagnonnique de Roux a lié à jamais son souvenir à la ville de Troyes qui le revendique comme l'un de ses glorieux enfants.
Si *François le Champagne* est entré dans le panthéon des gloires du compagnonnage, il le doit à son chef-d'œuvre fantastique qu'il réalisa pour le renom de sa société, entre 1851 et 1859. Composé de 17 700 pièces démontables et issues de toutes les essences de bois connues à l'époque, son travail représentait un temple de 1,70 m de hauteur, prouvant aisément que son auteur maîtrisait à merveille toutes les difficultés et les subtilités de l'art du trait. De 1860 à 1862, *François le Champagne* traversa la France avec son admirable ouvrage pour faire rayonner l'honneur de sa société et la gloire du compagnonnage. Dans toutes les villes traversées, c'était un véritable triomphe, les personnalités civiles et religieuses se joignaient aux compagnons de tous les *devoirs* pour admirer le chef-d'œuvre et son auteur. Perdiguier en personne releva une dimension qui n'était pas prévue lors de la réalisation du chef-d'œuvre, initialement conçu pour affirmer aux yeux de tous la supériorité des *devoirants* sur les *gavots.* Voici ce qu'écrivait *Avignonnais la Vertu* :
« C'est un ouvrage remarquable que les menuisiers du devoir font voyager de ville en ville, l'exposant à tous les regards, et cela pour en retirer la juste gloire qui leur en revient, et, en outre, pour exciter l'amour du travail et de l'art dans la classe ouvrière. Mais cette œuvre, qui n'était au départ qu'une arme de combat inspirée par une pensée belliqueuse, ayant pour fin d'élever les uns, d'abaisser les autres, de creuser plus profondément l'abîme qui séparait les deux sociétés rivales, est devenue, grâce à la modestie de *Champagne*, son auteur qui l'accompagne partout, à l'extrême convenance de la société qui en a fait les frais, et, aussi, disons-le, à l'irruption des idées nouvelles dans le compagnonnage, une occasion de rapprochement et de fraternisation. Le chef-d'œuvre est-il exposé dans une ville ? Chacun lui fait visite, compagnons du devoir et compagnons de liberté de se voir, de se parler, de rendre justice au mérite. Des mains se pressent, des cœurs se rapprochent, et l'œuvre d'une société finit par être considérée comme une œuvre collective honorant toutes les sociétés et le compagnonnage. »
Comme en témoigne Perdiguier, *François le Champagne,* par le biais de son chef-d'œuvre exceptionnel, contribua à la paci-

Médaille réalisée par le compagnon Jean Bernard en hommage au père jésuite Paul Feller, initiateur de la Maison de l'outil et de la pensée ouvrière.

fication des *devoirs* à une époque où ces derniers se querellaient à la moindre occasion. Après avoir visité de nombreuses villes, François Roux se retira à Marseille où, en 1865, il mourut victime du choléra. Les compagnons transférèrent alors le chef-d'œuvre à Tours. Ayant subi les assauts du temps, l'ouvrage fut restauré par le compagnon Sudre, dit *Pierre l'Ariégeois,* en 1955-1956. Il appartient désormais au patrimoine de l'Association ouvrière des compagnons du devoir du tour de France.

Paul Feller, un jésuite au service de l'apprentissage

Né en 1913, Paul Feller entra au séminaire des Jésuites de Lyon et fut ordonné prêtre en 1947. Nommé en 1952 à l'action populaire de Vanves, il s'intéressa alors à l'apprentissage manuel, organisant plusieurs colloques sur ce thème précis. Désirant aller jusqu'au bout de sa démarche, il devint alors apprenti couvreur puis, dans le cadre de l'Institut catholique des arts et métiers, il apprit l'art de la forge à Lille.

Dans cette ville, il commença à constituer ce qui allait devenir rapidement une formidable collection d'outils anciens, cherchant sans relâche chez les ferrailleurs, dans les vieux ateliers, chez les antiquaires, etc. Désirant mieux connaître le compagnonnage, il effectua un véritable tour de France dans le cadre de l'Association ouvrière des compagnons du devoir.

En 1969, une convention entre ce compagnonnage et la compagnie de Jésus confia aux compagnons du *devoir* les écrits et les collections amassés par les Jésuites. C'est ainsi que naquit à Troyes la Maison de l'outil et de la pensée ouvrière. L'œuvre du père Feller put enfin, grâce à ce nouveau musée, atteindre un public plus large.

Celui qui aimait souvent répéter : « Je voudrais être pour les jeunes un messager de joie », s'est éteint en 1979.

La Maison de l'outil et de la pensée ouvrière

L'hôtel de Mauroy (7, rue de la Trinité) est un très bel édifice du XVIe siècle, entièrement restauré par les compagnons du *devoir* du tour de France. Il abrite la Maison de l'outil et de la pensée ouvrière, magnifique musée dans lequel sont rassemblées et présentées une collection exceptionnelle d'outils anciens ainsi qu'une imposante bibliothèque relative au monde du travail et au compagnonnage. De nombreux chefs-d'œuvre des compagnons du *devoir* apportent une dimension supplémentaire à la beauté du lieu.

Comme à Tours ou à Romanèche-Thorins, l'expression « la main est esprit » prend ici toute sa valeur symbolique. À maintes reprises, le père Feller a évoqué cette vocation particulière qui caractérise la Maison de l'outil :

« Mauroy est pour moi le lieu du double duel entre les adultes, avec ou sans métier, et les adolescents invités à choisir une adolescence dans ou sans un apprentissage vrai.

Mauroy est pour moi le lieu où se résorbe l'accélération de la division entre manuels et non-manuels.

Mauroy est pour moi le lieu le plus modeste qui soit et l'on doit en ressortir sinon humble, voire humilié, du moins modeste. »

La Maison de l'outil et de la pensée ouvrière offre un cadre prestigieux à un public de plus en plus nombreux.

L'équerre et le compas entrelacés sont toujours frappés sur les couleurs actuelles des compagnons (ici, couleurs de l'Association ouvrière).

Page de droite : Niveaux de type archipendule. Compas d'épaisseur, d'appareilleurs et de charpentiers.

Ces phrases prononcées par Paul Feller devant quelques jeunes itinérants de l'Association ouvrière illustrent parfaitement les sentiments de nombreux visiteurs à l'issue de leur parcours dans le musée.

Inaugurée officiellement en 1974, la Maison de l'outil et de la pensée ouvrière accueille des milliers de visiteurs chaque année, preuve éclatante d'un rayonnement mérité. Marteaux, compas, doloires, enclumes, herminettes, jabloirs, piochons, fendoirs, boutoirs, haches... sont admirablement mis en valeur dans des vitrines ou contre les murs. Outre les métiers traditionnels du compagnonnage, le musée présente également de pertinentes approches pédagogiques sur des professions trop souvent ignorées ou méconnues (le vannier, le chaisier, le rempailleur de chaises...). Dans la deuxième partie du musée, une prodigieuse bibliothèque abrite des centaines de volumes dont certains, fort rares, font le bonheur de quelques passionnés de cette pensée ouvrière si chère au père Feller. Le 11 juin 1991, le président de la République, François Mitterrand, vint inaugurer la bibliothèque installée dans les salles dont la restauration débuta en 1983.

Nous ne saurions terminer l'évocation de ce haut lieu du compagnonnage sans mettre l'accent sur un public de plus en plus jeune qui vient découvrir la beauté et les vertus du monde manuel dans les merveilleuses salles de la Maison de l'outil et de la pensée ouvrière. C'est là la mission essentielle que lui avait assignée son fondateur, le père Feller, désireux d'attirer vers les métiers manuels « des jeunes gens doués d'intelligence et de cœur ».

L'équerre et le compas

La ville qui abrite la Maison de l'outil et de la pensée ouvrière offre le prétexte idéal pour évoquer ces deux outils élevés au rang de symboles du compagnonnage. Que n'a-t-on pas écrit sur l'équerre et le compas ? Que de spéculations gratuites, souvent formulées par des personnes trop éloignées de la réalité première du métier et du travail manuel !

Parce que l'équerre et le compas entrelacés figurent également dans la symbolique maçonnique, certains en ont trop vite conclu à une similitude entre les deux institutions. En réalité, le compagnonnage est bien antérieur à l'apparition de la franc-maçonnerie. La simple expression *francs-maçons anciens et acceptés* est déjà une réponse. Certes, le temple de Salomon et le personnage d'Hiram sont présents dans les légendes compagnonniques et maçonniques ; des signes de reconnaissance, les trois points sont encore en vigueur dans certaines sociétés compagnonniques ; cependant, ne commettons pas la grossière erreur de considérer le compagnonnage comme une franc-maçonnerie opérative, il en va du respect de l'identité des deux institutions. Il n'en est pas moins vrai qu'à l'image d'Agricol Perdiguier, Lucien Blanc ou Raoul Vergez, quelques compagnons du tour de France ont fréquenté et fréquentent les loges de diverses obédiences maçonniques françaises. Ce faisant, ils n'engagent en rien leur compagnonnage, l'appartenance maçonnique étant un choix strictement individuel relatif à une démarche initiatique.

Compagnons et francs-maçons sont fondamentalement différents par le simple fait que le compagnonnage n'accepte en

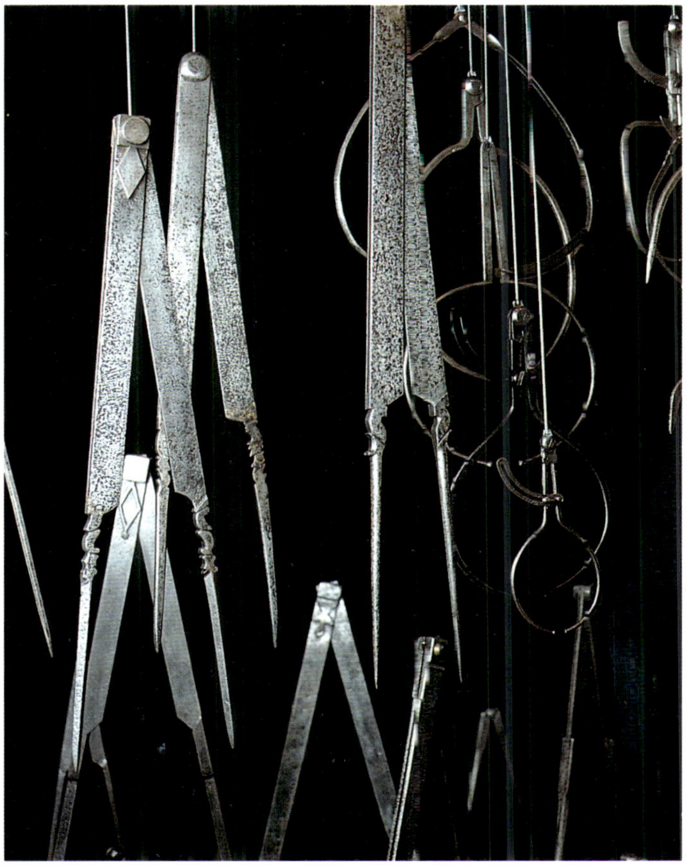

son sein que des gens des métiers manuels, le travail sur la matière étant le véritable signe distinctif de tous les compagnons du tour de France. Le mythe d'un compagnonnage sous la tutelle de la franc-maçonnerie ne correspond à aucune réalité historique, même si le XIXe siècle vit un Grand Orient de France s'intéresser de très près à un compagnonnage qu'il avait trop longtemps ignoré.

Ces précisions formulées, nous pouvons à présent tenter de saisir la signification de l'équerre et du compas dans la symbolique compagnonnique.

L'équerre est avant tout un instrument de contrôle. Nombreuses sont les images médiévales qui montrent le tailleur de pierre vérifiant la qualité et la rectitude de son travail grâce à cet outil, qui est donc associé à la matière que l'on cherche à embellir grâce à une main éclairée. Quant au compas, il est surtout l'outil du concepteur, de celui qui sait tracer et orienter le chantier. Chez les compagnons *indiens,* une des récompenses honorifiques consistait à offrir un compas d'argent au frère qui, par la qualité de son travail, avait fait honneur au compagnonnage.

Équerre et compas ou matière et esprit, telle est la dualité qui se fond en l'unité de l'homme œuvrier : la main est esprit !

Les compagnons ont longtemps souffert du manque de considération affiché par de prétendus intellectuels et autres faux penseurs à l'égard de l'ouvrier et du monde manuel. L'équerre et le compas entrelacés veulent d'abord et primordialement montrer au jeune ouvrier qu'intellectuel et manuel sont indissociables. Avant de réaliser son chef-d'œuvre, le candidat au titre de compagnon doit le penser. La beauté de l'œuvre n'est que le résultat d'un long parcours intellectuel lui-même enrichi par l'expérience manuelle sans cesse renouvelée. Main et esprit ne doivent en aucune façon être séparés ou, pire, opposés dans un cheminement qui doit mener à l'épanouissement de l'individu : c'est dans cette idée que réside la grande leçon du compagnonnage.

L'homme d'un métier dit manuel

« S'il y a une manière de devenir un homme en devenant homme d'un métier dit manuel, ce devenir homme comporte des seuils, et ces seuils sont communs à tous les métiers. Passé ces seuils, on est devenu homme en devenant œuvrier ; pour entrer dans le métier, il a fallu entrer en soi-même, au plus profond de soi-même…

Heureux celui qui, en présence de deux outils et devant donner sa préférence à un seul à l'exclusion de l'autre, choisit l'outil lui permettant de poser, sinon d'aider à résoudre la question : Pourquoi et comment l'homme devient homme en devenant l'homme d'un métier dit manuel ? » (Paul Feller).

La ville de Jean le Lorrain

Ô toi ! l'orgueil de la Lorraine,
Reçois aujourd'hui mes adieux.
Nancy, je te quitte avec peine
Pour voyager en d'autres lieux ;
Pour reprendre le Tour de France
Y vanter ta magnificence,
L'aspect de tes beaux monuments,
Ton sol, ta campagne jolie,
L'urbanité, la courtoisie,
Le bon cœur de tes habitants.

Vendôme la Clef des Cœurs.

Ci-contre : **Fontaine d'Amphitrite, place Stanislas.**

Ci-dessus : **Pour les compagnons, Nancy est la ville de *Jean le Lorrain*, un serrurier hors du commun. De la place Stanislas à la rue Saint-Julien, l'œil du connaisseur est invité à un regard admiratif.**

NANCY

Dans le compagnonnage, Nancy n'a jamais été une ville majeure, étape obligatoire sur le tour de France. L'histoire mouvementée de la Lorraine en est la cause principale. Mais, aux yeux des compagnons des métiers du fer, Nancy est une ville particulière qui doit sa renommée à un patrimoine architectural et décoratif hors du commun.
Sous l'impulsion du souverain Stanislas Ier Leszczynski, chassé de Pologne et installé par Louis XV sur le Barrois et la Lorraine, la cité de Meurthe-et-Moselle s'est embellie d'une façon exceptionnelle. Outre l'architecte Héré, les compagnons métalliers vénèrent surtout le souvenir d'un serrurier audacieux et talentueux : Jean Lamour.

Jean Lamour, serrurier du roi

Né le 26 mars 1698, fils de maître serrurier, le jeune Jean Lamour ne rencontra aucune difficulté pour obtenir à son tour la maîtrise. À l'image des compagnons du tour de France, il quitta l'atelier paternel pour parfaire sa formation dans l'art de la forge. Metz et Paris le virent se perfectionner dans le dessin et la serrurerie. En octobre 1719, muni de son titre de maître, il s'installa à son propre compte à Nancy. Après divers travaux de réparation et d'entretien, il com-

Ci-contre : Lucien Descaves (ici avec son épouse) fut une des rares personnalités à être élevées au rang et titre de compagnon d'honneur.

À droite : En ce qui concerne Bernard Palissy, seule une tradition orale voit en lui un compagnon du devoir. À l'image d'autres personnages célèbres, l'histoire ne peut confirmer ce qui demeure une hypothèse.

mença à se forger une réputation en réalisant les balcons et les rampes du château d'Haroué. En 1726, il se vit attribuer la charge honorifique de serrurier de la ville de Nancy. Dès lors, les commandes se multiplièrent.

Le travail exécuté dans les ateliers de Jean Lamour n'était guère différent de ce qui se pratiquait ailleurs. Le serrurier du roi se distinguait toutefois en employant des tôles plus épaisses, fabriquées à la demande et sur mesure. Cette innovation qui entraînait de délicats problèmes de mise en forme et d'assemblage fut sollicitée pour réaliser les désormais célèbres grilles de la place Stanislas. Pour ce travail qui allait constituer l'apothéose de sa carrière, Jean Lamour se devait d'innover. Il ne pouvait et ne voulait faire appel aux techniques traditionnelles de la serrurerie pour réaliser un chef-d'œuvre grandeur nature pour une place royale. Pour cette incomparable architecture métallique de plein air, il parvint à tracer les tôles, savamment équilibrées entre les fortes et les minces, les découper, les former et les assembler sur l'ossature avec un tel talent que les joints furent pratiquement invisibles. Aujourd'hui encore, les grilles et les portiques de la place Stanislas forcent l'admiration des connaisseurs. Mais ces travaux, aussi exceptionnels soient-ils, ne doivent pas occulter d'autres réalisations tout aussi remarquables. Ainsi, il convient de signaler les superbes balcons du premier étage de l'hôtel de ville, sans oublier la rampe d'escalier.

Parmi leurs nombreux projets, le roi Stanislas et son architecte Héré avaient également prévu l'embellissement de la place de la Carrière, en prolongement de la place Royale. Ici encore, le talent et le génie de Jean Lamour firent merveille. Mort le 20 juin 1771, Jean Lamour fut considéré comme le plus grand serrurier de son époque. Il devint le premier dessinateur et technicien capable de réaliser une véritable architecture de fer tout en utilisant aussi largement des volumes métalliques liés à une architecture de pierre.

Quelques compagnons serruriers le revendiquent comme l'un des leurs. Son nom symbolique aurait été *Jean le Lorrain*. Cependant, aucune preuve historique de son affiliation au compagnonnage du *devoir* ne peut être avancée. Qu'il ait été compagnon ou non, le personnage de Jean Lamour reste un exemple et un symbole pour tous les itinérants qui, sur le tour de France, se font un devoir de passer par Nancy pour aller admirer la belle ouvrage de *Jean le Lorrain*.

Autres célébrités affiliées au compagnonnage

Jean Lamour n'est pas le seul personnage réputé à être considéré, à tort ou à raison, comme compagnon du tour de France. Le célèbre émailleur céramiste Bernard Palissy (1508-1590) aurait été initié, selon une tradition orale, aux mystères du compagnonnage. Quelques compagnons n'hésitent pas à avancer son nom symbolique : *Agenais la Fierté du Devoir*.

Sébastien Le Prestre de Vauban (1633-1707), fameux maréchal de France, qui fut nommé en 1678 commissaire général des fortifications, est également présenté parfois comme membre de la société des honnêtes compagnons passants tailleurs de pierre du *devoir*. Ici encore, aucun document officiel ne peut confirmer cette hypothèse.

Page de gauche : George Sand, amie de Perdiguier et du compagnonnage, auteur du *Compagnon du tour de France*, jouit d'une estime telle que certaines sociétés compagnonniques l'ont officiellement élevée au titre de *mère* d'honneur.

Ci-contre : Edouard Herriot (1872-1957) : le célèbre homme politique du parti radical reçut le titre de compagnon d'honneur de la part des compagnons cuisiniers de la ville de Lyon dont il fût maire de 1905 à 1957.

Viollet-le-Duc (1814-1879), bien qu'ayant toujours travaillé avec des compagnons charpentiers et tailleurs de pierre, n'a jamais appartenu au compagnonnage, contrairement à ce que prétendent certains écrits. Quant au titre de compagnon d'honneur qui lui aurait été décerné, nous nous devons d'infirmer cette hypothèse trop vite transformée en affirmation.

Les compagnons d'honneur

Compagnon d'honneur est un titre rarement attribué par les compagnons envers une personnalité profane qui a rendu service au compagnonnage ou, plus simplement, qui lui a témoigné respect et admiration. Cette pratique, aujourd'hui en sommeil, fut utilisée par divers corps compagnonniques dans un passé relativement récent.

Le journaliste et écrivain Lucien Descaves reçut une couleur d'honneur de la part des compagnons maréchaux-ferrants du *devoir* en remerciement du soutien efficace qu'il témoigna envers l'encyclopédie *Les Muses du tour de France,* fondée par Abel Boyer, dit *Périgord Cœur Loyal,* en 1925. Lucien Descaves eut le rare privilège de se voir également décerner le nom symbolique de *Noble Cœur de Lutèce.*

L'homme politique Édouard Herriot, alors président du Conseil, fut élevé au grade de grand cuisinier d'honneur par les compagnons cuisiniers des *devoirs* unis de la ville de Lyon. Cette même Union compagnonnique attribua à l'historien et sénateur Justin Godart une écharpe d'honneur en hommage à ses recherches sur le compagnonnage lyonnais publiées en 1909.

Autre exemple très particulier, car seule femme à être honorée de la sorte, George Sand fut élevée au rang de *mère* d'honneur, en raison de son militantisme et de ses écrits en faveur du compagnonnage. Outre son soutien moral et matériel envers l'œuvre d'Agricol Perdiguier, George Sand publia, en 1841, un roman entièrement consacré au compagnonnage sous le titre évocateur, *Le Compagnon du tour de France.* Ce furent les compagnons maréchaux du *devoir* qui firent don d'une couleur d'honneur à Aurore Sand, petite-fille de la célèbre romancière dont le souvenir est commémoré chaque année par un dépôt de gerbes sur sa tombe, à Nohant.

> « Je suis très occupée d'un roman qui est plus d'à moitié fait et qui sera lu, j'espère, un peu, sur le tour de France. C'est votre livre qui l'a inspiré et, s'il y a quelque poésie et quelque bon principe, l'honneur vous en revient. Je compte sur vous pour m'aider dans les corrections car j'aurai pu faire quelques inexactitudes sur les usages du compagnonnage. Je compte aussi, si vous le permettez, publier une notice sur vous et sur votre livre. Il faut que ce que l'on appelle les gens du monde sachent qu'il y a de plus grandes idées et de plus grands sentiments dans les ateliers que dans les salons. »

(Lettre de George Sand à Agricol Perdiguier, 20 septembre 1840.)

L'exemple des maçons

N'oublie pas l'Alsace,
Bien que le temps passe,
Voyage toujours !
De faire ton Devoir,
Jamais ne te lasse,
Travaille à Strasbourg !

Normand la Sérénité de Gacé.

STRASBOURG

Au sein du compagnonnage, le seul nom de Strasbourg éveille bien des souvenirs et des images : la cathédrale, sa flèche, Erwin von Steinbach, Jost Dotzinger, la *Bauhütte*, la Maison de l'Œuvre… Un peu comme à Chartres, c'est l'héritage des bâtisseurs de cathédrales qui revit dans l'imaginaire des compagnons qui, sur leur tour de France, font une halte en Alsace.

Ci-contre : **La cathédrale de Strasbourg.**

Ci-dessus : **Détail d'une des façades du siège provincial de l'Association ouvrière des compagnons du devoir du tour de France à Strasbourg.**

L'exemple des maçons de Strasbourg

Depuis l'évêque Wernher qui, en 1015, entreprit l'édification de ce qui au départ n'était qu'une basilique romane, jusqu'à Johannes Hultz lequel, de 1419 à 1439, construisit la superbe flèche pyramidale qui culmine à 142 m du sol, nombreux furent les maîtres d'œuvre et les œuvriers qui apportèrent leur contribution à la gloire de Notre-Dame de Strasbourg. Parmi ces derniers, il convient de souligner un architecte de génie, Erwin von Steinbach, dont l'œuvre remarquable (de 1284 à 1318) fut achevée par Ulrich von Ensingen dans les premières années du XVe siècle. Au milieu du XVe siècle, la cathédrale se dressait, rayonnante et flamboyante. Grâce à sa majestueuse flèche, la plus haute d'Europe (dépassée au XIXe siècle par celle, en fonte, de Rouen), Strasbourg proclamait très haut dans le ciel d'Alsace la grandeur de Dieu et le savoir de l'homme œuvrier. Ce chef-d'œuvre prodigieux porta au loin la renommée des bâtisseurs strasbourgeois. Cologne, Vienne, Zurich, Fribourg voulurent imiter l'exemple de Strasbourg. Tailleurs de pierre et maçons de ces chantiers décidèrent alors de se regrouper en *Hütten* (loges) placées sous l'autorité de la *Hütte* de Strasbourg, considérée dès lors comme *haupt-Hütte* (grande loge).

Une organisation venait de naître. Connu sous le nom de *Bauhütte,* ce compagnonnage germanique allait rapidement se structurer.

Des statuts de Ratisbonne aux ordonnances impériales

En avril 1459, les maîtres tailleurs de pierre venus de toutes les régions de Germanie se rassemblèrent à Ratisbonne afin d'unifier les statuts de leurs *Hütten.* Strasbourg, Vienne, Passau, Landshut, Esslingen, Salzbourg, Constance, Cologne, Berne... toutes les loges de la *Bauhütte* étaient représentées. L'élaboration et la codification des statuts furent placées sous l'autorité de l'architecte de la cathédrale de Strasbourg, Jost Dotzinger.

Les statuts de Ratisbonne, rédigés sous les auspices de la sainte Trinité, de Marie et des quatre couronnés, patrons protecteurs des tailleurs de pierre et des maçons, rappellent d'abord un certain nombre de principes moraux et de coutumes à respecter. Les traditions antérieures du métier sont harmonisées dans le but « de former une fraternelle communauté, ceci pour le bien et l'utilité de tous les maîtres et compagnons du corps de métier des travailleurs de pierre et maçons en terre allemande ».

L'organisation hiérarchique de la *Bauhütte* apparaît clairement avec la désignation de quatre loges majeures : Cologne, Vienne, Berne et Strasbourg, cette dernière demeurant la ville directrice, la ville *mère,* comme on dirait en compagnonnage. Les statuts de Ratisbonne sont bâtis autour d'axes majeurs tels les usages du métier, les notions d'entraide et de solidarité et, enfin, la formation professionnelle. En outre, ils fixent désormais des droits pour l'ouvrier itinérant : son accueil dans chaque *Hütte* est officiellement défini. Nous sommes ici au cœur de la philosophie compagnonnique qui s'est entièrement structurée autour de cette notion fondamentale qu'est le voyage, une liberté de passer de chantier en chantier, puis de ville en ville.

Un siècle plus tard, en 1563, les ordonnances de Strasbourg, dites ordonnances impériales, complètent et précisent les statuts de Ratisbonne : « Aucun maître, surveillant ou compagnon, n'enseignera à quiconque n'est pas de sa corporation à faire des extraits de l'épure. »

Les ordonnances confirment la protection et le soutien que l'on doit accorder à l'ouvrier voyageur. On y apprend également l'existence de mots de passe, de saluts, de signes distinctifs propres aux membres de la *Bauhütte.* Les notions de fidélité et de serment sont sacralisées, la discrétion à l'égard de tout étranger à la confrérie est plusieurs fois soulignée.

La lecture des 73 articles des ordonnances de Strasbourg associée à celle des statuts de Ratisbonne a le mérite de mettre en valeur plusieurs ressemblances avec l'organisation et les règlements du compagnonnage du tour de France. Certains auteurs ont même voulu y voir une possible origine de la franc-maçonnerie, mais il convient d'observer une certaine réserve quant à la valeur historique d'une telle affirmation.

En passant par Strasbourg, le compagnon du tour de France ne peut s'empêcher de penser à ces tailleurs de pierre et à leurs

Page de gauche : ***Cortège industriel de Strasbourg*** en 1840 (tableau de Simon, musée des Arts et Traditions populaires de Paris).

Ci-contre : La loge des tailleurs de pierre, dans la Maison de l'Œuvre Notre-Dame.

maîtres d'œuvre qui, en un Moyen Âge finissant, s'organisèrent en une association fraternelle fondée sur l'amour de la belle ouvrage et sur le respect de certaines valeurs morales. Même si la *Bauhütte* déclina au début du XVIIIe siècle, elle reste le symbole d'une fraternité ouvrière chère au compagnonnage qui voit en elle une expérience identique à la sienne dans l'approche de l'encadrement et de l'épanouissement de l'homme œuvrier.

La Maison de l'Œuvre Notre-Dame

Aussi enrichissante soit-elle, une visite à la cathédrale reste insuffisante pour celui qui souhaite découvrir ou approfondir cette période de notre histoire qui vit l'Europe se couvrir d'un blanc manteau de pierre. Aussi, les compagnons du tour de France figurent parmi les visiteurs les plus assidus de la Maison de l'Œuvre Notre-Dame, musée historique, véritable mémoire de la cathédrale.
En parcourant les 42 salles de ce respectable immeuble (XIVe-XVIe siècle), le visiteur est d'abord invité à voyager dans le temps. Quelques épures et autres plans relatifs à la cathédrale permettent d'apprécier concrètement cette maîtrise dans l'art du dessin que possédait le *magister operis.* Les plans des cathédrales étaient généralement tracés avec un soin extrême sur des peaux de parchemin très grandes et collées les unes aux autres afin d'en augmenter les dimensions. Ces plans revêtaient une grande importance pour l'Œuvre de la cathédrale (organisme chargé de suivre la construction), à tel point que lorsqu'un architecte quittait le chantier, il devait restituer tous les dessins qu'il avait utilisés ainsi que ceux qu'il avait lui-même signés.
Le compagnon contemplant ces tracés ne peut s'empêcher de penser à d'autres épures d'un autre lieu et d'un autre temps, celles de Romanèche-Thorins où le trait des *indiens* n'est pas sans rappeler celui des bâtisseurs de cathédrales. Là où le visiteur profane ne s'arrête que quelques instants, le compagnon prend tout son temps pour observer et savourer : la main est esprit.
La Maison de l'Œuvre de Strasbourg abrite encore d'autres merveilles. Des vitraux du XIe siècle aux coffres des confréries, en passant par une très belle collection de statues, le promeneur arrive enfin dans une salle très particulière qui n'est autre, intacte, que la loge où se réunissaient les tailleurs de pierre du XVIe siècle. Ici plus que nulle part ailleurs, le compagnon du tour de France se plaît à imaginer la quotidienneté du passé. Incontestablement, la Maison de l'Œuvre permet de mieux appréhender l'univers de la cathédrale : la compréhension du chef-d'œuvre passe d'abord par celle de l'œuvrier.

Le compagnonnage à Strasbourg

Pour le compagnon en promenade, les villages d'Alsace présentent un caractère attrayant : vieilles enceintes flanquées de tours d'angle ou de guet, belles maisons à encorbellements, murs à pans de bois sculpté, superbes portes cochères avec un monogramme gravé sur la clef… Comme dans tant de régions de France, l'itinérant ne peut que s'enrichir au contact d'un patrimoine remarquablement préservé.

Page de gauche : **Vitrail *Le Jugement de Salomon*, dans la cathédrale de Strasbourg.**

Ci-contre, en haut : **La chaîne d'alliance, cérémonie qui a donné son nom symbolique au siège des compagnons du devoir de Strasbourg.**

Ci-contre, à droite : **Portail chef-d'œuvre des compagnons du devoir, rue Wasselonne.**

Ci-contre, à gauche : **Escalier à vis dans la Maison de l'Œuvre.**

Double page suivante : **Départ sur le tour de France (imagerie XXIe siècle).**

À Strasbourg, seule l'Association ouvrière des compagnons du devoir est présente. *À la chaîne d'alliance* est le nom symbolique de leur maison aménagée rue Wasselonne, dans une ancienne caserne. Sur le tour de France, la prévôté strasbourgeoise est réputée pour sa porte en ferronnerie lourde, réalisée par les compagnons forgerons-maréchaux-mécaniciens du *devoir*. Nous laisserons le charme de la découverte au passant de la rue Wasselonne qui ne pourra s'empêcher de toucher l'ouvrage après l'avoir apprécié du regard. Nous nous contenterons ici de signaler que cette pièce monumentale en fer forgé fut conçue à Paris, sous la direction de *Parisien la Bonne Volonté*. L'étude de la construction et des détails d'exécution sur plans furent assumés par *Vanetais l'Ami du Travail*. *Briard l'Ami des Compagnons, Armoricain la Persévérance* et *Parisien la Noblesse du Devoir* se partagèrent les divers éléments de la structure en forge moyenne, forge lourde et travail de marteau-pilon. *Parisien Va de Bon Cœur* et *Île-de-France l'Estimable* se virent confier la responsabilité de la partie mécanique. En raison du poids de la porte, gondage et pivotement exigeaient un travail très particulier. Le montage final de l'ensemble fut l'œuvre d'*Albigeois la Fermeté*. Grâce à cette porte monumentale, le compagnonnage affiche aux yeux de tous sa vocation première : l'amour du travail bien fait.

La chaîne d'alliance

Le nom symbolique du siège strasbourgeois est aussi et surtout le nom d'une cérémonie rituelle en usage dans tous les mouvements compagnonniques français. La chaîne d'alliance se pratique toujours de la même manière. Après les trois coups frappés par la canne du rouleur, les compagnons, décorés de leurs couleurs, forment un grand cercle au milieu de la salle, en se donnant la main les bras entrecroisés créant ainsi symboliquement une chaîne, chaque compagnon devenant un solide maillon.

Au milieu de cette chaîne d'alliance peuvent prendre place un ancien, la *mère* et le rouleur. L'ancien entonne alors le chant traditionnel prévu pour la circonstance : *Les Fils de la Vierge* :

« Dans l'art brillant où Jacquard fut grand maître
Or il advint qu'un honnête aspirant
Se demandait : quand pourrais-je connaître
Du beau devoir le secret si charmant ?
Douce Minerve, ah ! soyez mon mécène
Pour obtenir ces insignes faveurs. »

Le refrain de la chanson est repris par les compagnons présents dans la chaîne et, aussitôt, le cercle se met en mouvement vers la droite :

« Car je voudrais pouvoir tisser la chaîne
Qui doit servir à lier tous les cœurs. »

Le public profane peut assister à cette sympathique manifestation rituelle lors des fêtes compagnonniques ouvertes aux familles et aux amis des compagnons. La chaîne d'alliance se forme à minuit, heure symbolique. Chez les *gavots*, elle est connue et pratiquée sous le nom de ronde unitaire. C'est un très beau symbole de la fraternité et de la solidarité qui lient les compagnons sur le beau tour de France.

CHARRON.

L'école des *indiens*

Romanèche, patrie des Indiens
Romanèche sur mon chemin
Ô toi, école du Trait,
Ton temple, je visiterai.

Narbonne l'Enfant du Progrès.

ROMANÈCHE-THORINS

Ce petit village de Saône-et-Loire, situé en plein cœur du Beaujolais, à 16 km de Mâcon, mérite toute l'attention de l'amoureux du beau compagnonnage. En effet, cette charmante et paisible commune abrite un musée consacré à la gloire et à l'œuvre d'un compagnon hors du commun, Pierre François Guillon, l'*indien* de Romanèche. C'était au temps des universités ouvrières…

L'École de *trait* de *Mâconnais l'Enfant du Progrès*

Né le 13 juin 1848 à Romanèche-Thorins, Pierre François Guillon effectua son tour de France et fut reçu compagnon charpentier du *devoir de liberté* le 19 mars 1866, à Auxerre, sous le nom symbolique de *Mâconnais l'Enfant du Progrès*. En 1867, sa rencontre avec Agricol Perdiguier orienta profondément sa vie d'humaniste. Après avoir travaillé à Blois, Paris, Angers, Chenonceaux et Tours, il revint à Romanèche en 1869 afin de prendre le relais de l'entreprise paternelle, riche d'une expérience et d'un savoir de haut niveau.

Charpentier au talent extraordinaire, Pierre François Guillon appliqua au plus haut degré la loi séculaire du compagnonnage : transmettre l'héritage des anciens. Dans cet esprit, il créa en octobre 1871 l'École pratique de stéréotomie appliquée à la construction. Dès lors, la renommée du père Guillon allait rayonner avec un éclat particulier. De toutes les provinces de France, mais aussi d'Algérie, de Suisse et même des États-Unis, des élèves vinrent à Romanèche pour apprendre la charpente, la menuiserie, l'escalier, la marqueterie

Ci-contre (à gauche) : Couleurs de Pierre François Guillon, dit *Mâconnais l'Enfant du Progrès*.

Ci-dessus : Détail d'un chef-d'œuvre de charpente.

Ci-contre : L'ancienne école de trait est devenue un musée du compagnonnage.

Ci-dessus : Portrait de Guillaume Cartier, dit *Carcassonne l'Enfant du Progrès*, un des meilleurs élèves du père Guillon.

Ci-contre : Le père Guillon en compagnie d'une de ses promotions.

et la coupe de pierre. *Mâconnais l'Enfant du Progrès* forma à son école un nombre considérable de compagnons, d'entrepreneurs et d'appareilleurs remarquables. Dans une liste impressionnante, il est difficile d'extraire quelques individualités :

– J. Boucher, dit *Lamarche le Soutien de Salomon.* Il fréquenta l'école de 1874 à 1876. Il devint par la suite architecte en chef de la ville de Buenos Aires et urbaniste de Montevideo.

– Claude Matrat, dit *Beaujolais l'Enfant du Progrès.* Il suivit les cours du père Guillon de 1877 à 1879. On lui doit l'édification du Palais des arts appliqués à Paris, pour l'Exposition des arts décoratifs de 1925.

– Raoul Thorel, dit *Louviers l'Ami du Trait.* Après avoir fréquenté l'école en 1879 et 1880, il construisit le Palais des eaux et forêts dans le cadre de l'Exposition universelle de 1900. Il signa également la réalisation des quais de Tancarville au Havre.

– Victor Auclair, dit *Bourbonnais l'Enfant du Progrès.* Élève du père Guillon de 1883 à 1885, il partit ensuite pour l'Amérique du Sud et participa activement à la reconstruction des villes de Valparaiso et de Santiago du Chili, sévèrement détruites par des tremblements de terre. Victor Auclair fut surtout le grand vulgarisateur de la technique du béton armé. La cathédrale de Santiago est son véritable chef-d'œuvre en la matière.

– Guillaume Cartier, dit *Carcassonne l'Enfant du Progrès.* Après avoir suivi les cours du père Guillon de 1893 à 1895, il s'illustra sur de nombreux chantiers tant en France qu'en Amérique du Sud. Sa grande spécialité était le levage des aqueducs.

– Alexandre Morel, dit *Lyonnais la Loyauté.* Grâce à l'enseignement reçu à Romanèche, il devint un des premiers Meilleurs Ouvriers de France en 1927. Il partit exercer ses talents au Maroc, au Canada, aux États-Unis, au Mexique et en Suisse. Quelques-uns de ses chefs-d'œuvre sont encore exposés au musée.

L'extraordinaire professeur de *trait* qu'était Pierre François Guillon fut également maire de Romanèche-Thorins, dignitaire franc-maçon et président du conseil supérieur du *devoir de liberté.* Il est mort en 1923, mais, grâce au musée de Romanèche, qui n'est autre que l'ancienne École de *trait,* son souvenir et son œuvre se perpétuent sur le tour de France. L'amoureux du compagnonnage se doit de visiter ce sanctuaire des *indiens* créé par le propre fils de *Mâconnais l'Enfant du Progrès,* Osiris Guillon, désireux de rassembler sur place les vestiges émouvants de l'œuvre de son père.

Extraits du règlement de l'École de *trait*

« Les cours sont suivis régulièrement par les élèves. Toutes les épures sont exécutées à l'échelle réduite. En aucun cas il n'est fait exception à cette règle. L'établissement de chantier sur épures grandeur nature complète cette méthode d'enseignement.

L'École prend des élèves âgés d'au moins quinze années, ayant commencé leur apprentissage, à moins qu'ils ne le fassent à l'École.

Les élèves sont internes et le prix de la pension se décompte par mois. Les heures de travail sont les suivantes : de 7 heures à 11 heures, de 1 heure à 5 heures, de 7 heures à 9 heures.

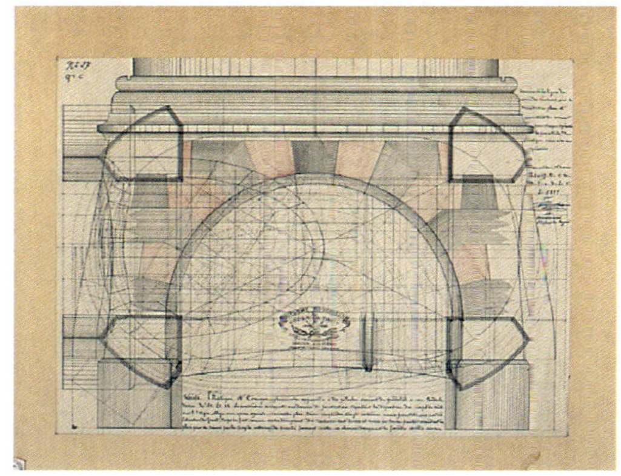

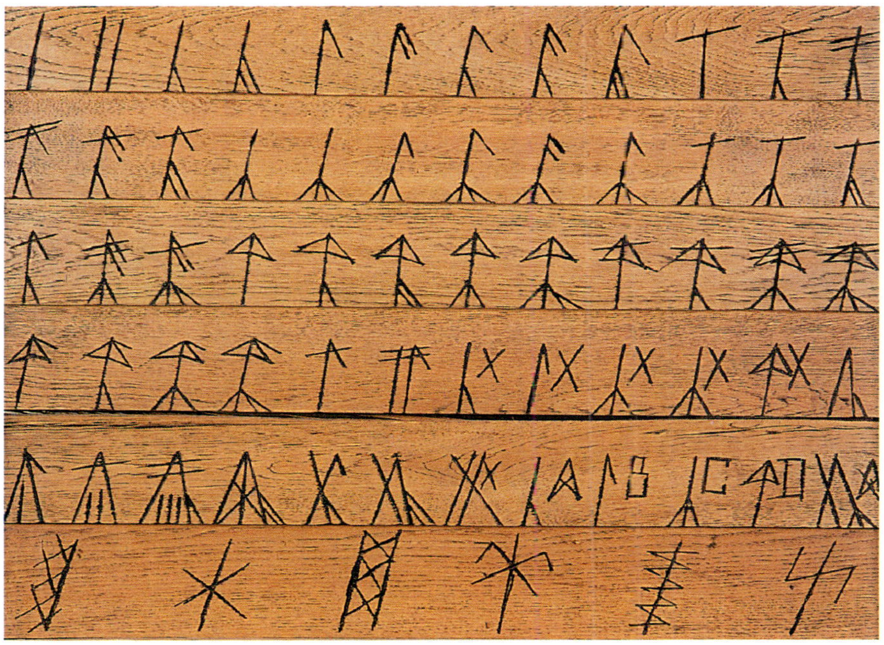

Ci-dessus : Une des nombreuses épures réalisées à l'école du père Guillon.

Ci-contre : Marques hiéroglyphiques de charpente.

Chaque fin de mois, le directeur adresse aux parents des attestations d'étude, énumérant les cours suivis et les modèles exécutés. Les élèves justifiant d'une pratique professionnelle de trois années sont présentés à l'examen institué par le comité départemental de l'enseignement technique, pour l'obtention du certificat de capacité professionnelle.

Les élèves concourent en outre pour l'attribution des médailles et autres récompenses mises à la disposition de l'École par le ministère du Commerce et de l'Industrie, par les sociétés régionales d'architectes et autres groupements techniques. »

Le *trait*

Ce terme, propre au vocabulaire compagnonnique, définit une science relative au dessin ou, plus exactement, à la façon de tracer les volumes en pénétration. Art de la stéréotomie, le *trait* est également une sorte de géométrie appliquée sans l'aide des formules abstraites que nécessite la géométrie descriptive. Concrètement, la notion de *trait* recouvre donc un ensemble de techniques graphiques qui permettent, à une échelle réduite ou grandeur nature, sur du papier, du parchemin ou à même le sol, de réaliser des plans, des épures et des tracés pour façonner et travailler le bois ou la pierre.

Depuis des siècles, les jeunes gens qui effectuent le tour de France sont initiés aux mystères du *trait* grâce aux cours dispensés par des professeurs de *trait,* compagnons passés maîtres en la matière. En fait, les épures de *trait* qui ont servi pour la réalisation des grands chefs-d'œuvre de charpente sont tout aussi remarquables que ces derniers. Une visite au musée de Romanèche-Thorins suffit à le démontrer.

Le *trait* transforme aussi bien l'œuvre que l'œuvrier. Progressivement, avec la complicité fraternelle du professeur de *trait,* l'étudiant pense, réfléchit, projette autrement. C'est dans cet esprit que nous pouvons comprendre la très belle définition du *trait* due à l'*indien Aveyronnais la Clef des Cœurs* : « Le *trait* fait de qui le possède un visionnaire jusqu'au fond de l'espace. Il est l'alchimie des solides. Le chiffre est scientifique mais la ligne est initiatique. » Notons enfin que l'art du *trait* n'est pas propre aux seuls compagnons charpentiers, menuisiers ou tailleurs de pierre. À l'image des compagnons chaudronniers, nombreux sont les métiers du compagnonnage qui, aujourd'hui encore, perpétuent ce noble enseignement si cher à *Mâconnais l'Enfant du Progrès.*

Les *indiens*

En compagnonnage, les *indiens* ne sont autres que les compagnons charpentiers du *devoir de liberté.* L'origine de ce surnom varie selon les versions proposées par les compagnons eux-mêmes.

Une première légende, prenant sa source à l'époque de la construction du temple de Jérusalem, précise que les compagnons charpentiers qui travaillaient pour Salomon étaient placés sous l'autorité de deux maîtres nommés Perrin et Diem. En associant ces deux personnages (Perrin/Diem), les compagnons charpentiers se trouvaient donc sous la responsabilité d'un père indien.

Quelques compagnons charpentiers du *devoir de liberté* veulent plutôt voir en leur surnom une dimension ésotérique, l'Inde étant à leurs yeux synonyme de terre de la tradition primordiale. C'est l'opinion d'Henri Germain, dit *Genevois l'Immortel Souvenir,* pour qui « certains hauts lieux de la planète sont désignés par le mot Inde qui signifie alors terre sacrée ».

D'autres versions, plus rationnelles, se fondent sur la lecture des trois premières lettres qui composent le blason symbolique des compagnons charpentiers du *devoir de liberté* : I.N.D.

Tout aussi intéressante est l'hypothèse qui rattache l'origine de ce surnom au fait que nombre de compagnons charpentiers du *devoir de liberté* allèrent, de la fin du XIXe siècle aux premières décennies du XXe, travailler sur les chantiers d'Amérique du Sud, anciennement appelée et confondue avec les Indes.

Le mystère des *indiens* reste entier. Les derniers d'entre eux figurent, depuis la fusion de 1945, dans les rangs de la Fédération compagnonnique des métiers du bâtiment, au sein de la société des compagnons charpentiers des *devoirs* du tour de France. De rares *indiens* ont toutefois préféré ne pas s'affilier à la FCMB, souhaitant maintenir leur rite en totale autonomie.

Une visite au musée Guillon de Romanèche-Thorins permet de découvrir combien cette société des *indiens* aimait à cultiver un symbolisme et un légendaire qui lui confèrent une place originale dans le compagnonnage français.

Les enfants d'Osiris

Pierre François Guillon, malgré ses multiples occupations, prit le temps de composer quelques chansons compagnonniques. Parmi ces dernières, il en est une particulièrement représentative de l'importance des mythes, des légendes et du symbolisme dans le compagnonnage des *indiens.* Elle occupe une place privilégiée dans le patrimoine des compagnons charpentiers du *devoir de liberté* :

« Émerveillés par la nature
Chantons ici le souvenir
Du doux champ à riche allure
Où des savants vivaient jadis
Tous studieux cherchant la science
Et travaillant à la perfection.
Jurons-leur donc obéissance
Et soyons digne de leur tradition.

Berceau de l'Inde, noble étincelle
Des initiés à qui tu donnas jour
Bienfaiteur de la terre étrangère
Jette sur nous le gage de ton amour
Que tu nous donnas par ton noble exemple
Et si de loups nous avons pris le nom
C'est pour venger ton innocence
Ô Osiris protège tes enfants.

En terre de Jérusalem
Où Salomon voulut édifier

Page de gauche, à gauche : **Compagnon charpentier du devoir de liberté (*indien*) en tenue solennelle.**

Page de gauche, à droite : **Détail du grand chef-d'œuvre des *indiens*.**

Ci-contre : **Brevet de compagnon initié, très riche en allégories et symboles compagnonniques chers au devoir de liberté.**

Cet édifice gigantesque
Ce Temple enfin qui donna la clarté
Apprentis, compagnons et maîtres
Au Mont-Liban tous y ont travaillé
Et sous l'égide du savant architecte
Tous ont compris le mot de liberté.

Du Mont-Moria dessinant la hauteur
Et retraçant la sainte amitié
Beauté suprême, merveille et grandeur
Firent la gloire du devoir de liberté.
Si dans ton sein la triple alliance
A fait de nous de dignes compagnons
Nous saurons vénérer ta naissance
Et soutenir ton nom Ô Salomon.

Compagnons qui possédez des titres
Donnés jadis à la sainte Science
Hiram a dit de suivre la doctrine
De l'évangile dictée aux compagnons
En l'honneur de ce grand génie
Sur l'acacia allons cueillir des fleurs
Souvenons-nous que la géométrie
Nous fut léguée par ce grand fondateur.

Honorons cette secte ouvrière
Qui pour naître a eu tant de malheur
Suivons les pas de nos ancêtres
Imitons-les, c'est un honneur.
Ils ont donné à la vieille Égypte
Des monuments dignes d'un grand renom
Qui leur valurent à juste titre
Ce nom si beau, celui de compagnon.

Et puis au sein d'une famille
Nous terminons la fin de nos jours
Sous nos couleurs respectons la maxime
Jusqu'au tombeau, qu'elles nous suivent toujours
Un de vos frères, Guillon, a cru vous plaire
Et de lui, acceptez ces sept couplets
Ils furent conçus à Romanèche
Par *Mâconnais dit l'Enfant du Progrès.* »

La ville mère

Adieu Lyon, ville jolie,
Je vais partir en ce beau jour
Sans oublier ce que je quitte
Dans l'enceinte du vieux faubourg.
Je pars le cœur rempli de charme
Car j'ai appris en voyageant
En m'éloignant je dis adieu
Aux compagnons du Tour de France.

Marche à Terre l'Agenais.

Page de gauche : Ville compagnonnique par excellence, le vieux Lyon abrite bien des trésors architecturaux.

Ci-dessus : Blason symbolique de l'Union compagnonnique de Lyon.

Ci-contre : *Aux trois fondateurs*, entrée du premier siège provincial des compagnons du devoir, inauguré à Lyon en 1943.

LYON

Aux yeux des compagnons, Lyon a toujours joui d'une estime particulière. Passage obligé et réputé sur le tour de France, la capitale des Gaules peut s'enorgueillir d'un passé prestigieux. Aujourd'hui encore, Lyon figure parmi les rares villes qui ont le privilège d'abriter les sièges des trois mouvements compagnonniques français : Union compagnonnique des devoirs unis (105, rue Villon), Association ouvrière des compagnons du devoir (9, rue Nérard) et Fédération compagnonnique des métiers du bâtiment (11, rue Charles-Richard).
En juillet 1988, Lyon connut l'insigne honneur de recevoir le huitième rassemblement des sociétés compagnonniques européennes, preuve éclatante de son rayonnement exercé dans le compagnonnage.

Un passé prestigieux

Un ouvrage entier serait nécessaire à la présentation et à l'étude du rôle tenu par Lyon dans l'organisation des sociétés compagnonniques anciennes. À titre d'exemple, prenons le corps, aujourd'hui disparu, des compagnons teinturiers du *devoir*. Ces derniers ne recevaient leurs nouveaux membres

Une cérémonie de réception chez les compagnons charpentiers du devoir, dessinée par le journaliste de *L'Illustration* en 1845. Passé l'épreuve de la critique du chef-d'œuvre, le nouveau compagnon prête serment de fidélité à son devoir, en présence de l'assemblée.

que dans cette seule ville, considérée par eux comme ville *mère* de leur tour de France.
C'est dans la ville des canuts (cannes nues) que l'on détint longtemps le monopole de la fabrication des cannes compagnonniques, des lithographies et autres images souvenirs pour la Sainte-Baume. Il en fut également de même pour la confection des couleurs symboliques, chose très compréhensible dans la patrie des soyeux.
Dans la mémoire des compagnons de tous rites, on se souvient qu'Agricol Perdiguier, dit *Avignonnais la Vertu,* fut premier compagnon de Lyon en 1828.
Lyon est aussi la ville qui vit les premiers pas de la future Union compagnonnique des devoirs unis avec la création, en 1842, de la Fédération des amis de l'industrie qui se transforma en 1864 en Société des compagnons des *devoirs* réunis. Le premier président de l'Union compagnonnique, Lucien Blanc, dit *Provençal le Résolu,* s'établit lui-même à Lyon où, de 1860 à 1900, il exerça la profession de banquier.
Le Lyon compagnonnique, c'est aussi et surtout le célèbre quartier de Vaise qui a toujours abrité auberges puis sièges de nombreux corps. Ville de *devoir* pour la majorité des sociétés, Lyon est aussi, par excellence, la ville des compagnons charpentiers :

« C'est à Lyon, dans une auguste enceinte
Aux compagnons je me suis présenté,
Le cœur agité par la crainte,
La crainte d'y être refusé.
Mais cependant, prenant courage,
L'on m'a reçu compagnon charpentier
En m'arrachant de l'esclavage,
Par le serment de la fidélité. »
(*La Gloire*, chanson de *Nivernais sans Regret*, XVIIIe siècle.)

Le concours de Lyon

Dans les premières années du XIXe siècle, les compagnons charpentiers *soubises* et *indiens* décidèrent de jouer la ville de Lyon.
Afin de départager les deux sociétés rivales, il leur fut confié la construction d'un pont en bois sur la Saône. Chaque société devait en exécuter la moitié, en partant de la rive vers le centre. La partie la mieux réalisée donnerait alors le gain du concours et donc la ville au compagnonnage vainqueur.
L'histoire raconte qu'au moment où les deux parties du pont se rejoignirent, le travail était tellement fin et précis de part et d'autre que tout s'emboîta sans aucune retouche. Le jury des architectes lyonnais désignés pour départager les deux camps ne put que constater l'égalité parfaite entre *indiens* et *soubises* ; il invita alors les deux *devoirs* rivaux à se respecter mutuellement au lieu de se haïr.
Face à cette situation imprévue, les deux corps de charpente se réconcilièrent et, après embrassades, serrements de mains, danses et chansons, ils décidèrent d'établir une trêve. Malheureusement, ce rapprochement fraternel fut éphémère, querelles et rixes séparant de nouveau les compagnons charpentiers de Lyon.

Ci-contre : Centre régional de formation professionnelle des compagnons du devoir, avenue Sidoine-Apollinaire, inauguré le 6 mai 1994.

Ci-dessous : Vue intérieure du siège provincial de l'Association ouvrière des compagnons du devoir du tour de France, rue Nérard.

La ville de fondation de l'Association ouvrière des compagnons du devoir du tour de France

C'est à Lyon que fut fondée la première Maison de l'Association ouvrière des compagnons du devoir. Inauguré le 24 octobre 1943, ce siège était alors le symbole d'un nouveau compagnonnage désireux de rallier à lui les divers *devoirs,* malgré la tourmente de la guerre puis de l'Occupation. À ce titre, Lyon est donc devenue la ville de fondation de l'Association ouvrière. C'est aussi pour cette raison que le nom symbolique du siège lyonnais est *Aux trois fondateurs,* dédicace évidente à Salomon, Jacques et Soubise, allusion logique au rêve de regrouper en une seule famille tous les rites compagnonniques, rêve qui n'est jamais devenu une réalité :

« Ô Lyon, ville chérie
De tous les compagnons,
Oui dans notre patrie
Nous chanterons ton nom
Et ce chant d'allégresse
Réchauffera les cœurs
De toute une jeunesse
Durcie par le malheur.

Tu resteras l'antenne
Qui conduira nos gars.
Tu naquis dans la peine,
Marquant un premier pas.
Une œuvre souveraine
Chez toi prit corps un jour
Qui de villes en plaines
S'élargira toujours.

Ici-bas dans ce monde
Si quelques mécontents
Reprochent à la ronde
L'esprit de tes enfants,
La voix de leur conscience
La voix du compagnon
Oui ! plus tard, ô patience
Te donnera raison. »

Cette chanson, composée en 1948 par *Pierre le Saintonge,* laisse entrevoir le contexte difficile que fut celui de la création de l'Association ouvrière. La fondation d'un compagnonnage ayant reçu une charte des mains du maréchal Pétain fut, en effet, diversement accueillie et appréciée selon les familles compagnonniques. À lui seul, le dernier couplet de la chanson est significatif de la brisure qui résulta de cette tentative de rénovation du compagnonnage durant l'occupation de la France.

Depuis la fondation de son premier siège lyonnais, l'Association ouvrière des compagnons du devoir a su se développer, se structurer et devenir un mouvement puissant et reconnu dans le monde des métiers. Premier compagnonnage par le nombre de ses adhérents, l'Association ouvrière a parcouru un chemin impressionnant depuis les années difficiles qui accompagnèrent ses premiers pas.

Ci-dessous : **Livret de route d'un compagnon allemand.**

Ci-contre : **Compagnons français et allemands entretiennent des relations amicales.**

Sur le tour de France des compagnons du *devoir, Aux trois fondateurs* n'est donc pas un siège comme tous les autres. Cette maison du quartier de Vaise est beaucoup plus qu'une étape particulière, elle est devenue un symbole, un repère, dans l'histoire même du compagnonnage français.

La formation compagnonnique

Depuis que le compagnonnage existe, le principal moyen de formation a pour nom et pour cadre le tour de France. Il est évident que l'évolution considérable des moyens de transport constitue la première grande différence avec le passé, le tour de France ne s'effectuant plus à pied. La seconde nouveauté réside dans le fait que les jeunes d'aujourd'hui peuvent désormais parfaire leur formation hors de France. En effet, la Suisse, la Belgique, l'Allemagne, la Hollande, le Canada, les États-Unis… accueillent régulièrement des jeunes itinérants venus découvrir d'autres approches, d'autres habitudes et d'autres techniques relatives à leur métier. Malgré les innovations technologiques et une standardisation croissante, la tradition du voyage continue à jouer son rôle extrêmement formateur car, si tel n'était pas le cas, le compagnonnage n'aurait aucune raison d'être dans une société postindustrielle.

Comme hier, les compagnons bénéficient toujours de la confiance et de la bienveillance de nombreux employeurs. Aux petits patrons, qui ont toujours respecté et soutenu le compagnonnage, sont venus s'ajouter certains chefs de moyenne ou de grande entreprise, désireux de recevoir en stage des itinérants du tour de France. Ce sont des professionnels de valeur, parfois compagnons eux-mêmes, qui aident les aspirants à découvrir, acquérir ou améliorer des compétences indispensables au bon exercice de la profession. Les sociétés compagnonniques n'ont jamais placé leurs jeunes membres au hasard.

Dans tous les sièges du tour de France, les jeunes ouvriers bénéficient de salles de cours ainsi que d'ateliers parfaitement équipés. Des enseignants et des compagnons sont chargés d'approfondir leurs connaissances générales et professionnelles : ce sont les cours du soir. Qu'il soit en situation d'apprentissage ou en période de perfectionnement, le jeune garçon a le privilège de se voir proposer une formation adaptée à sa personnalité et à son cursus.

L'alternance entreprise/siège constitue un des vecteurs essentiels de la formation dispensée par le compagnonnage des temps modernes.

Grâce à cette méthode, le jeune homme motivé pourra obtenir les qualifications classiques sanctionnées par des diplômes d'État. Mais il convient de ne pas se tromper, le compagnonnage n'est pas un organisme privé de formation professionnelle, il est bien plus encore. Aux termes de programme ou de progression, les compagnons préfèrent celui de cheminement qui traduit beaucoup mieux l'esprit du *devoir.* En effet, dans le compagnonnage, les qualités professionnelles sont indissociables des qualités morales et humaines de l'individu. La formation compagnonnique ne s'adresse pas aux seules mains, l'intellect est également mis à l'épreuve tout au long du cheminement de l'ouvrier. Pour devenir compagnon du

Ci-dessus : **Compagnon charpentier du devoir au XIXe siècle.**

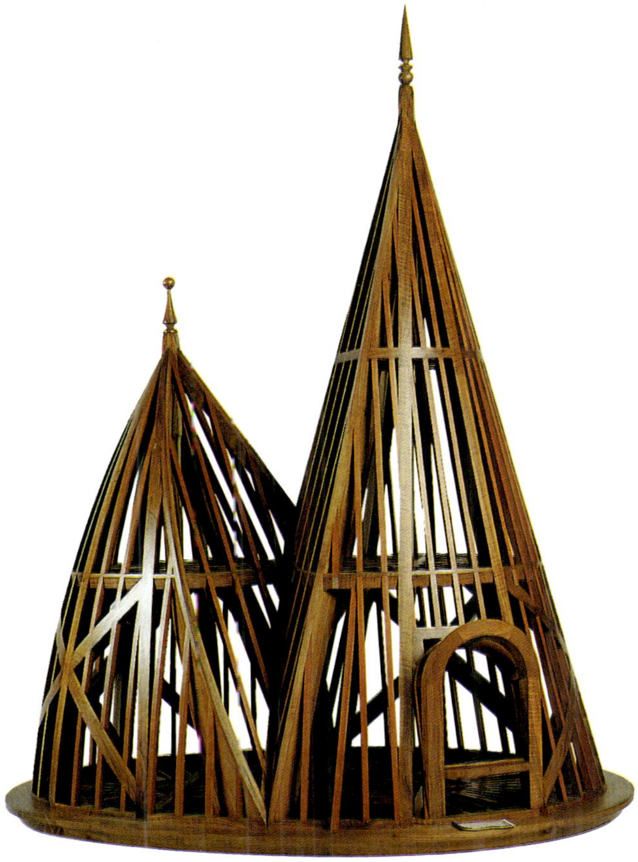

Ci-contre : **Chef-d'œuvre de charpente.**

Ci-dessous : **Compagnon teinturier du devoir portant son tablier symbolique (XIXe siècle).**

tour de France, la présentation d'un chef-d'œuvre ne suffit pas ; le comportement, la façon d'être et d'agir sont des critères également pris en compte pour la réception d'un nouveau frère.

La formation compagnonnique peut donc se définir comme une tentative ambitieuse et généreuse de rendre l'homme heureux par, avec et dans son métier.

La Confédération des compagnonnages européens

En juillet 1988, la ville de Lyon fut choisie pour accueillir le huitième rassemblement des sociétés européennes à caractère compagnonnique. Ces dernières sont regroupées au sein de la Confédération des compagnonnages européens/*Europäische Gesellenzunfte*. Cet organisme est le fruit de plusieurs tentatives de rapprochement entre compagnons français et allemands durant les années qui suivirent la Seconde Guerre mondiale.

La Confédération vit officiellement le jour lors d'un premier rassemblement au Luxembourg, en août 1953. À l'époque, la France était représentée par l'Union compagnonnique des devoirs unis et la Fédération compagnonnique des métiers du bâtiment, l'Association ouvrière ayant refusé de s'associer à une telle structure. D'importantes décisions sont prises à l'occasion de cette première rencontre entre sociétés françaises et allemandes : un rassemblement va être organisé tous les cinq ans, d'autres sociétés doivent se joindre à cette expérience. L'Unesco offre pour l'occasion un drapeau vert et blanc, couleurs qui symbolisent désormais le compagnonnage européen.

En 1958, les retrouvailles ont lieu à Hambourg. En 1963, Copenhague accueille le troisième rassemblement, marquant ainsi l'adhésion des compagnonnages scandinaves. En 1968, les sociétés se retrouvent à Versailles, Châteauroux et Tours. La structure prend le nom officiel de CEG, qui devient organisme non gouvernemental doté de statuts consultatifs au Conseil de l'Europe. Neuchâtel accueille le rassemblement suivant en 1973 ; la Belgique intègre la CEG.

En 1978, les compagnons d'Europe se réunissent à Hambourg. En 1983, la ville de Bruxelles est choisie pour abriter le septième rassemblement, certaines sociétés allemandes, jusque-là non adhérentes, viennent renforcer la CEG qui se transforme en CCEG, le terme de Confédération étant désormais une réalité.

Ainsi, grâce à la CCEG, l'Europe compagnonnique existe en tant qu'organisme officiel, permettant aux jeunes membres de ses huit sociétés de voyager à travers les frontières, bénéficiant partout de structures d'accueil et de placement. Il est vrai que parmi les principaux objectifs de la CCEG, figure en bonne place la recherche d'une « meilleure fraternité entre les peuples par le voyage et le métier ».

PC
Louis Berten

Le souvenir de Perdiguier

Cité des papes et des vins
Si ton palais est un écrin
Ton souvenir est à jamais
Attaché à Perdiguier.
Ta renommée s'est étendue
Par Avignonnais la Vertu.

Agenais la Palme des Beaux Arts.

Page de gauche : **Agricol Perdiguier revêtu de ses couleurs de dignitaire *gavot*, avec, en arrière-plan, la ville d'Avignon (peinture anonyme, milieu du XIXe siècle).**

Ci-dessous : **La canne du compagnon a toujours varié en fonction des époques, des métiers et des rites. Elle demeure un des attributs majeurs du compagnon du tour de France.**

AVIGNON

Le chef-lieu du Vaucluse doit une grande part de sa renommée au palais des Papes. Mais, dans le compagnonnage, Avignon est immédiatement associée à une tout autre célébrité, un personnage hors du commun dont l'œuvre, au XIXe siècle, contribua à la rénovation des sociétés compagnonniques jusque-là affaiblies par leurs querelles internes. Ce compagnon honoré de tous n'était autre qu'Agricol Perdiguier, plus connu des siens sous le nom symbolique d'*Avignonnais la Vertu*. Si vos pas vous mènent en Avignon, cherchez la rue Agricol-Perdiguier et arrêtez-vous un instant au pied de la statue qui commémore son souvenir.
Aujourd'hui, la cité des papes n'abrite qu'un seul siège compagnonnique. Dans la patrie d'*Avignonnais la Vertu*, il est normal que le mouvement qui accueille en son sein les *gavots* soit représenté. La Fédération compagnonnique des métiers du bâtiment est installée au 37, rue Four-de-la-Terre. Frappez à la porte du siège, vous y serez toujours le bienvenu. Ensuite, prenez votre voiture et, quelques minutes plus tard, vous atteindrez le proche village de Morières-lès-Avignon. C'est ici qu'est né Perdiguier. Une plaque apposée sur sa maison natale, au cœur du village, témoigne de la reconnaissance et de l'hommage des compagnons envers un homme qui a profondément marqué l'histoire du compagnonnage français.

Agricol Perdiguier, dit *Avignonnais la Vertu*

Né le 3 décembre 1805 à Morières-lès-Avignon, Agricol Perdiguier apprit très jeune la menuiserie auprès de son père. À 17 ans, il devint affilié chez les compagnons menuisiers du *devoir de liberté* de la ville d'Avignon. Il partit dès lors sur le

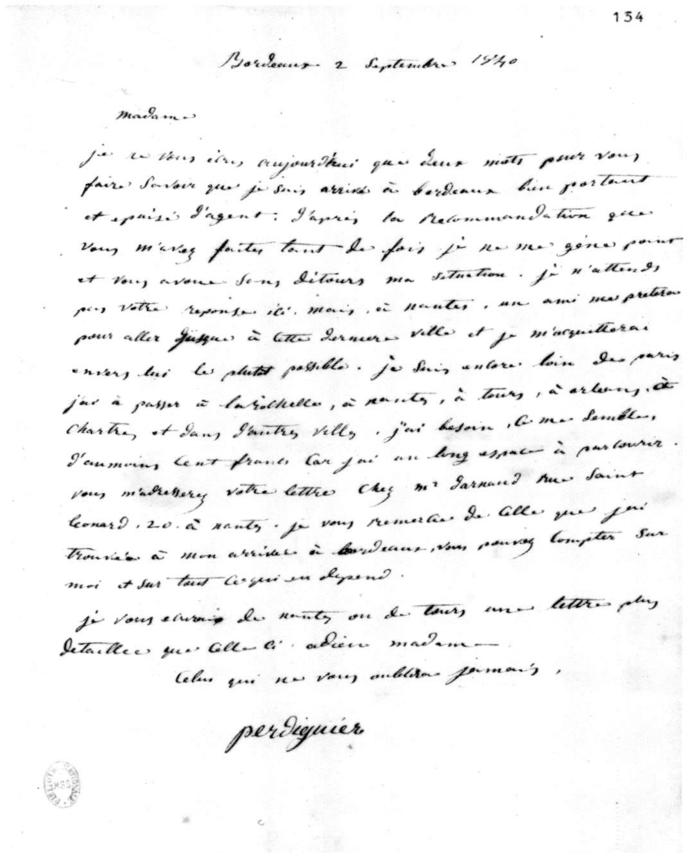

154

Bordeaux 2 septembre 1840

madame

je ne vous écris aujourd'hui que deux mots pour vous faire savoir que je suis arrivé à bordeaux bien portant et épuisé d'argent : d'après la recommandation que vous m'avez faites tant de fois je ne me gêne point et vous avoue sans détours ma situation. je n'attends pas votre réponse ici. mais à nantes, un ami me prêtera pour aller jusqu'à cette dernière ville et je m'acquitterai envers lui le plutôt possible. je suis encore loin de paris j'ai à passer à la rochelle, à nantes, à tours, à orleans, à chartres, et dans d'autres villes. j'ai besoin, ce me semble, d'au moins cent francs car j'ai un long espace à parcourir. vous m'adresserez votre lettre chez m^r darnaud rue saint leonard, 20. à nantes. je vous remercie de celle que j'ai trouvée à mon arrivée à bordeaux. vous pouvez compter sur moi et sur tout ce qui en dépend.

je vous écrirai de nantes ou de tours une lettre plus détaillée que celle ci. adieu madame —

celui qui ne vous oubliera jamais,

perdiguier

Lettre d'Agricol Perdiguier à George Sand. *Avignonnais la Vertu* demande un supplément de subsides pour poursuivre son voyage (Bordeaux, 2 septembre 1840).

Page de droite : **Le pont est présent dans l'iconographie symbolique du compagnonnage, notamment dans le devoir de liberté.**

tour de France, travailla à Marseille, Nîmes et Montpellier où il fut reçu compagnon en 1824, sous le nom symbolique d'*Avignonnais la Vertu.* Il passa ensuite à Béziers, Bordeaux, Chartres (où il devint compagnon fini), Paris et Lyon. Dans cette dernière ville, ses frères *gavots* lui confièrent la charge de premier compagnon. Cette fonction assumée, il regagna son village natal en 1828.

De ce premier tour de France, Perdiguier revint profondément troublé par les rivalités incessantes qui divisaient et affaiblissaient les sociétés compagnonniques. C'est alors que germa en lui l'idée ambitieuse et courageuse de réconcilier les compagnons des trois rites. Dès lors, il ne pouvait plus rester à Morières.

En 1829, il s'installe à Paris afin de se perfectionner dans le *trait.* En 1830, il participe aux Trois Glorieuses. En 1834 et 1836, désireux de diffuser des chants pacifistes, il publie ses premières chansons compagnonniques. En 1838, paraît *La Rencontre de deux frères,* émouvant poème dédié à la fraternité.

Malgré de sérieux ennuis de santé, il édite, en 1839, *Le Livre du compagnonnage.* Dès la parution de cet ouvrage, nombreux sont les compagnons à crier au scandale car, pour la première fois, les légendes, les rites et certaines coutumes sont dévoilés à un large public. En outre, Perdiguier insiste sur la stupidité et l'absurdité des querelles qui affaiblissent les *devoirs.* En 1840, pour mieux expliquer ses idées, il décide d'entreprendre un second tour de France. George Sand, qui s'est liée d'amitié avec lui depuis la parution du *Livre du compagnonnage,* apporte le soutien financier nécessaire à ce projet. En 1841, grâce aux renseignements de Perdiguier, la célèbre romancière signe un livre entièrement consacré au compagnonnage, *Le Compagnon du tour de France.*

Sans l'aide de George Sand et des amis de cette dernière, Perdiguier n'aurait jamais pu accomplir la mission qu'il s'était fixée. Des mois durant, il essaie de rallier de nombreux compagnons à ses idées novatrices, n'hésitant pas à distribuer gratuitement son livre dans les villes où il ne peut organiser une réunion d'information. Après son mariage avec une jeune couturière, Agricol Perdiguier fonde une école de *trait* à Paris, afin de subvenir aux besoins de sa famille.

1841 marque une étape importante dans l'œuvre de Perdiguier. Son *Livre du compagnonnage* est publié par les éditions populaires de Laurent Pagnerre. Le succès est grand et les amis de Perdiguier ont désormais pour nom Béranger, Lamartine, Victor Hugo, Michelet, Arago… qui, aux côtés de George Sand, encouragent sa tentative de régénération du compagnonnage.

À la suite de la révolution de 1848, Perdiguier est élu représentant du peuple dans le Vaucluse et à Paris. Il opte pour la capitale et est réélu en 1849. La politique lui permet de mieux se faire entendre dans un monde ouvrier à la recherche d'une structure nouvelle. Mais le coup d'État du 2 décembre 1851 l'exile en Belgique puis en Suisse. Frappé par la maladie et la nostalgie, *Avignonnais la Vertu* met à profit cette épreuve pour rédiger les *Mémoires d'un compagnon.*

De retour en France, grâce aux relations influentes de George Sand, il publie de nouveau son *Livre du compagnonnage*

(1857). En 1863, il entreprend un troisième tour de France qui, cette fois, est beaucoup plus chaleureux. Perdiguier est écouté mais, malheureusement, ses idées ne font toujours pas l'unanimité.

La guerre de 1870 et l'épisode tragique de la Commune le dépriment. Malade et endetté, il est dans l'obligation de vendre son bien familial pour nourrir sa famille. Plus question de faire un nouveau tour de France, la santé et l'argent manquent, les sociétés compagnonniques ne sont plus réceptives à un message jugé en décalage avec la réalité.

Le 26 mars 1875, Agricol Perdiguier s'éteint, victime d'une congestion cérébrale. Il repose désormais au cimetière du Père-Lachaise où, chaque année à la Toussaint, les différents compagnonnages viennent lui rendre hommage.

Surnommé le saint Vincent de Paul du compagnonnage, *Avignonnais la Vertu* ne put donc réaliser son rêve de regrouper en une seule famille, fraternellement unie, tous les *devoirs* et tous les rites. Deux vers qu'il composa à la fin de sa vie illustrent parfaitement son œuvre :

> « Que tous les nobles cœurs s'unissent,
> Le règne d'amour est prochain. »

Les frères pontifes

La confrérie des frères pontifes fut fondée en 1176 par saint Bénezet. Ce dernier s'était fixé pour mission de construire des ponts sur les principaux fleuves du Midi de la France. Outre le fameux pont d'Avignon, les frères pontifes œuvrèrent en Provence, en Languedoc, en Auvergne et dans le Poitou.

À ses débuts, la communauté des frères pontifes n'était composée que de charpentiers et de tailleurs de pierre laïcs. Ce n'est qu'en 1281 qu'elle se transforma véritablement en ordre religieux.

Le pont est un symbole très présent dans l'iconographie compagnonnique, il représente la liberté de passer (LDP), la franchise accordée par le roi et les puissants aux bâtisseurs du Moyen Âge. Nombreux sont les tableaux, lithographies et autres images compagnonniques où le pont figure en bonne place. À ce titre, une minorité de compagnons a cru voir en l'ordre des frères pontifes une possible origine du compagnonnage. Aujourd'hui, cette hypothèse est infirmée par l'étude historique. Le pont d'Avignon reste néanmoins un monument fort prisé sur le tour de France.

Les *gavots*

Agricol Perdiguier est, sans conteste, le plus célèbre d'entre tous les *gavots*. Mais d'où vient ce qualificatif si original dans un vocabulaire compagnonnique qui a toujours préféré utiliser des noms d'animaux pour surnommer hommes ou outils (chien, loup, chèvre, renard, lapin, pigeon...) ?

Avant d'être appelés *gavots*, les compagnons menuisiers et serruriers du *devoir de liberté* furent d'abord qualifiés de compagnons *non du devoir*. Ce n'est qu'au début du XVIIIe siècle qu'apparut vraiment le terme de *gavot*.

L'origine de ce mot est sujette à de nombreuses versions. Selon les légendes, il faudrait remonter à la scission d'Orléans

où quelques menuisiers et serruriers, refusant de suivre Jacques et Soubise, se seraient enfuis sur la Loire en empruntant des embarcations appelées gabords, gabards, gavottes ou gavotages. L'histoire, elle, prouve sans difficulté que les *gavots* sont issus d'une scission intervenue au sein des compagnons menuisiers et serruriers du *devoir,* quelques années après la révocation de l'édit de Nantes, séparant ainsi compagnons catholiques et protestants. Dès lors, il est intéressant d'observer que, dans le Midi de la France, on a longtemps appelé gaves, gavouts ou bien encore gavots (plus rarement toutefois) les gens des montagnes. Or nombreux furent les protestants qui se cachèrent dans les régions montagneuses.

Les *gavots* faillirent disparaître du paysage compagnonnique français. Ils se comptaient seulement par dizaines à la fin de la Seconde Guerre mondiale. C'est grâce à l'action du compagnon Pierre Louis, dit *Limousin Cœur Fidèle* (1906-1986), que la société des compagnons menuisiers et serruriers du *devoir de liberté* put reprendre sa place et son rang sur le tour de France. *Limousin Cœur Fidèle,* désireux de redonner vigueur à son compagnonnage, n'eut de cesse de rechercher et de former de nouveaux *gavots.* Avec Agricol Perdiguier, Pierre Louis est donc la seconde grande figure du panthéon des *gavots.*

La canne des compagnons

Dans toutes les civilisations du monde, la canne est associée au pèlerin et au passant. À ce titre, la canne compagnonnique est en harmonie avec la tradition occidentale et orientale. À une époque où les routes étaient peu sûres et où les sociétés compagnonniques se faisaient la guerre, la canne était avant tout une arme de défense ou d'attaque. Prendre la canne de son adversaire fut longtemps considéré comme un acte de gloire et d'héroïsme. La perdre ou, pire, l'abandonner entraînait honte et déshonneur. C'est dire l'importance attribuée à la canne, importance qui dépasse la fonction et la quotidienneté de l'objet lui-même.

Soutien du voyageur, arme de défense, instrument de mesure, symbole d'un certain savoir, la canne est avant tout la fierté du compagnon qui la reçoit le soir de sa réception. Elle est le gage de son appartenance au compagnonnage. Comme dans le passé, les cannes compagnonniques sont souvent en jonc. Chaque canne se compose d'un grand bout ferré à une extrémité et, à l'autre, d'un pommeau qui, selon le rite du compagnon, peut être en ivoire, en corne, en laiton ou, tout simplement, en bois. Sur le pommeau hexagonal (il fut parfois octogonal ou en forme de boule), il est possible de distinguer une pastille (laiton, argent ou ivoire) sur laquelle sont gravés le métier et le nom du compagnon, son rite, la ville et la date de sa réception ainsi que quelques lettres symboliques figurant autour de l'équerre et du compas, ou tout autre outil représentatif du corps de métier. Notons enfin que toutes les cannes sont décorées de deux glands, en forme de pompon, dont les couleurs varient toujours en fonction du métier et du rite.

Cette division de la canne en trois parties (pommeau, jonc, bout ferré) est expliquée par certains récits légendaires. Ainsi, le pommeau rappellerait le maillet avec lequel Holem frappa

Page de gauche : La façon de présenter la canne en arrivant chez la *mère* était un des moyens de reconnaissance à l'époque du tour de France à pied (*L'Illustration*, 1845).

Ci-contre : Maquette d'escalier à dessous coulissant réalisée par Agricol Perdiguier.

Ci-dessous : Travail collectif effectué par cinq compagnons menuisiers du devoir de liberté de la ville d'Avignon.

maître Hiram ; le jonc symboliserait la règle qui fut utilisée par Sterkin contre l'architecte ; le bout ferré, enfin, évoquerait le levier que prit le dernier assassin, Hoterfut, pour tuer Hiram. Il est évident que cette explication n'est qu'allégorique. D'autres versions présentent la canne comme un don des chevaliers du Temple aux pauvres ouvriers qui les accompagnèrent en Orient. L'historien se doit de faire la part des choses entre mythe et réalité, cet art lui sera constamment utile dans son voyage au pays des compagnons.

Lorsqu'on consulte des catéchismes du début du XIXe siècle, le rôle rituel de la canne apparaît avec insistance. La manière de la tenir répond à certaines règles. Certains textes d'époque détaillent plus de dix-huit façons rituelles de porter la canne. Ainsi, le compagnon doit toujours la tenir de la main droite, le pouce devant généralement cacher la pastille. La pointer le bout ferré en avant est signe de mépris ou de provocation. La présenter par le pommeau exprime l'amitié, la paix et la fraternité.

De nombreuses situations nécessitent l'emploi de la canne. Dans l'exécution de la fameuse *guilbrette*, elle conditionne une bonne partie du rituel. Aujourd'hui encore, lors du mariage d'un des leurs, les compagnons forment une voûte de cannes au-dessus du jeune couple lorsque celui-ci quitte l'église ou la mairie. Dans certaines sociétés compagnonniques, à l'occasion d'un cortège funèbre, les compagnons suivent le corbillard en tenant les cannes, le pommeau incliné vers le bas. Le compagnon qui occupe la charge de *rouleur* possède une canne spéciale, enrubannée de faveurs, afin d'être immédiatement reconnu dans l'assemblée. L'Association ouvrière des compagnons du devoir du tour de France a innové en offrant à ses jeunes aspirants, lors de leur adoption, une petite canne sans pommeau pastillé. Ce n'est qu'au soir de sa réception que le nouveau compagnon pourra porter la véritable canne symbolique.

La canne est aussi le titre d'une des chansons les plus célèbres sur le tour de France. Datant du XIXe siècle, elle est régulièrement chantée à l'occasion des banquets compagnonniques :

« La canne, gage précieux
De la valeur et de la gloire,
La canne fait mille envieux
Sur la route de la victoire !
L'esponton vil tremble et pâlit
À son aspect lui le profane.
Aspirant, mon cœur a tressailli
En voyant la première canne.

Respectable par sa longueur,
Plus brillante qu'une auréole,
C'est le symbole de l'honneur
C'est notre Dieu, c'est notre idole,
Avec elle on ne craint plus rien,
Avec elle l'on se pavane !
Du devoirant, c'est le soutien
Pour voyager, vive la canne ! »

(Chanson *La Canne* de P. Calas,
dit *Languedocien l'Ami des Filles*, XIXe siècle.)

La serrure de la Légion d'honneur

Adieu Marseille, adieu tes environs,
Je vais partir pour suivre la carrière
Que le Devoir impose aux Compagnons.
Portant mes pas vers un autre rivage,
Pour y chercher les enfants du savoir,
Je partirai vous disant au revoir
Berceau du beau Compagnonnage.

Joli Cœur de Salernes.

MARSEILLE

« Marseille, Marseille, terre sans pareille
Pays de mes amours, je t'aimerai toujours.
Marseille, Marseille, les cœurs s'ensoleillent
En songeant sur le tour, à te revoir un jour. »

En composant ce couplet, *La Fraternité de Marseille*, honnête compagnon passant tailleur de pierre du *devoir*, a voulu chanter l'attrait séculaire que la cité phocéenne a toujours exercé sur le tour de France, en partie grâce à son climat particulièrement ensoleillé.

Dans le passé, nombreux furent les compagnons qui, à l'image du célèbre menuisier François Roux, dit *François le Champagne*, décidèrent de s'installer définitivement à Marseille, « terre sans pareille ». Dans les *Mémoires d'un compagnon*, *Avignonnais la Vertu* relate aussi les difficultés éprouvées par le Méridional qui doit quitter sa région pour partir sur le tour : « Pour continuer mon tour de France, il me fallait vite m'éloigner de mon pays natal. »

Marseille la compagnonnique offre beaucoup d'anecdotes au curieux ou à l'historien du compagnonnage. Outre le fameux

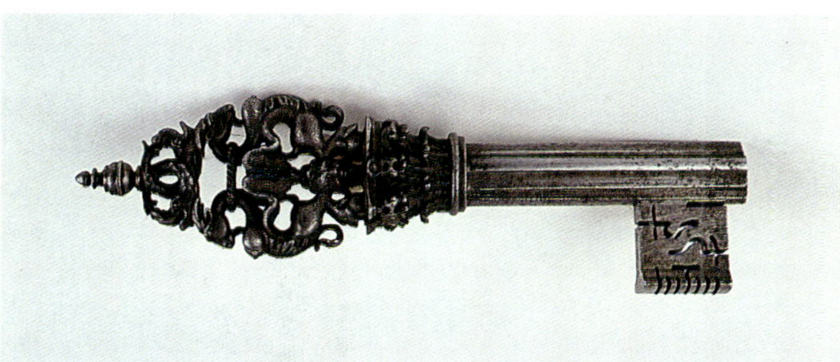

Les travaux de serrurerie constituent d'authentiques chefs-d'œuvre de précision et de ciselure. Outre le musée du Compagnonnage à Tours, il faut surtout visiter le musée Calvet en Avignon ainsi que le musée Bricard de la Serrure à Paris.

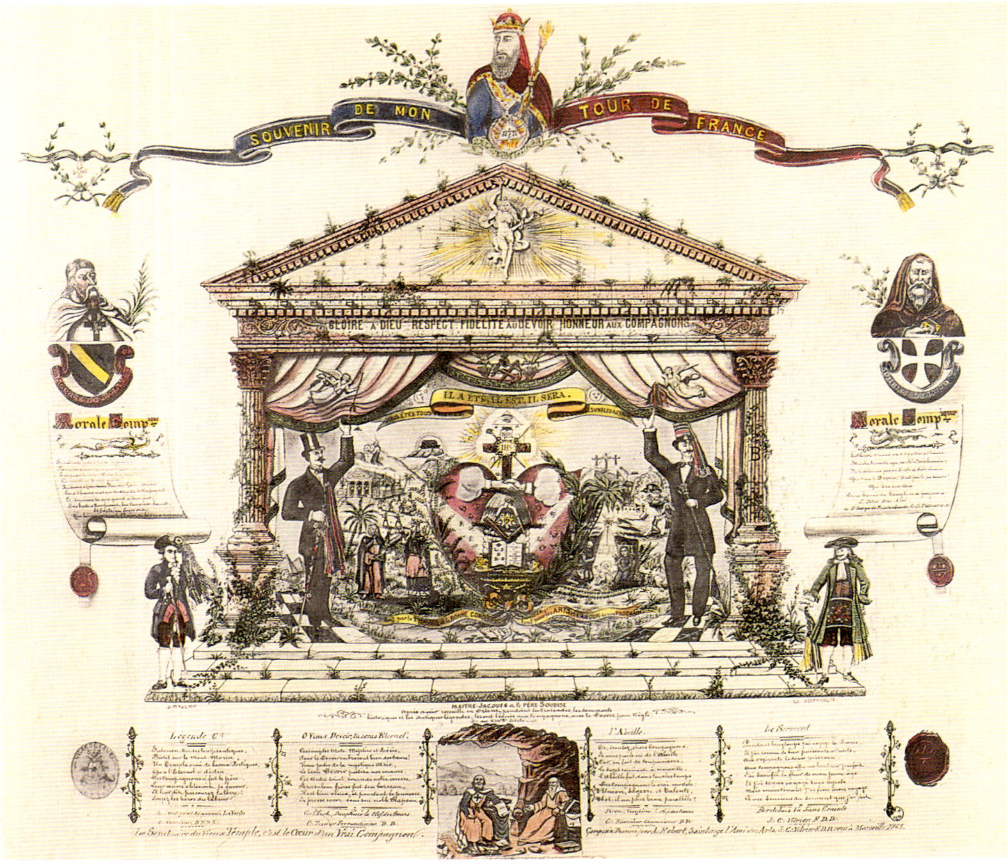

Image souvenir du tour de France d'un compagnon du devoir reçu à Marseille.

concours qui opposa les compagnons serruriers des deux rites, au début du XIXe siècle, Marseille fut aussi le théâtre de la reconnaissance officielle des compagnons cordiers du *devoir.* Ces derniers furent acceptés en 1735 grâce au parrainage des compagnons bourreliers. Des documents d'archives nous apprennent également qu'en 1777, on lavait systématiquement les pieds du nouvel arrivant qui pénétrait pour la première fois chez la *mère* des compagnons tailleurs de pierre du *devoir.* Ces derniers sont très présents dans la longue histoire qui lie Marseille et le compagnonnage. En effet, la pierre de Provence a longtemps attiré *loups* et *loups-garous.*

Dans le grand livre des compagnons tailleurs de pierre, nombreux sont les noms symboliques attachés à la cité phocéenne et à la Provence. Ainsi, le grand-père paternel de Marcel Pagnol avait effectué son tour de France d'honnête compagnon passant tailleur de pierre du *devoir* sous le nom symbolique de *La Sincérité de Marseille.* Dans *Le Temps des secrets,* l'académicien raconte comment son grand-père fut désigné, en 1871, par tous les compagnons des Bouches-du-Rhône afin de se rendre à Paris pour restaurer les clochetons de l'Hôtel de Ville, endommagés durant les événements tragiques de la Commune.

La serrure de la Légion d'honneur

En 1807, les compagnons serruriers du *devoir* et ceux du *devoir de liberté* se disputèrent la ville au cours d'une joute professionnelle. Il fut décidé que la société qui produirait la plus belle serrure gagnerait la ville pour une durée de cent ans.

Pour participer à ce concours, les *devoirants* désignèrent Ange Bonin, connu de ses frères sous le nom symbolique d'*Ange le Dauphiné.* Les *gavots* confièrent l'honneur de leur société à *Provençal le Cœur Content.* Le 30 novembre 1807, chacun des deux concurrents fut enfermé dans un local entièrement muré ; la seule communication avec l'extérieur était un étroit guichet servant également de passage pour la nourriture. Chaque compagnon avait à sa disposition une forge, une enclume, un étau et quelques marteaux. Pour toute matière à travailler, il leur fut donné de l'acier et une patte d'ancre de bateau en fer massif afin d'en extraire la serrure et sa clef, ainsi que tout l'outillage supplémentaire jugé utile pour la réalisation de l'ouvrage. Devant l'ouverture de chaque pièce, deux compagnons (un *gavot* et un *devoirant*) montaient la garde, nuit et jour, afin que les deux champions ne reçoivent aucun secours venant de l'extérieur.

Cette claustration dura dix-huit mois à l'issue desquels *Ange le Dauphiné* déclara le premier avoir terminé son ouvrage. Sa serrure représentait une croix de la Légion d'honneur. Sur le cache, on pouvait observer l'effigie de Napoléon Ier. Le trou de la tige d'une des clés (il y en avait trois !) avait la forme d'un N. La clé était si bien ajustée que lorsqu'elle pénétrait dans la serrure, elle comprimait l'air qui s'échappait alors en produisant un sifflement. Lorsqu'on la retirait, on entendait comme un léger bruit de pistolet. En outre, les anneaux de chacune des trois clés étaient de purs chefs-d'œuvre de ciselure. Quant au mécanisme, c'était une véritable merveille. *Ange le Dauphiné* avait poussé la difficulté jusqu'à placer un

Ci-dessous : **Jeune homme lisant à haute voix la règle du devoir devant la communauté compagnonnique.**

Ci-contre : **Serrure à l'ancienne en fer, datant du XVIIIe siècle. La face, avec ses deux colonnes et le fronton, est très caractéristique des serrures de compagnons qui voyaient dans ce motif une allégorie du temple de Salomon.**

timbre à l'intérieur de la serrure qui sonnait dès qu'on voulait la forcer. Ce compagnon hors du commun avait également pensé à préserver le secret de son art. En effet, les outils qu'il avait fabriqués pour les besoins du travail étaient soudés ensemble et formaient une magnifique rosace.
Grâce à la serrure de la Légion d'honneur, les *devoirants* chassèrent donc les *gavots* de Marseille. Les malheureux compagnons serruriers du *devoir de liberté* burent le calice jusqu'à la lie car *Provençal le Cœur Content* n'avait même pas fini son ouvrage lors de la présentation du chef-d'œuvre de son rival. Confié au musée Borély, ce prestigieux chef-d'œuvre disparut en 1943. Nombreux sont les compagnons qui pensent qu'il fut emporté par un dignitaire nazi qui vit en cette merveilleuse serrure un trésor de guerre. Le tour de France reste persuadé que la serrure de Marseille réapparaîtra un jour prochain.

Le siège de l'Association ouvrière

Située au 184, rue du Docteur-Cauvin, dans le quartier Saint-Barnabé, la maison des compagnons du *devoir* fut inaugurée officiellement le 15 mai 1970. Comme tous les autres sièges de ce compagnonnage, celui de Marseille a reçu un nom symbolique qui lui convient parfaitement : *À l'étape de la Sainte-Baume.* Il est vrai que sur le chemin du pèlerinage vers la grotte chère à leur cœur, les *devoirants* trouvent en ce lieu une halte fort agréable et fraternelle. La maison a été aménagée dans un vieux moulin. Comme dans d'autres villes, l'Association ouvrière a su transformer avec intelligence un bâtiment nécessitant de sérieux travaux de restauration. Comme de nombreuses autres maisons du tour de France, le siège marseillais des compagnons du *devoir* s'articule autour de divers secteurs : logement de la *mère,* cuisines, salles de repas, chambres, salle des chefs-d'œuvre, salle de réunion, bibliothèque et ateliers.

« C'est à Saint-Barnabé
Dans la banlieue marseillaise
Que les compagnons ont fait
Un de leurs sièges les plus coquets
D'un moulin délabré
Et qui certes manquait d'aise
Et depuis le vieux moulin
Rajeuni, moud encore le bon grain. »
(Chanson *La Massaliote* de *La Fraternité de Marseille.*)

Nous ne saurions évoquer le compagnonnage marseillais sans faire état de la présence de la Fédération compagnonnique des métiers du bâtiment qui a son siège régional boulevard Pons, dans le 14e arrondissement.

La règle du *devoir*

À Marseille comme dans toutes les autres villes du tour de France, le nouveau venu à l'Association ouvrière des compagnons du devoir est invité, après le repas du soir, à lire la règle à haute voix. À l'heure prévue, compagnons, aspirants et stagiaires se rassemblent dans la salle à manger autour d'un imposant cadre de bois richement sculpté. À l'intérieur de ce

Vœu d'un compagnon
du devoir accompli à
la Sainte-Baume (musée du
Compagnonnage de Tours).

Marseille fut longtemps une des villes principales du tour de France des compagnons maréchaux du devoir (avec Lyon, Bordeaux et Paris), comme en témoigne cette lithographie réalisée en 1866 à la gloire de tous les compagnons maréchaux, *enfants* de maître Jacques.

cadre, un parchemin sur lequel on distingue un texte d'une belle écriture manuscrite. Lorsque le rouleur frappe trois fois le sol avec sa canne enrubannée, le silence se fait et l'assemblée, attentive, écoute le jeune garçon commencer sa lecture à haute voix :

« La maison des compagnons est un lieu d'accueil pour les apprentis, les stagiaires, les jeunes venant de l'étranger, les aspirants et les compagnons qui voyagent selon la tradition, plusieurs fois centenaire, des compagnons du devoir.

La *mère* ou la dame-hôtesse, les compagnons ou les aspirants des divers corps de métiers assurent l'accueil fraternel de tous les arrivants et maintiennent cet esprit dans la vie journalière de la communauté.

La règle est le lien qui unit les compagnons. C'est en l'acceptant et en l'observant qu'ils assurent, dans leur maison, une dignité et une bonne entente.

Autant qu'une constante invitation à un perfectionnement du caractère, la règle est pour chacun un instrument de l'approfondissement de son éducation.

Les compagnons, la *mère* ou la dame-hôtesse, le prévôt, le rouleur, le premier aspirant, assument, chacun dans leur rôle, une part de la transmission du compagnonnage. Respectueux de la règle qui en est issue, ils doivent veiller à ce que les membres de la communauté s'en pénètrent, et l'appliquent d'une manière exemplaire, tant dans la communauté qu'à l'extérieur de celle-ci.

Le rouleur fera lire à haute voix les présents extraits de la règle à tout nouvel arrivant.

Les compagnons, aspirants, stagiaires et apprentis, ont qualité de *pays* ou *coteries* selon leur métier.

Les usages propres aux relations entre les membres de la communauté doivent être pratiqués peu à peu par tous les apprentis et les stagiaires.

Le repas est un moment privilégié d'échange, un temps fort de la vie communautaire. En prenant place à la table de repas, il est de coutume de saluer les personnes présentes.

À table, les personnes doivent être décentes, les vêtements propres. La serviette est obligatoire.

L'horaire des repas doit être respecté, sauf en cas d'impossibilité due au travail. Toute absence ou tout retard doit être prévu ou justifié auprès du prévôt, de la *mère* ou de la dame-hôtesse.

Les membres de la communauté ne doivent en aucune manière lire à table, employer des expressions grossières, critiquer les absents, se quereller ou engendrer des discussions bruyantes. Ils doivent éviter de tacher la table ou le sol, de gaspiller le pain ou toute autre nourriture en partageant fraternellement le repas.

À table et dans toutes les manifestations de la vie communautaire, on doit respecter la liberté de conscience de chacun et éviter de faire prévaloir ses opinions en toute matière qui ne soit pas professionnelle.

Chacun doit régler sa pension mensuelle à l'avance, pour assurer l'équilibre financier de la vie communautaire.

Les chambres sont des lieux de détente et de repos personnel. Le calme doit y régner, pour le respect de chacun.

Ci-dessous : **Bannière des compagnons charpentiers du *devoir de liberté* de la cayenne de Marseille.**

Ci-contre : **Le travail de réception du compagnon maréchal doit témoigner de la connaissance et de la maîtrise des diverses techniques du métier.**

L'accès des chambres à toute personne étrangère à la maison des compagnons ne peut être autorisé que par la *mère*, la dame-hôtesse ou le prévôt.
Les apprentis et les stagiaires mineurs ne peuvent sortir le soir que selon des horaires et des jours convenus avec le prévôt, afin de préserver un repos nécessaire.
Au travail, les compagnons, aspirants, stagiaires et apprentis doivent avoir à cœur de se perfectionner dans leur métier. Ils doivent respecter les personnes et les conditions établies à l'embauche.
Le placement, les absences au travail, les conditions d'embauche sont déterminés en accord avec le maître de métier.
Été comme hiver, sur les lieux de travail ou dans les ateliers du siège, chacun doit être vêtu selon la tenue traditionnelle de son métier qui offre toute sécurité et qui répond aux règles d'hygiène et de bienséance.
La bonne tenue des ateliers, salle de chefs-d'œuvre, chambres, bibliothèque, est confiée à la conscience de chaque membre de la communauté. Des règlements sont apposés dans tous les lieux qui nécessitent une discipline commune.
La vie du compagnonnage comprend de nombreuses fêtes et manifestations durant lesquelles tous les membres de la communauté doivent être vêtus avec une certaine recherche, selon la coutume des compagnons du *devoir*. Tous les vêtements, veste, pantalon, chemise, cravate, chaussures, devront être en bon état et très propres.
Les présents extraits de la règle constituent, pour tous les membres de la communauté, un engagement en conscience, à rechercher une attitude exemplaire, tant à l'intérieur de la maison des compagnons qu'à l'extérieur de celle-ci.
Les compagnons sont particulièrement chargés de faire respecter l'esprit de générosité et l'application de cette règle. Ils doivent le faire avec intelligence et fermeté, dans le respect de leurs coutumes qui font appel à l'amende, voire au blâme pour les cas graves.
La règle est le fruit de l'expérience des compagnons et sert la communauté pour le plus grand bénéfice de chacun de ses membres.
Tout apprenti, tout stagiaire, invité à vivre parmi les compagnons, aura à cœur d'être adopté aspirant, de voyager longuement, aussi bien en France qu'à l'étranger, pour parfaire ses connaissances professionnelles et culturelles. Il pourra alors être reçu compagnon du *devoir*, selon les usages de son corps de métier. »
Après cette lecture à haute voix, le nouveau venu en compagnonnage peut poser les questions que lui ont inspiré les divers articles de la règle. Autour de cette dernière s'est donc établi le premier contact officiel avec l'institution compagnonnique. Lorsque le rouleur frappe trois coups de canne sur le sol, la cérémonie est terminée. Il en est toujours ainsi chez les compagnons du *devoir* du tour de France.

Les marques compagnonniques

Nîmes, cité romaine
Du Pont du Gard à la Tour Magne
Tes vieux et nobles monuments
Portent la marque de nos enfants.

La Franchise de Nîmes.

Ci-dessus : **La tour Magne.**

Page de gauche : **Le temple de Diane.**

NÎMES

La cité gardoise a toujours été un lieu de passage très fréquenté par les compagnons. Avec Marseille, la Sainte-Baume et Avignon à l'est, Montpellier et Toulouse à l'ouest, Nîmes se trouve en fait au cœur d'un des axes majeurs du tour de France. Preuve de cette situation privilégiée, le département du Gard compte de nombreux monuments anciens qui portent, encore aujourd'hui, les marques de passage des compagnons (tailleurs de pierre surtout) venus visiter le pont du Gard, le temple de Diane à Nîmes, l'escalier à vis de Saint-Gilles, les remparts d'Aigues-Mortes ou la tour de Beaucaire.

Du temple de Diane à la Maison carrée

À Nîmes, le temple de Diane offre, sur certaines parties de ses murs, quelques inscriptions dont les plus nombreuses datent du XVIIIe siècle. Aujourd'hui encore, le visiteur peut remarquer des noms symboliques tels *La Joie d'Orléans, La Réjouissance de Blois, Bourguignon la Vertu de Valabrègue, Verdun la Palme de Langre, Joli Cœur de Lion, Sans Souci de Chinon…* En dessous de leur nom, les compagnons ont également gravé le blason de leur métier accompagné des outils symboliques (équerre, compas, marteau, taillant…).

Le chercheur désireux de retrouver dans Nîmes la trace des compagnons d'antan doit également se rendre à la tour Magne. Bien que moins nettes et moins riches que celles figurant sur le temple de Diane, quelques inscriptions sont encore visibles, pour le plus grand plaisir des compagnonneux. Mais la Nîmes compagnonnique est aussi et surtout représentée par la Maison carrée, dont les magnifiques portes furent réalisées en 1824 par deux compagnons menuisiers du *devoir de liberté*. Dans ses *Mémoires d'un compagnon*, Agricol Perdiguier se souvient : « La Maison carrée renferme des

tableaux : c'est le musée de la ville. J'ai vu faire sa belle porte d'entrée, en bois de noyer, épaisse de quatre pouces, ayant de grosses moulures en cuivre embrevées dans les traverses et les battants. Ce travail, exécuté par *Vivarais le Chapiteau* et *Médoc la Rose d'Amour*, deux de nos plus habiles compagnons, attirait l'attention de tous les compagnons de la partie pour la justesse des assemblages et la beauté de son fini : c'est, comme exécution, un chef-d'œuvre de menuiserie. »

Le dimanche 8 juillet 1979, sous les auspices de l'Union compagnonnique des devoirs unis, fut fêté le 155e anniversaire de la pose de ces prestigieuses portes. Afin d'honorer la mémoire des deux *gavots* auteurs de l'ouvrage, de nombreux compagnons languedociens et provençaux déposèrent une plaque en bronze, commémorant l'événement, sur le péristyle de la Maison carrée.

Du pont du Gard à l'escalier à vis de Saint-Gilles

À quelques kilomètres de la cité gardoise, deux lieux de pèlerinage attendent les amoureux du compagnonnage. C'est tout d'abord le pont du Gard qui accueille chaque année des dizaines de milliers de touristes. Sur ce nombre considérable de visiteurs, rares sont ceux qui prennent le temps d'observer et d'apprécier les nombreuses marques laissées par les compagnons désireux de rendre hommage aux bâtisseurs de l'aqueduc, tout en laissant à la postérité leurs noms symboliques.

Toutes les régions de France sont présentes sur la pierre du pont du Gard, quelques villes sont également symbolisées, entourées de lettres ou d'outils symboliques : Orléans, Angers, Nevers, Bergerac, Saumur, Vouvray, Libourne, Nîmes, Bordeaux, Paris, Nantes, Bayonne, Avignon mais aussi Poitou, Gâtinais, Saintonge... Ces repères géographiques côtoient les équerres, compas, doloires, règles, niveaux, taillants, pics, laies, fers à cheval et autres varlopes qui permettent d'identifier le métier du compagnon. Le visiteur qui ne craint pas le vertige sera récompensé en parcourant le dernier niveau du pont. Là, de fort belles inscriptions témoignent encore de l'estime compagnonnique accordée au monument.

Ces marques de passage ne sont pas de simples graffitis ou, encore moins, des marques de pose présentes par ailleurs sur l'aqueduc romain. Ces inscriptions sont identiques à celles que l'on rencontre dans tous les hauts lieux du compagnonnage. En gravant la pierre (ou le bois et le fer dans d'autres endroits), le compagnon répond à une double motivation. Il souhaite, nous l'avons signalé plus haut, rendre hommage au génie qui a levé le monument en pensée et en action. D'autre part, et c'est tout aussi important, il est fier de fixer dans l'intemporel son nom symbolique. Ce faisant, il devient le maillon d'une longue chaîne d'œuvriers, tous unis par le même amour qu'ils portent à la belle ouvrage. Au-delà de la simple gravure, c'est toute une pensée intellectuelle et symbolique qui transcende un geste qui devient dès lors rituel et sacré.

L'escalier à vis de Saint-Gilles du Gard fait partie de ces rares endroits que tout compagnon se doit de visiter un jour. Il est vrai que c'est le pèlerinage privilégié des compagnons tailleurs de pierre, seuls capables d'apprécier en véritables connaisseurs

Page de gauche : Les portes de la Maison carrée furent réalisées en 1824 par deux compagnons menuisiers du *devoir de liberté*. Le pont du Gard présente un nombre impressionnant de marques compagnonniques gravées dans la pierre, en hommage au génie de ses concepteurs.

Ci-contre : Une des multiples signatures compagnonniques visibles dans l'escalier à vis de Saint-Gilles du Gard.

l'incroyable voûte hélicoïdale dont les longs claveaux courbés dans tous les plans se joignent à la perfection, au millimètre près. En réalité, tous les métiers et les rites du tour de France conseillent aux jeunes itinérants qui voyagent en Provence d'aller admirer cette fameuse vis, construite au milieu du XIIe siècle.
Lorsque vous pénétrez à l'intérieur de ce chef-d'œuvre de stéréotomie, vous êtes immédiatement accueilli par des marques qui vous accompagnent tout au long de votre montée. *Decharttre le Parisiin, Joli Cœur de Loudun, L'Espérance le Berrichon, La Verdure le Picard* et bien d'autres, gravèrent, au XVIIe siècle, de somptueux blasons compagnonniques, en harmonie parfaite avec le site, contribuant ainsi à lui donner une dimension particulièrement émouvante. Des dizaines de marques compagnonniques plus récentes et modestes attestent de l'incessante visite des compagnons.
La coupe de pierre est tellement incroyable qu'une légende attribue la réalisation de cette belle ouvrage à frère Mattes de Cluny, lequel aurait reçu une inspiration divine pour exécuter ce chef-d'œuvre exceptionnel. Dans le compagnonnage, le nombre d'or n'est-il pas appelé la divine proportion ?

Rixes et querelles

Celui qui s'intéresse au compagnonnage est toujours surpris par une grande contradiction qui secoua les sociétés compagnonniques de la fin du XVIIe jusqu'à la première moitié du XIXe siècle. Durant cette période, les compagnonnages rivaux ne pensèrent qu'à se haïr et se combattre, oubliant ou reniant le principe fondamental de fraternité qui a toujours commandé le *devoir*. L'analyse historique a montré que la religion puis la politique furent les principales causes de ces querelles parfois meurtrières. Ce fut tout le mérite et le courage d'Agricol Perdiguier d'être le premier à oser prêcher une réconciliation entre sociétés rivales, à une époque où celles-ci ne pensaient qu'à s'humilier réciproquement. L'œuvre d'*Avignonnais la Vertu* fut longue, difficile et resta inachevée malgré de multiples tentatives de rénovation ou de régénération du compagnonnage français.
Du XVIIIe au XIXe siècle, la région de Nîmes fut souvent le théâtre d'affrontements et de luttes sanglantes entre compagnonnages rivaux. La proche plaine de la Crau, entre le bras principal du delta du Rhône et les Alpilles, se rendit tristement célèbre lorsque, en 1730, s'y déroula une bataille farouche entre rites adverses. Frédéric Mistral a immortalisé l'événement en le contant dans *Calendal,* lui consacrant l'intégralité du huitième chant composant son livre :

« Les combattants de la mêlée
Armés de cannes à bouterolles
De grands compas de fer et d'outils assassins
Se massacraient. Il faut que j'ouvre
Criait l'un. Et que j'étripe
Tous les Loups. Moi, il faut que je couvre
Le sol, criait l'autre, avec des peaux de chiens.

Au bourreau les gavots ! Ah race
De loups capons ! Ah oiseaux de proie

Marques et signatures compagnonniques visibles sur les parois du temple de Diane.

Page de droite : Maison actuelle de l'Association ouvrière des compagnons du devoir de la ville de Nîmes. À partir d'un vieux four à chaux entièrement rénové, les compagnons ont réalisé un siège très original.

Payez-nous, hurlaient-ils, payez le sang d'Hiram.
Hue loups-garous et chiens ! Hue fainéants !
Posez nos couleurs, manœuvres
Sinon, braillaient-ils, en couleuvres
Nous vous les changerons ! Zou sur les devoirants !
Et les deux bandes s'éventraient
La frénésie les brûle
Les aveugle : acharnés, ils se plantent le compas
Et meurent, la bouche écumante
Mais la Patrie en pleurs
Qui, dans la guerre âpre et fumeuse
Des soldats, illumine la mort, ils ne la voient pas. »

La plaine de la Crau n'est malheureusement pas un exemple unique. En 1816, *loups* et *loups-garous* se livrèrent une rude bataille à Lunel. Le combat fut si violent que plusieurs compagnons y trouvèrent la mort. En 1839, trois brigades de gendarmerie sauvèrent la vie de vingt-six *gavots* qu'assiégeaient cent cinquante *devoirants,* sur un chantier de la ligne de chemin de fer d'Alès à Beaucaire, à quelques kilomètres de Nîmes. En 1840, un compagnon charpentier fut tué dans une rixe l'opposant à un compagnon cordonnier dans la ville d'Uzès. Triste époque qui fit de la Provence une des régions les plus dangereuses sur le tour de France.

Le compagnonnage aujourd'hui

Entre les deux guerres mondiales, Nîmes n'abritait plus officiellement que deux sièges compagnonniques. Les compagnons maréchaux-ferrants du *devoir* tenaient leur *mère* rue Nationale tandis que les compagnons boulangers se retrouvaient et se réunissaient rue Sigalon. À l'image de la France entière, le compagnonnage gardois était au plus mal. Les vocations compagnonniques se faisaient de plus en plus rares en raison des profonds bouleversements des mondes artisanal et industriel.

À l'issue de la Seconde Guerre mondiale, la renaissance du compagnonnage nîmois commença à se dessiner. Quelques compagnons isolés cherchèrent alors à se regrouper afin de faire rayonner davantage l'idéal compagnonnique. Cette poignée de compagnons entretenait le secret espoir de redonner vie aux chambres et cayennes d'antan. Après de nombreuses années préparatoires, deux des trois mouvements compagnonniques français ont maintenant réussi à s'implanter de nouveau à Nîmes.

L'inauguration officielle et l'allumage des feux de la cayenne de Nîmes de l'Union compagnonnique des devoirs unis eut lieu le 11 juin 1972, couronnant ainsi l'action de Jean Lavillionnière, dit *Berrichon l'Ami du Travail,* compagnon pâtissier des *devoirs* unis qui, pour la circonstance, fut élevé au titre de compagnon fini. Depuis le mois de juin 1991, la section de Nîmes est installée dans une ancienne échoppe médiévale située dans la vieille ville, rue de la Boucarié. Ce bâtiment a été octroyé par la municipalité à l'Union compagnonnique des devoirs unis, à charge pour cette dernière d'en financer la restauration.

L'Association ouvrière des compagnons du devoir du tour de France inaugura officiellement sa maison le 22 juin 1973, en

présence du ministre du Travail de l'époque, monsieur Georges Gorse. Installé dans un four à chaux entièrement rénové, le siège des compagnons du *devoir* est le fruit de longues années de travaux de restauration dans un quartier qui, désormais, fait partie de la ZUP nîmoise (boulevard Pasteur-Marc-Boegner).
La Fédération compagnonnique des métiers du bâtiment a préféré s'implanter en Avignon, patrie d'Agricol Perdiguier.
Ainsi, la Nîmes compagnonnique se perpétue, la cité gardoise étant redevenue une ville étape du tour de France pour de nombreux métiers. Union compagnonnique et Association ouvrière consentent de larges efforts pour faire rayonner l'image de leurs compagnonnages respectifs, n'hésitant pas à participer à de nombreuses expositions et à organiser des journées portes ouvertes afin de sensibiliser un large public. Preuve de la nouvelle vitalité du compagnonnage gardois, chacun des deux mouvements compagnonniques présents à Nîmes est honoré par la présence d'une dame-hôtesse qui, nous l'espérons, seront, toutes deux dans quelque temps, élevées au titre de *mère* des compagnons du tour de France, redonnant ainsi à la ville une dimension et un éclat dignes de son riche passé.

La chaire à prêcher

Montpellier, ville ensoleillée
Aux Compagnons a donné asile.
Lieu de travail et d'amitié,
Célèbre par ta coquille,
Sur le Tour je chanterai
Les vertus de notre famille.

François le Languedoc.

MONTPELLIER

Le chef-lieu du département de l'Hérault a toujours occupé une place privilégiée dans l'histoire du compagnonnage. Nombreuses étaient les sociétés compagnonniques qui, dans le passé, possédaient une chambre ou une cayenne à Montpellier. Même si, à l'heure actuelle, seule l'Union compagnonnique des devoirs unis perpétue la présence compagnonnale, il n'en demeure pas moins que la capitale régionale du Languedoc-Roussillon conserve intacte son aura sur le tour de France.

L'apparition du mot syndicat

Quelques historiens du mouvement ouvrier ont trop vite oublié que le compagnonnage est le véritable ancêtre de l'idée syndicale. Le mot même de syndicat vit le jour à Montpellier dans les premières décennies du XVIIIe siècle. Le 11 mai 1730, une ordonnance du gouverneur de la ville, Armand François de Lacroix, employa pour la première fois le mot syndicat afin de qualifier l'entreprise de quelques compagnons :
« Depuis un temps immémorial les compagnons menuisiers et charpentiers, les uns appelés du *devoir* et les autres *gavots*, ont été dans de continuelles contestations qui ont produit des désordres infinis. Ils s'attroupent et vont sur les grands chemins, et maltraitent à coups de bâtons carrés, dont ils sont les uns et les autres continuellement armés, ceux qui ne sont pas de leur parti… Conduits par la rage et une fureur sans pareilles, ils se battent jusqu'à se faire tuer les uns les autres… Ce qui les provoque encore plus au désordre, c'est que par un abus punissable, ils ont entrepris de faire un syndicat entre eux, de prendre même des délibérations contre les corps des maîtres menuisiers et charpentiers pour défendre à certains compagnons de travailler dans certaines boutiques… Les

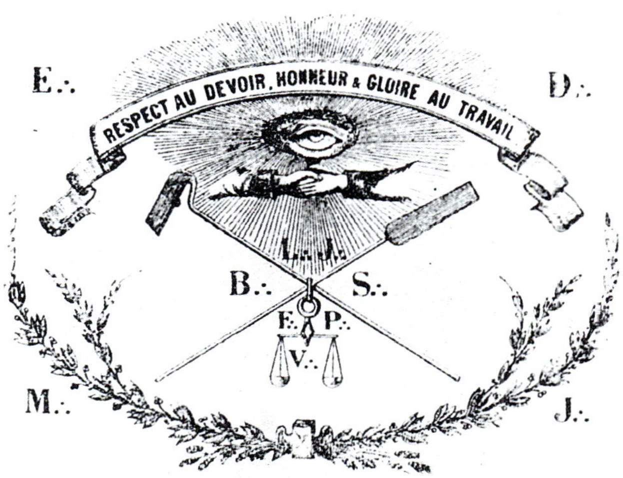

Page de gauche : Le rite de la Bienvenue, ou lorsque la communauté compagnonnique d'une ville accueillait l'arrivant (*L'Illustration*, 1845).

Ci-dessus : Blason symbolique des compagnons boulangers du *devoir*, *enfants* de maître Jacques (EDMJ)

Ci-contre : Chaire à prêcher réalisée en 1803-1804 par les compagnons menuisiers du *devoir de liberté* dans le cadre du concours qui les opposait aux *devoirants* pour la prise de Montpellier. Les difficultés accumulées dans cet ouvrage en font un chef-d'œuvre inégalé (musée du Compagnonnage, Tours).

Page de droite : Gourde de compagnon en noix de coco (collection Edeline). La coquille de Montpellier (parfois appelée la trompe), une remarque à connaître pour le compagnon passant par Montpellier.

voilà les uns syndiqués contre les autres et tous ensemble contre les maîtres. »
Si cette ordonnance est capitale de par l'emploi du terme même de syndicat, elle n'en est pas moins captivante par les pratiques compagnonniques qu'elle décrit et condamne. Pendant près de deux siècles, Montpellier, comme la plupart des autres villes de l'époque, fut le théâtre de nombreuses rixes entre sociétés rivales, rixes parfois meurtrières comme le laissent entrevoir les propos du gouverneur.
En outre, l'interdit de boutique, arme terriblement efficace, semblait être régulièrement utilisé à Montpellier. Cette pratique consistait à boycotter un atelier ou une entreprise, empêchant dès lors à tout ouvrier (compagnon ou non) de travailler pour un patron qui refusait d'accorder les revendications formulées par les compagnons (augmentation des salaires, amélioration des conditions de travail...). En règle générale, l'interdit de boutique permettait aux compagnons de faire aboutir leurs justes revendications. Les exemples ne manquent pas dans l'histoire des *devoirs* où les compagnons sortirent vainqueurs de ce véritable bras de fer engagé avec les maîtres des corporations.

Montpellier la gavotte

L'ordonnance de 1730 met déjà en valeur la présence des compagnons menuisiers et serruriers du *devoir de liberté,* plus connus sur le tour de France sous le sobriquet de *gavots.* Le plus illustre d'entre eux, Agricol Perdiguier, fut élevé au titre de compagnon menuisier du *devoir de liberté* par la chambre de Montpellier, une des plus réputées du tour de France. Sa cérémonie de réception eut lieu lors de la Toussaint 1824. C'est donc à Montpellier qu'Agricol Perdiguier se vit attribuer pour la première fois le nom symbolique d'*Avignonnais la Vertu.*
Dans ses *Mémoires,* Perdiguier consacre de nombreuses lignes à un Montpellier qui, visiblement, a su séduire le compagnon : « Montpellier est une des villes des plus agréables. Elle possède l'esplanade, la citadelle, quelques jolis monuments, une multitude de belles fontaines et, par-dessus tout cela, le Peyrou, si remarquable par son aqueduc, son château d'eau, ses épaisses allées, son point de vue si élevé d'où le regard se promène sur des plaines, des étangs, des montagnes, des mers et découvre le plus vaste, le plus bel horizon. »

La chaire à prêcher

Les compagnons menuisiers du *devoir de liberté* se querellèrent longtemps avec les compagnons menuisiers du *devoir* afin d'obtenir le monopole de l'embauche et du placement sur la ville. Comme à Lyon et à Marseille, les sociétés rivales décidèrent donc de se départager grâce à un concours de chefs-d'œuvre, préférant cette manière noble à la funeste bataille rangée si dommageable à l'image de marque du compagnonnage auprès du grand public.
Le concours se déroula en 1803 et 1804. Pour régler le différend entre *gavots* et *devoirants,* un jury composé de personnalités étrangères au compagnonnage proposa à chaque société de désigner ses champions afin de réaliser une chaire à prêcher. Le chef-d'œuvre le plus réussi donnerait la ville à la

société victorieuse, les perdants devant quitter Montpellier dans les plus brefs délais et ce pour une durée de cent ans. L'enjeu était donc énorme pour le prestige de chaque compagnonnage. En ce début de XIXe siècle, tout le tour de France avait le regard tourné vers Montpellier.

Les champions du *devoir de liberté* avaient pour nom *Dauphiné le Républicain* (pour le *trait*) et *Percheron le Chapiteau* (pour la taille du chef-d'œuvre). Les compagnons du *devoir* confièrent l'honneur de leur société à un certain *Nanquette le Liégeois,* habile menuisier aux talents reconnus.

Après de longs mois de travail, les deux ouvrages furent enfin présentés devant le jury. Ce dernier fut particulièrement émerveillé par la beauté de la chaire exécutée par les *gavots.* Le verdict semblait donc acquis en faveur du *devoir de liberté* lorsque *Nanquette le Liégeois* suggéra au jury de demander à chaque concurrent de démonter son chef-d'œuvre. Toute l'assemblée fut alors surprise de voir le *devoirant* démonter son ouvrage et le remonter tout aussi rapidement, ce que ne put réaliser le *gavot,* prié de faire de même pour son propre travail. Ce fut au tour des compagnons menuisiers du *devoir* de crier victoire. Les *gavots* protestèrent énergiquement car le premier verdict du jury leur avait été favorable. Tout se termina dans la confusion la plus totale, chacun revendiquant le gain du concours face à un jury incapable de prendre une décision finale. Au terme de la joute, *gavots* et *devoirants* se trouvèrent plus irrités les uns envers les autres qu'ils ne l'étaient auparavant.

La chaire à prêcher des *devoirants* fut malheureusement détruite dans l'incendie de l'atelier du compagnon qui en avait la garde. Quant à la chaire des *gavots,* elle est exposée (en partie) au musée du Compagnonnage de Tours.

Le Millénaire compagnonnique

Tel fut le nom donné au projet d'une grande fête qui se proposait de regrouper à Montpellier les trois rites du compagnonnage français. Décidé en 1905 sous l'impulsion du *pays* Coulet, compagnon menuisier du *devoir,* le Millénaire compagnonnique prévoyait une grande exposition de chefs-d œuvre venus de toute la France. Autour de l'exposition, des soirées animées par des compagnons poètes et chansonniers devaient apporter une dimension culturelle et fraternelle. Les organisateurs avaient même pensé à inviter Frédéric Mistral pour assurer l'inauguration officielle de cette fête exceptionnelle.

En fait, cette manifestation devait symboliser le désir de rénovation d'un compagnonnage trop longtemps affaibli par ses querelles internes et désorienté par les bouleversements considérables apportés par la révolution industrielle. Malheureusement, ce projet important pour la propagande et l'image de marque du compagnonnage fut victime des dissensions entre sociétés, la jeune Union compagnonnique étant mal acceptée et mal perçue par les vieux *devoirs.* Des maladresses verbales et des problèmes de personnes étouffèrent très vite cette noble entreprise.

En 1907, Montpellier accueillit un modeste rassemblement compagnonnique n'ayant aucun point commun avec le projet initialement conçu. Frédéric Mistral refusa de s'associer à cette manifestation placée sous le signe de la discorde. La crise viti-

Ci-dessus : **Blason commémoratif du congrès de l'Union compagnonnique tenu à Montpellier en 1981.**

Ci-contre : **Souvenir du tour de France (imagerie de compagnon, 1860).**

Page de droite (à gauche) : **Le Peyrou, un lieu très prisé par Perdiguier lors de son passage à Montpellier.** (À droite) : **Compagnon de l'Union compagnonnique des devoirs unis exerçant la gâche de rouleur.**

cole que traversait le peuple vigneron du Midi ne fit qu'assombrir l'ambiance de ce regroupement compagnonnique.

La cayenne de l'Union compagnonnique des devoirs unis

Lorsque l'Union compagnonnique inaugure une nouvelle cayenne dans une ville du tour de France, cette cérémonie solennelle est appelée *allumage des feux.* L'allumage des feux de la cayenne de Montpellier se déroula les 20 et 21 mars 1976 sous l'autorité du président général de l'Union compagnonnique d'alors, le *pays* André Madrolle, dit *Berry le Décidé.* Vingt cayennes du tour de France avaient délégué des représentants pour participer à ces deux journées si importantes pour le compagnonnage languedocien. Le samedi 20 mars, soixante-deux compagnons assistèrent à la cérémonie rituelle de l'allumage des feux de la cayenne. Le *pays* Jacques Rolando fut alors installé à la présidence de la section de Montpellier. Le lendemain, un apéritif d'honneur rassembla de nombreuses personnalités aux côtés des compagnons. Outre le maire de Montpellier et les responsables des chambres des métiers et de commerce, une quinzaine de compagnons de la Fédération compagnonnique des métiers du bâtiment avaient tenu à se joindre à cette fête, témoignant ainsi des rapports très amicaux qui unissent ces deux compagnonnages. Un compagnon de l'Association ouvrière des compagnons du devoir du tour de France s'était également associé à l'assemblée, apportant ainsi une dimension œcuménique à cet allumage des feux.

Les années ont passé et, depuis ces deux journées de 1976, l'Union compagnonnique des devoirs unis possède enfin un véritable siège situé au numéro 7 du boulevard Pasteur. La cayenne peut ainsi accueillir de nouveaux sociétaires et procéder régulièrement à de nouvelles admissions ou réceptions. Les compagnons de la section organisent de temps à autre des expositions ou des animations afin de mieux faire connaître leur compagnonnage auprès d'un large public. La cayenne n'hésite pas à organiser des conférences en collaboration avec les loges du Grand Orient de France de Montpellier et de Perpignan, c'est là une des particularités de l'Union compagnonnique qui n'a jamais refusé d'établir des contacts officieux avec la franc-maçonnerie locale. Enfin, la cayenne montpelliéraine entretient également des relations étroites avec les sections voisines de Lourmarin et de Nîmes.

Le règlement des itinérants

1. Arrivée

1.1. À son arrivée, l'itinérant se présentera au président ou au premier en ville et lui remettra son livret.

1.2. Il ira ensuite se présenter à la *mère* ou à la dame-hôtesse.

1.3. Le premier en ville l'accompagnera chez son employeur.

1.4. L'itinérant gardera le contact pendant tout son tour de France avec le parrain de sa ville de départ.

2. Séjour

2.1. Une bonne conduite et le respect le plus absolu envers la *mère* seront exigés.

2.2. Les contacts des itinérants avec les compagnons devront être les plus fréquents possible.

2.3. Les itinérants tiendront en état de propreté les locaux et le matériel mis à leur disposition.
2.4. Chacun respectera le sommeil d'autrui.
2.5. Une tenue correcte et une bonne hygiène corporelle seront exigées.
2.6. Tous propos injurieux, termes grossiers, etc., seront proscrits.
2.7. Sont rigoureusement interdites les conversations ayant trait à la politique et à la religion au sein de la cayenne.
2.8. Une participation active à la vie de la cayenne et une présence à nos fêtes seront demandées aux itinérants.
2.9. Les personnes étrangères à la société n'auront pas accès aux locaux des itinérants.
2.10. Les itinérants respecteront le règlement intérieur de chaque cayenne.
2.11. Ils seront à jour de leurs cotisations.
3. Travail
3.1. Pour le renom de la société, tout itinérant se devra de travailler avec conscience et persévérance.
3.2. Un changement d'employeur ne pourra se faire sans autorisation du *pays* premier en ville ou du *pays* président.
3.3. Le livret de voyage devra être visé par chaque employeur.
4. Cours
4.1. Tous les itinérants sont tenus d'assister régulièrement aux cours désignés par la section. Ils auront comme objectif constant de se perfectionner dans leur métier.
4.2. De même, ils recevront une information sur le compagnonnage, ses légendes, son histoire et sur l'existence des autres sociétés compagnonniques.
5. Départ
5.1. L'itinérant ne pourra quitter une ville que s'il est en règle. Son livret aura été signé par les *pays* rouleur, premier en ville et président.
5.2. Avant son départ, il devra faire ses adieux à la *mère* ou la dame-hôtesse.
5.3. Parallèlement au *pays* président, il tiendra au courant de sa mutation le commissaire au tour de France.

Comme l'Association ouvrière des compagnons du devoir du tour de France et la Fédération compagnonnique des métiers du bâtiment, l'Union compagnonnique des devoirs unis fait donc reposer son organisation sur le respect d'un certain nombre de règles qui régissent le comportement des aspirants ou des compagnons sur le tour de France.
L'existence d'une règle ou d'un règlement (les mots importent peu) est un des premiers critères pour apprécier la qualité compagnonnique d'un mouvement qui se revendique comme tel. On ne saurait donc trop inciter le chercheur à porter toute son attention sur ces articles qui guident et orientent la vie compagnonnique. L'historien, quant à lui, a le privilège de disposer de quantité de règlements relatifs aux sociétés compagnonnales.
Des plus anciens aux plus récents, l'essence même du compagnonnage apparaît dans toute sa simplicité et sa grandeur. Plutôt que de se livrer à une longue et difficile explication, le compagnon préfère résumer le message par un seul mot : *devoir*.

FÉLIX CLÉMENT
1885

La grenouille de Saint-Paul

La grenouille de Narbonne,
Aux Compagnons toujours résonne.
La cathédrale et tes musées
Ont forgé ta renommée.

Pierre le Languedoc.

NARBONNE

« Carcassonne et Narbonne
Ce sont des villes bonnes
Pour aller à Béziers. »

Comme l'illustrent ces quelques vers extraits d'une chanson compagnonnique fort en vogue au XIXe siècle, Narbonne n'a jamais été une grande ville de *devoir* sur le tour de France. Au même titre que Carcassonne, Narbonne était surtout une ville de passage dans laquelle le compagnon faisait un court séjour. Toulouse à l'ouest, Béziers, Montpellier et Nîmes à l'est, étaient des villes bien mieux considérées. Pourtant, la capitale de la Septimanie fut le théâtre d'événements compagnonniques non négligeables. Ainsi, en 1785, quelques compagnons menuisiers du *devoir* de la ville vendirent les secrets du compagnonnage à quelques ouvriers toiliers désireux de devenir compagnons. Cette affaire fit grand bruit sur le tour de France. Apprenant la nouvelle, les compagnons tailleurs de pierre et charpentiers du *devoir* de Bordeaux excommunièrent pour une durée de vingt-cinq ans les compagnons menuisiers du *devoir* de Narbonne. Malgré ce scandale, les compagnons toiliers furent néanmoins reconnus comme d'authentiques compagnons du tour de France.
Les diverses crises viticoles qui secouèrent le Narbonnais contribuèrent fortement à la fermeture progressive des rares cayennes ou chambres de la ville. La seconde moitié du XIXe siècle vit Narbonne perdre son rang de ville de *devoir.*

Page de gauche : **Portrait de Frédéric Mistral par Clément. Le Prix Nobel de littérature fut très intéressé par le compagnonnage qu'il évoqua dans plusieurs de ses écrits.**

La célèbre grenouille de Narbonne dans le bénitier de Saint-Paul doit une large part de sa renommée à Frédéric Mistral.

Les tracés de Saint-Just

Comme toute ville qui a le privilège d'abriter une cathédrale, Narbonne a toujours attiré compagnons charpentiers, tailleurs de pierre, menuisiers, serruriers ou vitriers désireux de remarquer le majestueux édifice qu'est la cathédrale Saint-Just.
À l'image de ses sœurs de Limoges et de Clermont-Ferrand, la cathédrale audoise offre la particularité de posséder quelques tracés, gravés dans la pierre à l'extérieur de l'édifice, témoins de cette époque révolue où le maître d'œuvre représentait à même le sol certaines épures à l'échelle grandeur nature. Il est vrai que les tracés qui subsistent à Narbonne sont dans un état de conservation assez précaire en raison du travail de l'érosion. En les découvrant sur la terrasse du chœur de l'édifice, les compagnons d'aujourd'hui imaginent avec émotion cette époque que d'aucuns appellent encore l'âge d'or du compagnonnage.

La grenouille de Narbonne

En fait, Narbonne est surtout connue dans le compagnonnage en raison de la célèbre remarque que constitue la grenouille sculptée dans un bénitier en forme de coquille Saint-Jacques qui se trouve dans la cathédrale Saint-Paul. Comme toutes les villes du tour de France, Narbonne possède une remarque, particularité propre à un monument que tout compagnon se doit de visiter lorsqu'il s'arrête dans la ville. Véritable moyen de contrôle, la remarque était demandée au compagnon qui prétendait avoir visité telle ville durant son tour de France. À une époque où la photographie n'existait pas, c'était donc un procédé très efficace pour tester la véracité des propos du passant. Si le compagnon avait effectivement visité la ville en question, il pouvait sans difficulté donner une description très précise de la remarque.
La grenouille de Narbonne doit son immense popularité sur le tour de France à Frédéric Mistral qui l'a immortalisée dans *Mes origines, mémoires et récits.* Laissons-le donc parler :
« Le camarade Pignolet, compagnon menuisier surnommé *La Fleur de Grasse*, par une après-midi de juin, revenait tout guilleret de faire son tour de France. Il faisait une chaleur à assommer, et, à la main, sa canne enjolivée de rubans, avec son affûtage (ciseaux, rabot, maillet), plié derrière le dos dans son tablier de toile, Pignolet gravissait le grand chemin de Grasse, où il était parti depuis trois ou quatre ans.
Il venait, comme c'est l'usage des compagnons du devoir, de monter à la Sainte-Baume, pour saluer le tombeau de maître Jacques, père des compagnons, puis après avoir gravé son surnom sur un roc, il était descendu jusqu'à Saint-Maximin, pour prendre ses couleurs chez maître Fabre, le forgeron qui sacre les enfants du devoir, et, fier comme César, le mouchoir sur la nuque, une houppe de faveurs multicolores à son chapeau et, pendus à ses oreilles, deux petits compas d'argent, il faisait craquer la guêtre dans trois pieds de poussière. Il en était tout blanc.
Quelle chaleur ! De temps en temps, il regardait aux figuiers s'il n'y avait point de figues ; mais elles n'étaient pas mûres et, dans l'herbe havée, bayaient des lézards verts et des cigales folles sur les oliviers poudreux ; les paliures et les yeuses chantaient sous le soleil comme des enragées.

Page de gauche : **La cathédrale Saint-Just.**

Un apprenti tailleur de pierre avec un compagnon, ou l'art de transmettre par le verbe et le geste.

– Nom de Dieu, qu'il fait chaud ! répétait Pignolet.
Il avait depuis longtemps vidé l'eau-de-vie de sa gourde et, pantelant de soif, il avait la chemise en nage.
– Mais, disait-il, en avant ! Nous voilà bientôt à Grasse ! Oh ! Tonnerre de sort, quel bonheur, quelle joie d'embrasser père et mère et de boire à la cruche des fontaines de Grasse, et de conter mon tour de France, et de baiser Maïon sur ses joues fraîches et de nous marier à la Sainte-Madeleine, et de ne plus quitter la maison, le pays ! Courage, Pignolet, plus qu'une courte traite !
Bref, le voilà arrivé à la porte de Grasse et, dans quatre enjambées, à la boutique de son père.
– Mon gars ! Ô mon beau gars ! cria le vieux Pignol en quittant son établi, le bienvenu, sois-tu ! Marguerite, le petit ! Cours, va tirer du vin, mets la poêle, la nappe… Oh ! la bénédiction ! Comment te portes-tu ?
– Pas trop mal, grâce à Dieu. Et vous autres, par ici, vous êtes tous gaillards, père ?
– Eh ! comme de pauvres vieux… Mais a-t-il donc grandi
Et chacun l'embrasse, père, mère, voisins, et les amis et les fillettes et les enfants manient les beaux rubans de son chapeau et de sa longue canne ; la vieille Marguerite, les yeux tout larmoyants, vite allume le feu avec une poignée de copeaux, et pendant qu'elle enfarine quelques morceaux de merluche pour régaler le fils, maître Pignol et Pignolet alors s'asseyant à la table, et de choquer le verre, à toi et à moi, à qui mieux mieux.
– Or, voyez un peu les choses ! Faisait le vieux Pignol en tapant sur la table, toi, en moins de quatre années, tu as achevé ton tour de France, et te voilà déjà, à ce que tu m'assures, passé compagnon du devoir. Comme tout cela change, par exemple ! De mon temps, il nous fallait bien sept ans pour gagner les couleurs ! Il est vrai, mon enfant, que là, dans la boutique, je t'avais bien dégrossi et que, pour un apprenti, tu ne poussais pas trop mal, je l'avoue, le rabot… mais enfin, l'essentiel est que tu saches ton métier et que, comme il faut croire, tu aies vu et appris tout ce que doit connaître un luron qui est fils de maître.
– Oh ! Père, quant à ça, répondit le jeune homme, voyez sans se vanter, je ne crois que personne dans la menuiserie me passe la plume par le bec.
– Eh bien ! dit le vieillard, voyons ! Conte-moi un peu, pendant que la morue grésille dans la poêle, ce que tu as remarqué de beau tout en courant le pays.
– D'abord, père, vous savez qu'à mon départ de Grasse, je filai sur Toulon où j'entrai à l'arsenal ; pas besoin de m'étendre sur tout ce qu'il contient ; vous l'avez vu aussi bien avant moi
– Cela est connu, passe.
– En partant de Toulon, j'allai m'embaucher à Marseille ; fort belle ville, vous savez, avantageuse pour l'ouvrier, où les collègues me firent observer, père, un cheval qui sert d'enseigne à une auberge.
– C'est bien.
– De là, ma foi, je remontai sur Aix, où j'admirai les ciselures du portail de Saint-Sauveur.
– Nous avons vu tout ça.

Ci-dessus : **Une signature compagnonnique près de Carcassonne.**

Ci-contre : **Champ de conduite.**

– Puis, de là, nous gagnâmes Arles, et nous vîmes la voûte de l'Hôtel de Ville.
– Si bien appareillée, qu'on ne peut concevoir comment elle tient en l'air.
– D'Arles, père, nous nous tirâmes vers le bourg de Saint-Gilles et, là, nous vîmes la vis d'escalier fameuse...
– Oui, une merveille pour le trait et pour la taille, ce qui fait voir, petit, qu'autrefois comme aujourd'hui, il y avait de bons ouvriers.
– Puis nous nous dirigeâmes vers Montpellier; et là, on nous montra la fameuse coquille...
– Qui est dans le Vignole et que le livre appelle "la trompe de Montpellier".
– Parfaitement... Après, nous marchâmes sur Narbonne.
– C'est là que je t'attendais...
– Qui donc, père? À Narbonne, j'ai vu l'archevêché et les boiseries de la cathédrale Saint-Paul... Et puis... la chanson des compagnons n'en dit pas davantage :
"Carcassonne et Narbonne
Sont deux villes fort bonnes
Pour aller à Béziers
Pézenas est gentille
Mais les plus jolies filles
Se voient à Montpellier."
– Mais Gringalet, alors tu n'as pas vu la grenouille?
– Quelle grenouille donc?
– La grenouille qui est au fond du bénitier de l'église Saint-Paul! Ah, je ne m'étonne plus si tu as eu si vite fait ton tour de France... La grenouille de Narbonne! Le chef-d'œuvre des chefs-d'œuvre que les gens viennent voir de l'autre bout du monde! Ce sauteur de ruisseau! criait le vieux Pignol en s'allumant de plus en plus, cette espèce de criquet, qui vient se dire compagnon et qui n'a pas vu seulement la grenouille de Narbonne! Oh! il ne sera pas dit, mignon, qu'un fils de maître fasse baisser la tête à son père chez nous... Mange, bois, va te coucher, et demain matin, ensuite, si tu veux mon garçon que nous soyons amis, tu regagneras Narbonne pour voir la grenouille.
Le pauvre Pignolet, qui savait que son papa, quand il avait une chose en tête ne l'avait pas aux pieds, et qu'il ne plaisantait guère, mangea, but, s'en fut se coucher; et le lendemain à l'aube, sans plus répliquer, après avoir muni son bissac de provende, il repartit pour Narbonne.
Avec ses pieds meurtris, avec ses pieds enflés, avec le chaud, la soif, par voies et par chemins, le voilà de nouveau en marche! Et arrivé enfin, au bout de sept ou huit jours dans la ville de Narbonne, mon pauvre Pignolet qui, je vous en réponds, cette fois, ne chantait pas, sans prendre le loisir de manger un morceau ou d'aller boire un coup au premier bouchon venu, aussitôt s'achemine vers l'église de Saint-Paul et tout droit au bénitier... vient voir la grenouille. Au fond de la vasque de marbre, en effet, sous l'eau claire, une grenouille rayée de roux, si habilement sculptée que vous l'eussiez dite vivante, regardait à croupetons, avec ses yeux d'or et son museau narquois, le pauvre Pignolet venu de Grasse pour la voir.
– Ah! petite crapule! s'écrie tout à coup, farouche, le menui-

Ci-contre : Dans le compagnonnage, la formation professionnelle est basée sur l'alternance entre le siège compagnonnique et l'entreprise.

Ci-dessous : Lettre de course (passeport compagnonnique) en lettres codées, en usage dans les années 1850.

sier. Ah ! c'est toi qui m'as fait faire, par ce soleil tuant, deux cents lieues de chemin ! Va, tu te souviendras de Pignolet de Grasse, de *Pignolet la Fleur de Grasse !*
Cela dit, le sacripant tira de son paquet son maillet et son ciseau, et pan ! d'un coup de maillet, il fit sauter la grenouille… L'eau bénite, soudain comme teinte de sang, devint rouge, dit-on… Et voilà comment périt la grenouille de Narbonne. »

Telle est l'histoire de la fameuse grenouille de Narbonne. Avec ce récit, il est évident que Frédéric Mistral prouve sa connaissance des usages du tour de France, cependant il convient de noter une erreur assez grave commise par Mistral et due à sa non-appartenance au *devoir.* Le nom symbolique *La Fleur de Grasse* est un nom typique de compagnon tailleur de pierre et non de compagnon menuisier.
Il y a quelques années, la tante d'un compagnon charpentier des *devoirs* de la cayenne de Toulouse, apprenant le passage de son neveu à Narbonne mais ne sachant pas exactement le jour de sa venue, laissa une enveloppe cachetée à son nom auprès du bénitier de Saint-Paul. La tante était sûre que son neveu viendrait remarquer la grenouille. Arrivant devant le bénitier, le compagnon charpentier trouva le message rédigé à son intention. Belle anecdote qui prouve la pérennité des remarques compagnonniques…
À l'image de Narbonne, chaque ville possédait et possède encore sa ou ses remarques compagnonniques. Il revient aux anciens de les transmettre aux jeunes itinérants.

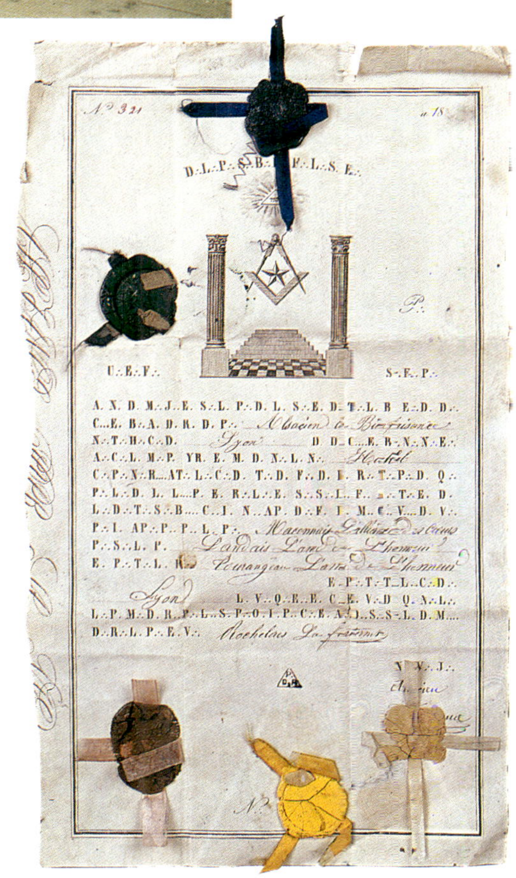

GLOIRE ET HONNEUR AUX BONDRILLES COMPAGNONS PASSANTS CHARPENTIERS
St JOSEPH
Lorsqu'on édifia ce Temple si fameux,
Pour l'ordre des Travaux une volonté sage,
Au devoir façonnant les ouvriers nombreux,
Enfanta le compagnonnage.
DELGA Joseph DIT ALBIGEOIS LA FIDELITE
COMPAGNON PASSANT CHARPENTIER BONDRILLE POUR LA VIE
REÇU A TOULOUSE L'AN 1852 Pour la St Pierre

La ville des charpentiers

À Toulouse le Capitole
Et les fêtes de Saint-Cyprien
Où j'ai dansé la farandole
Au son du fifre, du tambourin
Du Languedoc, la capitale,
Tout y est bon à visiter
De la ville rose, sa cathédrale,
Et Saint-Sernin, il faut nous quitter.

Agenais Belle Union.

TOULOUSE

La Ville Rose fut et demeure une des capitales du compagnonnage. Certes, la Toulouse compagnonnique d'aujourd'hui est bien différente de celle d'hier, la célèbre rue Tripière qui abritait l'ancienne cayenne des compagnons charpentiers *soubises* est devenue un musée géré par la Fédération compagnonnique. L'Association ouvrière des compagnons du devoir a installé sa prévôté rue des Pyrénées tandis que la Fédération compagnonnique a investi le quartier de Montaudran en construisant son siège route de Revel et, quelques centaines de mètres plus loin, ses ateliers de formation. Le compagnonnage toulousain a également tissé des liens solides avec la ville voisine de Colomiers (les compagnons du *devoir* y ont même installé une prévôté) sans oublier Revel qui, distante de 60 km, est devenue un haut lieu de l'ébénisterie française. Dans ce Toulouse cher aux charpentiers, saluons enfin la retraite d'Aimé Libasares, dit *Auvergnat l'ami du Trait*, que Raoul Vergez en personne qualifia de *gardien de la tradition* du compagnonnage.

Ci-dessus : Les compagnons charpentiers (le rouleur et l'embauché) vus par *L'Illustration* en 1845.

Ci-contre : Certificat de remerciement de compagnon passant charpentier du *devoir, bon drille* du père Soubise.

Page de gauche : Diplôme de compagnon passant charpentier du *devoir, bon drille* du père Soubise. Gravure et dessin à la plume et gouache (musée Dupuy, Toulouse).

Ci-dessus : Bracelet de *mère* de l'Association ouvrière des compagnons du devoir du tour de France.

Ci-contre : Défilé des compagnons charpentiers fêtant la Saint-Joseph (*L'Illustration*, 1845).

La Saint-Joseph

À Toulouse, les *soubises* ont toujours été les seigneurs du compagnonnage. Leur ancienne cayenne de la rue Tripière marque à jamais leur présence séculaire. Chaque année, le 19 mars, jour de la Saint-Joseph, les compagnons charpentiers des *devoirs* de la Fédération compagnonnique défilent solennellement dans le centre de Toulouse, respectant un rituel bien établi. Le cortège part de la rue Tripière pour arriver à la place du Capitole. Le rouleur marche en tête, une fanfare accompagne ce défilé particulier qui fait l'admiration des passants. Les chefs-d'œuvre des nouveaux reçus et les chefs-d'œuvre de prestige de la cayenne sont portés par les jeunes itinérants, suivis de nombreux *coteries* et *pays* décorés des couleurs symboliques et portant la canne. Un office religieux est également donné à l'intention particulière des compagnons charpentiers qui, athées ou croyants, se retrouvent sur les bancs de l'église pour honorer tous ensemble Joseph, le charpentier de Nazareth. Moment privilégié, la société des compagnons charpentiers des *devoirs* est ensuite reçue par le maire de Toulouse dans la majestueuse salle des Illustres. C'est l'instant des discours et des hommages respectifs. Un grand banquet suivi d'un bal termine cette journée de fête chère aux *soubises, indiens* et *chiens-loups.*

«Amis du vin rouge et du bon
Levons par trois signes nos verres
Amis buvons à nos santés
Et vidons tous nos verres.»

(Chanson de table pour la Saint-Joseph , XIXe siècle)

La *mère* des compagnons

La preuve de la vitalité du compagnonnage toulousain réside dans un simple constat : à quelques années d'intervalle, chaque compagnonnage a eu la joie de recevoir une nouvelle *mère.* Les 20 et 21 juin 1986, l'Association ouvrière des compagnons du devoir a élevé madame Saffon au rang de *mère.* Moment privilégié pour toute la communauté compagnonnique qui accueille solennellement une femme qui a longuement réfléchi sur cet engagement capital. À l'Association ouvrière, la future *mère* a d'abord été dame économe puis dame-hôtesse; ce temps probatoire permet à la jeune femme de découvrir les divers aspects de la vie quotidienne dans un siège, et aux compagnons de pouvoir apprécier les qualités de la postulante. Dans un article du journal *Compagnonnage* évoquant la réception de la *mère* Saffon, *Parisien la Volonté* écrivait ces lignes fort révélatrices et applicables à toutes les *mères* du tour de France : « Si vous pouvez aimer sans préférence aucune; si vous pouvez accueillir les uns et les autres, à tout moment, chaleureusement; si vous pouvez préparer, ou faire préparer, 40 à 200 repas par jour, 300 jours par an; si vous pouvez tenir votre maison propre, malgré la présence quotidienne de jeunes gens turbulents; si vous avez la faculté de percevoir la fatigue, la maladie et le découragement; si vous savez soigner sans jamais materner; si vous savez conseiller et soutenir avec discrétion; si vous supportez une maison constamment en mouvement avec des visages nouveaux, si vous ne négligez jamais la gestion serrée qui vous est confiée; si vous êtes bonne, juste et ferme pour ceux qui vous

Ci-contre : La *mère* actuelle des compagnons du devoir de la ville de Toulouse.

Ci-dessous : La Saint-Joseph des compagnons charpentiers des devoirs fêtée par la Fédération compagnonnique des métiers du bâtiment de la ville de Toulouse.

entourent ; si vous êtes le centre d'une communauté vivante sans que personne ne le soupçonne ; si votre propre famille n'est jamais sacrifiée ; si, malgré les déboires et les déceptions, vous tentez de toujours garder le sourire et faites preuve d'un humour communicatif… alors, vous pouvez être *mère* des compagnons. »

Mission ô combien difficile que celle d'une *mère,* ce qui explique le peu de vocations et le manque de candidates sur le tour de France où l'absence d'une *mère* prive toujours un siège d'une dimension particulière. Aussi, il est facile d'imaginer la joie qui fut celle de la Fédération compagnonnique de Toulouse lorsque, le 1er juillet 1990, fut fêtée la réception d'une nouvelle *mère* des charpentiers en la personne de madame Dejuge. Ici aussi, ce fut l'occasion d'une cérémonie empreinte d'une grande solennité. Contrairement aux autres compagnonnages, la Fédération compagnonnique est le seul mouvement qui perpétue la tradition des *mères* de métier. Concrètement, cela n'entraîne aucun changement au niveau de la quotidienneté du siège puisque, à Toulouse comme dans les autres villes, la *mère* reçue par un corps de métier particulier exerce sa fraternelle bienveillance auprès de tous les membres de la communauté. Ainsi, à Toulouse, les *mères* Saffon et Dejuge occupent une fonction dévolue par le compagnonnage depuis plusieurs siècles, la plus ancienne mention historique relative à l'existence d'une *mère* datant de 1540.

La *mère* n'exerce pas simplement une fonction exotérique ou protocolaire au sein du compagnonnage ; le fait qu'elle reçoive, elle aussi, des couleurs symboliques blanches témoigne du caractère sacré de ce personnage.

Le rouleur

L'autre personnage essentiel dans la vie quotidienne d'un siège compagnonnique a pour nom le rouleur. Cette charge est occupée, à tour de rôle, par les compagnons. La fonction a quelque peu varié avec le temps. Anciennement, il accueillait surtout les arrivants, les inscrivait sur un livre spécial – le rôle – et veillait à leur trouver une embauche en assurant le placement dans un atelier de la ville. Sorte de maître de cérémonies, le rouleur des temps modernes a conservé cette mission traditionnelle même si cette dernière a subi de profondes modifications. Le téléphone, l'informatisation des entreprises ont évidemment transformé les relations humaines si chères aux compagnons d'antan. Le rouleur est également chargé du bon déroulement des fêtes et des réunions compagnonniques. Au moyen de sa canne enrubannée qui le distingue des autres compagnons, il peut imposer le silence à l'assemblée. C'est lui qui veille au bon respect des règlements. Sa présence est indispensable pour la tenue des cérémonies rituelles ou symboliques (adoption, réception, finition, chaîne d'alliance…).

C'est toujours lui qui « roule » en premier lors des défilés en ville. Dans quelques sociétés compagnonniques, il arbore un chapeau haut de forme, autre insigne de sa fonction. Sorte de trait d'union entre les différentes composantes de la hiérarchie protocolaire ou initiatique, le rouleur est, avec la *mère,* un des garants du bon fonctionnement d'un siège, même si, de plus en plus, des compagnons deviennent de véritables détachés administratifs, rémunérés pour assurer la direction du siège.

Marseille le 15 avril 1838

Je m'engage à tenir aux compagnons et aspirant tourneurs une chambre et tout le nécessai de plus recevoir malle et lettre qui me seront adressées et faire les avances du transport pour les Compagnons et aspirant si un autre corps d'état ami adressait une malle chez moi la retireraient la même chose et de ne recevoir aucun corps d'état chez moi qui vous seraient nuisible — — — —

De plus je m'engage de faire les avances de la nourriture a crédit vingt cinq franc pour un Compagnon et quinze francs pour un aspirant que la Société s'engage à me repondre tout compagnon qu aspirant qui me laiseront des datte ne serait il que cinq francs je garderait leurs effet jusqu'à la solde auquel je remettrai les effets de suite — — — — — — — —
si dans tous les cas je ne seraient pas content de vous je vous avertiraient trois mois d'avance — — — — — — —

Gueis

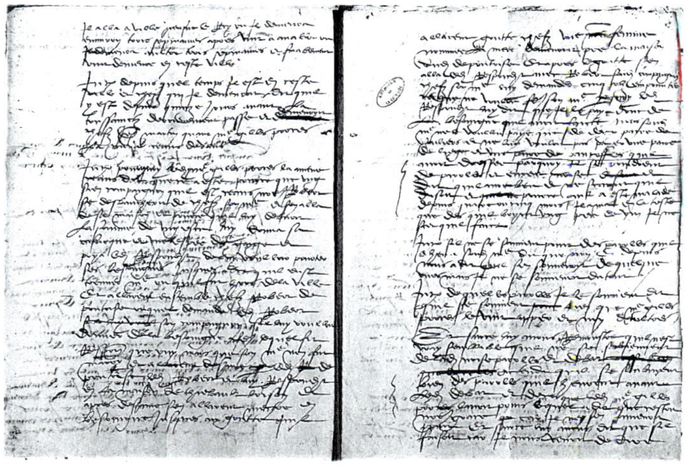

La plus ancienne mention de *mère* des compagnons dans un procès-verbal établi à Dijon en 1540.

Page de gauche : Contrat de *mère* des compagnons tourneurs du *devoir* de la ville de Marseille, rédigé en 1838.

Ci-contre : Dans certaines sociétés compagnonniques, le rouleur porte encore le chapeau haut de forme avec ses couleurs enroulées autour.

La règle des compagnons charpentiers des *devoirs* du tour de France

Si vous pénétrez dans la salle à manger (on ne dit jamais réfectoire) du siège régional de la Fédération compagnonnique de Toulouse, vous pouvez observer la règle des compagnons charpentiers des *devoirs*. Comme les autres règles en vigueur, elle nous éclaire sur ce que d'aucuns appellent l'esprit du *devoir* :

« Cette règle est le fruit de l'expérience des compagnons et sert la communauté pour le bien de chacun.

1. Tout jeune, arrivant dans la maison des compagnons, doit se conformer à ce règlement. Tout aspirant ou compagnon arrivant au siège doit saluer en premier la *mère* ainsi que l'hôte et la *petite sœur*.

2. Sera amendable : celui qui appellera la *mère* "madame". Si elle n'est pas encore reçue *mère*, on l'appellera dame-hôtesse. Sera amendable celui qui appellera la *petite sœur* "mademoiselle" ou "servante". Sera amendable celui qui appellera "monsieur" un *coterie* ou un *pays*.

3. La tenue à table doit être correcte, avec une cravate, une serviette, une veste et des habits propres ; le langage doit être purgé de tout propos grossier. Langue patoise ou entretien à voix basse, toute discussion politique ou religieuse sont interdits ainsi que toute discussion animée. Sera également amendable celui qui arrivera en retard sans motif valable, tachera la table ou salira le sol.

4. Tout *coterie* ou tout *pays* qui sera pris à détériorer le matériel du siège ou de l'école sera très gravement amendable, tenu à la réparation des dommages et son cas pourra être discuté en assemblée. Il ne faudra pas faire de chahut après le soir.

5. Tout *coterie* ou tout *pays* qui manquerait de respect à la *mère* ou à la *petite sœur* se verrait obligé de quitter le siège s'il n'est pas encore reçu compagnon ou aspirant ; dans le cas contraire, son cas serait jugé devant les anciens, c'est une faute très grave non réparable par l'amende.

6. Tout *coterie* ou *pays* doit suivre assidûment les cours pendant quatre années, sauf dispense accordée par une commission d'examen technique. Toute absence sera amendable. Le rouleur est chargé de veiller à l'assiduité. Payer une amende n'accorde par une dérogation à la règle.

7. Ce règlement doit être accepté librement et chacun doit l'appliquer sans arrière-pensée. Un rouleur pris parmi les compagnons ou aspirants sera chargé de le faire respecter. Tout *coterie* ou *pays* qui, après plusieurs remontrances, ne pourrait s'y conformer sera mis hors du siège.

Ce règlement a été rendu officiel par le congrès de Bordeaux en 1957 et, de ce fait, applicable dans tous les sièges. »

Il est évident que, depuis 1957, certains articles de la présente règle ont disparu ou ont été modifiés. Ainsi, de nos jours, il n'est plus obligatoire de porter une cravate pour prendre part au repas dans la salle à manger d'un siège compagnonnique. Le compagnonnage est une institution qui a pu traverser les siècles parce qu'elle a su s'adapter aux évolutions des mentalités et des mœurs. Politesse et courtoisie sont toujours de rigueur, politique et religion restent à la porte de la maison des compagnons. Les trois familles compagnonniques se rejoignent au moins sur ce point fondamental qui a toujours caractérisé la vie en communauté sur le tour de France.

IMMORTALITE
Gloire à notre patronne Ste Catherine
L'UNION FAIT LA FORCE
REGLEMENT DES COMPAGNONS CHARRONS DU DEVOIR DE LA VILLE DE BORDEAUX
DIEU PROTEGE LE DEVOIR ET BENI LES COMPAGNONS
RESPECT A LA MERE ET AU PERE AU FRERE ET A LA SŒUR
Fidélité
Discrétion
Sincérité
Article Premier
Tout compagnon qui se permettra de lire le présent règlement sans se décoiffer, ou qui montera sur la table ou sur les chaises sans y mettre son mouchoir. Sera a l'amende d'une Bouteille.
Article Deux
Tout compagnon qui rentrerait chez la mère sans saluer, ou sans cravate ou en bras de chemise ou avec son tablier, ou qui laisserait ses outils sur la table a manger sera à l'amende d'une Bouteille
Article Trois
Tout compagnon qui quitterait sa chaussure dans la salle a manger ou qui poserait sa coiffure ou des effets salles sur la table ou qui décoifferait un autre exprès sera à l'amende d'une Bouteille
Article Quatre
Tout compagnon qui manquerait de respect à la mère au père au frère ou a la sœur ou qui se permetterait de les embrasser ou de les appeler Monsieur Madame ou Mademoiselle sera à l'amende d'une Bouteille
Article Cinq
Tout compagnon qui blasphèmera le saint nom de dieu en colère ou qui ferait des choses indécente ou bien qu'il en parlerait tout haut sera à l'amende d'une Bouteille
Article Six
Tout compagnon qui rentrerait ivre à une heure indue et qui fera du tapage soit dans la salle ou dans les chambres ou qui se permettra à la cuisine sans raisons légitimes sera à l'amende de deux Bouteilles
Signé et approuvés par nous compagnons
Article Sept
Tout compagnon qui laisserait son pain sur la table ou qui le poserait a la renverse ou qui verserait du vin sur la nappe d'une étendue plus large que son verre ne pourrait couvrir sera à l'amende d'une Bouteille.
Article Huit
Tout compagnon qui se curerait les dents avec un couteau ou une fourchette ou qui se couperait les ongles étant a table ou qui couperait la nappe ou la table ou qui allumera son tabac à la lumière sans s'excuser ou qui l'éteindra sera à l'amende d'une Bouteille
Article Neuf
Tout compagnon qui ferait des ordures chez la mère ou qui serait pris a plaisanter avec la sœur dans les chambres sera à l'amende de la soupe au fromage ou six bouteilles de vin et tout compagnon qui se refusera de suivre le présent règlement sera poursuivi selon les règles du compagnonnage
Article Dix
Tout compagnon qui apporterait ses outils chez la mère si ces scies à chantourner ne sont pas tournées de manière a ne blesser personne et si ces fers de rabots ne sont pas rentrés si on lui abime ses outils il ne pourra se plaindre et sera a l'amende d'une bouteille.
Article Onze
Tout compagnon qui sera mis à l'amende aura cinq minutes pour la faire apporter cinq autre minutes pour la boire ou la verser et s'il n'en verse pas à tous ceux de sa table sera à l'amende d'une Bouteille
charrons du devoir de la ville de Bordeaux
Parisien la bonne conduite
Bosseron sans gêne
Languedoc le cœur sincère
Manceau la clé des cœurs
Dauphiné le soutien du devoir
Berri la belle conduite
Tableau dessiné à la main par Parisien la bonne conduite, compagnon charron, reçu à Marseille en 1860 pour la Ste Catherine
Fait dans la ville de Bordeaux le quinze octobre de l'année 1862

La jolie ville

Adieu la place d'armes,
Les allées de Tourny
Et la place Dauphine,
Rien n'est aussi joli.
De là, l'on voit la rade
Couverte de bâtiments ;
Rien de plus remarquable
Pour tous nos arrivants.

Champagne la Fierté du Devoir.

Ci-dessus : **Bordeaux est parfois surnommée « la ville des portes » par les compagnons menuisiers. Ici, un splendide heurtoir (hôtel de Lalande).**

Page de gauche : **Réglement des compagnons charrons du devoir de Bordeaux (1860).**

BORDEAUX

« Bordeaux, *la jolie ville,*
Ah ! Le charmant séjour
Le Devoir nous engage,
D'y aller faire un tour »

Selon les légendes compagnonniques, Bordeaux, *la jolie ville* chantée par les *devoirants,* aurait accueilli le père Soubise lorsque ce dernier revint en Occident, une fois le chantier de Jérusalem terminé. La capitale de la Gironde est donc particulièrement chère aux compagnons de ce rite, les fameux *bons drilles,* enfants du père Soubise (charpentiers, couvreurs, plâtriers…).
Bordeaux fut aussi longtemps considérée comme l'une des quatre villes principales du tour de France des compagnons du *devoir* du rite de maître Jacques.
Parmi les célébrités qui furent élevées au titre de compagnon dans la cité bordelaise, il convient de signaler Ferdinand Flouret qui devint, en 1872, compagnon charron du *devoir* sous le nom symbolique de *Dauphiné l'Espérance.* Aujourd'hui encore, les travaux de Ferdinand Flouret forcent l'admiration des connaisseurs tant les difficultés techniques sont admirablement maîtrisées. En 1901, Abel Boyer fut élevé au titre de compagnon maréchal-ferrant du *devoir* par la chambre de Bordeaux qui lui attribua le nom symbolique de *Périgord Cœur Loyal.* Ce *pays* allait se distinguer dans le syndicalisme des maréchaux et, surtout, créer une encyclopédie du compagnonnage avec la publication des *Muses du tour de France* en 1925. Retenons enfin qu'en 1939, le jeune

GLOIRE ET HONNEUR AUX BONDRILLES

LES
COMPAGNONS
CADICHONNE PLEURANT LE DEPART D'UN BONDRILLE....

VILLE de BORDEAUX.

DÉPARTEMENT de la GIRONDE.

CERTIFICAT.

PROFESSION de BOULANGER.

Nous, Sociétaires de la ville de Bordeaux, attestons que le sieur Guillionaux Dit Saintais la Bonne Conduite *a donné des preuves de sa bonne conduite et de son travail; d'après quoi nous l'avons reçu Sociétaire. Ledit Sociétaire a prêté le serment exigé par notre Réglement, et a versé à la Caisse la somme due par tout Sociétaire.*

Nous invitons, en conséquence, les Frères à vouloir bien lui prêter aide et assistance en cas de besoin.

Fait à Bordeaux, le 22 février *mil huit cent* 10.

Le Rôleur.

Le Secrétaire.

Avons tous signé.

Ci-dessus : **Vue partielle de la maison des compagnons du devoir.**

Ci-contre : **Certificat de sociétaire boulanger (1810).**

Double page précédente : **Champ de conduite d'un compagnon du tour de France, réalisé par Étienne Leclair en 1826.**

Jean Bernard fut reçu honnête compagnon passant tailleur de pierre du *devoir* sous le nom de *La Fidélité d'Argenteuil.* C'est à lui qu'on doit la création de l'Association ouvrière des compagnons du devoir du tour de France.

Des *mères* de métier aux sièges modernes

Lorsqu'on consulte les archives relatives à l'implantation compagnonnique dans une ville donnée, il est toujours très instructif d'observer les tentatives de rapprochement entre certains corps de métier particuliers. Il est évident que ce travail ne peut s'appuyer que sur des documents fiables. Ici encore, les rapports de police viennent utilement compléter les documents compagnonniques.

En 1901, les adresses bordelaises des sièges des Jacques et des Soubises étaient les suivantes :

– tailleurs de pierre : 25, bis rue du Rocher;
– charpentiers : 16, rue Billaudel;
– menuisiers : 43, cours Saint-Jean;
– serruriers : 8, rue de Roquelaure;
– forgerons : 43, cours Saint-Jean;
– fondeurs : 43, cours Saint-Jean;
– ferblantiers : 43, cours Saint-Jean;
– couteliers : 43, cours Saint-Jean;
– plâtriers : 43, cours Saint-Jean;
– couvreurs : 14, route de Toulouse;
– charrons : 28, rue du Palais-de-Justice;
– bourreliers-harnacheurs : 11, rue Saint-Sernin;
– maréchaux-ferrants : 12, rue Castelnau-d'Oros;
– boulangers : 10, place d'Aquitaine;
– cordonniers-bottiers : 8, rue de Roquelaure.

Cette liste d'adresses n'est relative qu'au seul *devoir.* À cette même époque, le *devoir de liberté* et la jeune Union compagnonnique des devoirs unis possédaient également quelques cayennes et chambres dans la ville de Bordeaux et ses faubourgs. En fait, cette implantation très diversifiée (près de dix adresses différentes pour le seul *devoir*) est très caractéristique de l'organisation passée d'un compagnonnage, bien éloignée de celle que nous connaissons aujourd'hui.

Pendant des siècles, le compagnonnage a fonctionné à l'aide de ce système qui faisait souvent correspondre un siège à un métier. En vérité, le terme de siège est impropre dans la mesure où c'était généralement une auberge qui servait de halte ou de point de ralliement pour les arrivants en ville. L'auberge en question était tenue par une femme qui pouvait recevoir le titre de *mère* des compagnons (ou *père* s'il s'agissait d'un homme) dans la mesure où elle avait signifié, par un contrat, sa collaboration avec une société compagnonnale précise, car il était hors de question que plusieurs rites puissent cohabiter au sein d'une même auberge.

Mais, progressivement, quelques métiers accepteront de partager la même *mère* pour des raisons plus matérielles que purement compagnonniques. En ce sens, le cas de Bordeaux est révélateur. Il serait vain, en effet, de chercher une quelconque logique vis-à-vis de la tradition compagnonnique pour expliquer pourquoi cordonniers-bottiers et serruriers décidèrent de se regrouper rue de Roquelaure. De même pour le cas des com-

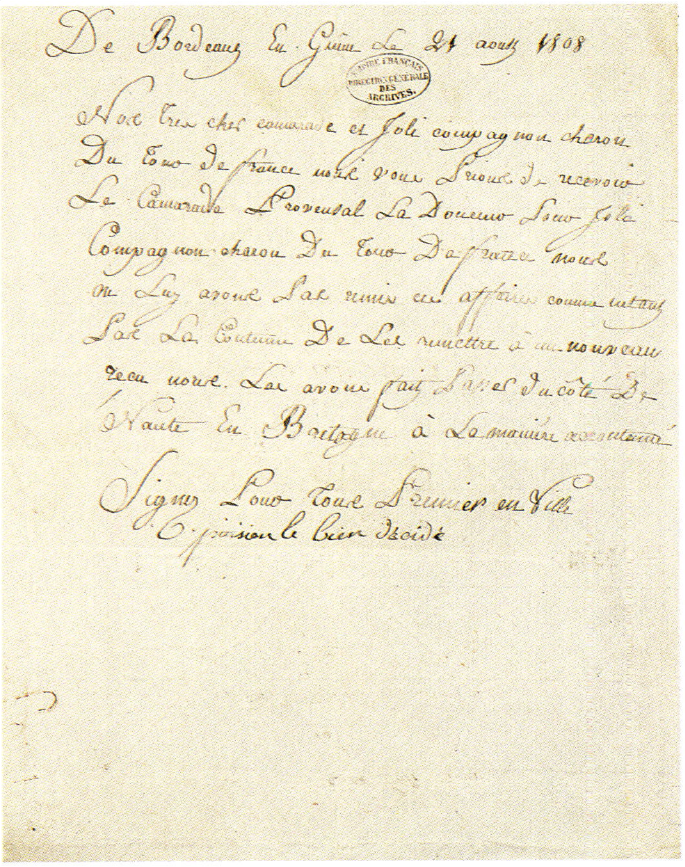
De Bordeaux En Guinne Le 24 aout 1808

EMPIRE FRANÇAIS DIRECTION GÉNÉRALE DES ARCHIVES.

Nos tres cher camarade et Joli compagnon cheron
Du Tour de france nous vous prions de recevoir
Le Camarade Provensal La Douceur Son Joli
Compagnon cheron Du Tour De france nous
ne Luy avons pas remis ces affaires comme cetant
pas La Coutume De Les remettre à un nouveau
recu nous Les avons fait passer du coté De
Nante En Bretagne à La maniere accoutumé

Signé Pour tous Premier en Ville
Cypérison le bien decidé

Ci-contre : **Lettre de premier en ville des compagnons charrons de Bordeaux (1808).**

Ci-dessous : **La remarquable place de la Bourse.**

pagnons du rite Soubise qui préférèrent ne pas se concentrer en un seul endroit ; charpentiers, couvreurs et plâtriers se répartirent en trois adresses différentes. Il est, en revanche, très pertinent d'observer les prémices d'une union des métiers en une seule structure. Tel est le cas des fondeurs, ferblantiers, couteliers et forgerons qui logent ensemble au 43, cours Saint-Jean. Ces quatre métiers ne forment en fait qu'une seule association connue sous le nom des « quatre corps ».

À Bordeaux comme ailleurs, les tentatives de regroupement semblent prendre un essor particulier en ce début du XXe siècle puisque nous pouvons observer qu'aux « quatre corps » se sont joints les menuisiers et les plâtriers : le 43 du cours Saint-Jean devient rapidement l'adresse principale du Bordeaux compagnonnique de l'époque. Nous sommes ici à un tournant capital dans l'histoire du compagnonnage. En pleine crise d'identité et de recrutement, les diverses sociétés compagnonniques prennent conscience que le compagnonnage traditionnel doit se réformer et se rénover s'il ne veut pas disparaître. L'organisation en *mères* de métier ne correspond plus à la réalité. À l'image du compagnon Bonvous, les penseurs du compagnonnage réfléchissent à une autre forme, un autre projet, une autre structure mieux adaptés au monde nouveau qui se dessine. La Seconde Guerre mondiale accélérera ce changement capital pour le tour de France.

Les sièges modernes accueillent désormais l'ensemble des métiers sous un même toit. Depuis les années cinquante, chacun des trois compagnonnages français s'est organisé en un réseau de sièges répartis sur le tour de France. Ainsi chaque itinérant, quel que soit son métier, est hébergé, accueilli et formé dans la maison, commune à tous les corps de métier. Maçons, charpentiers, tailleurs de pierre, plombiers, couvreurs, menuisiers… vivent désormais ensemble dans un siège confortable et fonctionnel qui n'a plus rien de commun avec l'auberge d'antan. Chambres, cuisines, bureaux administratifs, ateliers, salles de cours, bibliothèque, bar, salle des chefs-d'œuvre… composent en règle générale l'architecture type d'un siège actuel.

Si, aujourd'hui, l'Union compagnonnique des devoirs unis ne possède pas de siège à Bordeaux, il n'en est pas de même pour les deux autres compagnonnages. La Fédération compagnonnique des métiers du bâtiment est actuellement installée rue du Commerce. La prévôté de l'Association ouvrière des compagnons du devoir du tour de France se trouve rue Laroche ; elle fut inaugurée officiellement le 20 juin 1975.

La place Royale

L'actuelle place de la Bourse, anciennement place Royale, fut édifiée de 1729 à 1765 par les célèbres architectes Gabriel (père et fils). Désignés par le roi Louis XV, les maîtres d'œuvre prirent donc contact avec les compagnons tailleurs de pierre du *devoir* (les *loups-garous*) et les compagnons tailleurs de pierre du rite *étranger* (les *loups*) afin de choisir les meilleurs œuvriers susceptibles de concrétiser le souhait royal. Ce furent les *étrangers* qui obtinrent la commande du chantier.

Durant des mois, les compagnons *étrangers* taillèrent consciencieusement un nombre considérable de pierres. Puis,

vint le moment de la pose. C'est alors que se produisit une chose extraordinaire : les compagnons *étrangers* ne purent ajuster les pierres au moment de placer les clés des arceaux. Dans l'incapacité de trouver une solution à ce problème, les compagnons tailleurs de pierre *étrangers* durent, honte suprême, céder leur place sur le chantier aux honnêtes compagnons passants tailleurs de pierre du *devoir* que les maîtres d'œuvre avaient appelés en renfort.

La tradition orale raconte que les *devoirants* surent, dès les premières heures, résoudre la difficulté qui avait entraîné le discrédit des *étrangers.* Cette même tradition orale précise que les *loups-garous* avaient, en réalité, saboté l'appareillage préparé par leurs rivaux afin de les ridiculiser aux yeux des architectes et, partant, de récupérer le chantier initialement refusé. Pour la circonstance, les honnêtes compagnons avaient donc trahi leur *devoir* et leur honnêteté.

Aujourd'hui encore, une remarque très symbolique commémore cette querelle du XVIIIe siècle entre passants et *étrangers.* Sur le fronton qui couronne une partie de l'hôtel des Fermes, une scène originale est offerte à la réflexion du curieux qui a su porter son regard plus haut que d'ordinaire. Au centre du fronton, on aperçoit la déesse Minerve offrant une couronne d'or aux concepteurs de la place. Sur le côté gauche, de charmants et robustes enfants semblent tailler avec facilité pierres et claveaux. Il s'agit donc des compagnons tailleurs de pierre du *devoir,* connus aussi sous le nom d'enfants de maître Jacques (d'où la présence des chérubins). À droite de Minerve, un vieil homme agenouillé s'arrache les cheveux. Devant lui, un compas, une équerre, une règle et un rapporteur sont posés sur le sol. Symboliquement, ce pauvre malheureux représente le compagnon *étranger* (vieux car les *étrangers* passent pour être les compagnons les plus anciens dans la tradition compagnonnale), avec ses outils qui ne lui sont d'aucun secours, et qui ne peut comprendre – et pour cause – le piège tendu par les *devoirants.*

À défaut d'être inscrites dans les livres d'histoire, certaines anecdotes compagnonniques sont parfois gravées dans la pierre, encore faut-il pouvoir les lire et savoir les interpréter sans trahir le message.

Étienne Leclair, peintre des compagnons

Dans le compagnonnage, le nom de Leclair évoque l'auteur réputé de tous ces tableaux naïfs de la première moitié du XIXe siècle qui représentent une de ces cérémonies tant prisées par le compagnon qui s'apprêtait à quitter une ville pour continuer son tour de France : la conduite.

En dehors de ses talents d'artiste, Étienne Leclair était officiellement piqueur des ponts et chaussées de la ville de Bordeaux. Durant les premières décennies du XIXe siècle, il signa de nombreux dessins aquarellés qu'il vendait aux compagnons désireux de conserver une image souvenir de leur tour de France ou, plus simplement, de leur passage à Bordeaux. Ce peintre naïf, dont les œuvres sont aujourd'hui recherchées, travailla surtout pour les compagnons charrons, maréchaux, bourreliers et toiliers du *devoir.* Le musée du Compagnonnage de Tours possède quelques champs de conduite de Leclair.

Une conduite compagnonnique vue par Jules Noël dans le journal *L'Illustration*, en 1845.

Page de gauche : **Champ de conduite d'un compagnon du tour de France, réalisé par Étienne Leclair en 1826.**

La conduite

Dans la grande majorité de ses productions, Étienne Leclair représentait la conduite en règle, cérémonie honorifique accordée au partant. Le rituel de la conduite ne différait guère entre sociétés : le rouleur marchait toujours en tête du cortège avec le ou les partant(s). Tous les autres compagnons, revêtus de leurs couleurs et portant la canne, suivaient à quelque distance, sur deux rangs et en colonne. À la sortie de la ville, le rouleur entonnait le chant traditionnel que tout le monde reprenait au refrain. Suffisamment éloignée de la ville, l'assemblée faisait halte : c'était le moment où s'exécutaient la *guilbrette* et quelques autres rites dits de séparation. À l'issue de la conduite en règle, le partant devait prendre la route sans se retourner, marquant ainsi sa détermination à poursuivre son tour de France malgré le regret de laisser des amis dans la ville qu'il quittait.

Avec l'apparition du chemin de fer, de l'automobile puis de l'avion, l'usage de la conduite en règle est tombé en désuétude. De temps à autre, quelques sociétés perpétuent cependant cette sympathique manifestation en accompagnant, symboliquement, les premiers pas d'un jeune itinérant sur un tour de France qui ne s'effectue plus à pied depuis les premières décennies du XXe siècle :

« De mon départ, l'heure s'apprête,
Il faut enfin se décider ;
Déjà le rouleur marche en tête
Sur la route vient me guider.
Prés fleuris, campagne gentille,
Vallons charmants, brillants coteaux,
Adieu, beau sexe, aimable ville
Adieu Bordeaux ! Adieu Bordeaux ! »

(*Les Adieux à Bordeaux* de *Guépin l'Aimable*, XIXe siècle.)

Les chansons compagnonniques

Lorsqu'on consulte plusieurs chansonniers compagnonniques passés ou actuels, il est frappant de constater que la ville de Bordeaux les a toujours inspirés. Le port, le pont, la place Royale et… les jolies filles sont régulièrement chantés par les poètes du compagnonnage :

« Bordeaux la jolie ville,
Ah ! le charmant séjour !
Faut quitter cette ville
Pour aller voir Paris
Le devoir nous engage
D'y aller faire un tour,
Adieu brunes et blondes
Adieu jusqu'au retour.

Vive les Bordelaises
C'est le refrain de nos amours
Beau sexe de la Gironde
J'irai te voir un jour.

Adieu la place d'armes

Chansonnier et disque édités par l'Association ouvrière des compagnons du devoir du tour de France.

Page de droite : **Caricature de compagnon charpentier lors de la Saint-Joseph (dessin de Gautier).**

Les allées de Tourny
Et la place Dauphine
Rien n'est aussi joli,
De là on voit la rade
Couverte de bâtiments
Rien n'est plus remarquable
Pour tous nos arrivants. »

(Chanson *Vive les Bordelaises* de *Champagne la Fierté du Devoir*, XIXe siècle.)

Cette chanson du XIXe siècle est l'une des dizaines de compositions existantes. Comme l'écrivait Abel Boyer, dit *Périgord Cœur Loyal :* « Le compagnon chante souvent sans art ni symétrie, mais il sait louvoyer entre hiatus et hémistiche et sa chanson est toujours belle. Ce qu'il conte, c'est sa vie, ses efforts, ses luttes, ses déceptions, ses joies, mais aussi le couronnement de sa persévérante entreprise orientée vers son perfectionnement, celui du métier, du cœur et de l'esprit. »
Dans le passé, la majorité des chansons compagnonniques témoignaient surtout de la rivalité entre *devoirs* adverses. Aujourd'hui, les temps ont bien changé de même que le compagnonnage. Chaque année, de nouvelles créations naissent au sein des trois familles compagnonniques françaises car on chante toujours sur le tour de France. Les *arrosages* et les banquets des fêtes patronales sont les moments privilégiés où *pays* et *coteries* entonnent, sur invitation du rouleur, une chanson compagnonnale dont le refrain est toujours repris par l'assemblée. Lors du banquet suivant sa réception, chaque nouveau compagnon se doit de chanter pour montrer à ses frères en *devoir* qu'il est *capable,* selon la formule rituelle en usage.
Aux *Vendôme la Clef des Cœurs, Le Bien Aimé de Saint-Georges de Reintembault, Languedocien l'Ami des Filles, Rochelais l'Enfant Chéri, Dauphiné la Clef des Cœurs*... tous chansonniers réputés des temps passés, ont succédé les *Périgord Cœur Loyal, La Gaieté de Villebois, Pierre le Saintonge, Berry la Gaieté du Tour de France, La Fraternité de Marseille, Normand la Sérénité de Gacé, Genevois la Fraternité de Plainpalais*... tous unis, malgré leurs différences, à la longue chaîne des chansonniers qui ont chanté, chantent et chanteront la gloire du beau compagnonnage :

« De la Saintonge en Gascogne
Vers la mer aux flots d'argent
Bordeaux la mère gigogne
Du Midi donne l'accent
Son port et le pont de pierre
Si chers à nos devoirants
Doux souvenirs éphémères
Nous vous quittons en chantant. »

(Chanson *Sur les routes du tour de France,* composée en 1932 par Pierre Morin, dit *Pierre le Saintonge.*)

Yves & Barret. sc.
B. Gautier

G
U
V
J
B
G
T
Vivent les Compagnons
Gloire et honneur aux Compagnons
Baptiste Giles dit Tourangeau Cœur zèle
Compagnons Sabotier du devoir reçu à
Nantes Le 15 aoû L'an 1848.
109

Une ville de *devoir*

Tel un phare qui t'appelle
Bâtie par les Compagnons
Qui tous l'ont voulue si belle
Voici Nantes, sa maison ;
Si ton château, Duchesse Anne,
est célèbre de renom
Chez nous toute la Bretagne
Vient glorifier ton nom.

Pierre le Saintonge.

Page de gauche : Image de *Tourangeau Cœur Zélé*, compagnon sabotier du *devoir*, reçu à Nantes en 1848. Peinture réalisée par Paulin, peintre-vitrier-doreur (collection Edeline).

Ci-dessus : Gourde souvenir de *Rennois le Résolu*, compagnon tanneur du *devoir*, reçu à Nantes en 1844 (collection Edeline).

NANTES

« Nantes est une belle ville, remarquable par son port, ses ponts, ses promenades, quelques-uns de ses monuments, au nombre desquels il faut ranger la cathédrale, d'autres églises, la préfecture, la Bourse, le théâtre, décoré de huit colonnes corinthiennes… On voit sur le portail d'une église un bas-relief de petite dimension, figurant Marc Antoine, à ce qu'on dit, et dans une attitude que la pudeur ne permet pas de décrire. C'est l'une des remarques des compagnons. »

C'est ainsi qu'Agricol Perdiguier se souvenait de Nantes lorsqu'il rédigea ses *Mémoires d'un compagnon*. Comme le laissent supposer ces quelques lignes, la ville ne se distinguait guère des autres, tout au plus l'existence d'une remarque compagnonnique un peu osée permettait d'apporter une note originale à une description type que Perdiguier utilisait abondamment pour dresser le portrait de chaque ville qu'il avait traversée durant son premier tour de France.

Ville de *devoir* séculaire, la grande cité des pays de la Loire a toujours entretenu un lien étroit avec le compagnonnage. Des documents d'archives datant du début du XIXe siècle nous la présentent comme l'une des quatre villes principales du tour de France des compagnons du *devoir*, enfants de maître Jacques, ayant donc la même renommée que Paris, Lyon et Bordeaux. Ce simple constat suffit à comprendre l'extrême richesse de l'histoire du compagnonnage nantais à travers les siècles.

L'hospitalité du couvent des carmes

En 1758, le parlement de Bretagne s'indignait en apprenant que les compagnons menuisiers du *devoir* de la ville de Nantes

Page de droite : Image souvenir de *Cœur d'Amour*, compagnon cloutier du *devoir* (collection Edeline).

Ci-dessus : Maison actuelle des compagnons du devoir, quai Malakoff.

Ci-contre : La réalisation du chef-d'œuvre ne constitue qu'un court moment (privilégié) de la vie du compagnon. Son véritable chef-d'œuvre consistera, chaque jour, à cultiver cet amour du travail bien fait.

avaient réussi à établir leur chambre au sein même du couvent des carmes de la ville. Là, les *devoirants* se réunissaient et procédaient, en toute impunité, à la réception de leurs nouveaux membres. Outre l'interdiction de s'assembler formulée aux compagnons, le parlement défendit solennellement aux carmes de louer un local à une société compagnonnique. Cette anecdote est en fait un événement d'une grande importance pour l'historien dans la mesure où, un siècle après la célèbre condamnation du compagnonnage par la faculté de théologie de Paris, les religieux de Nantes semblent ne plus faire cas d'une véritable excommunication prononcée à l'encontre des compagnons du tour de France. En toute connaissance de cause, le couvent des carmes avait dont établi une complicité bienveillante envers une société compagnonnale qui, il est vrai – et c'est bien là l'essentiel –, n'admettait désormais en son sein que des ouvriers de confession catholique.

L'exemple du couvent des carmes permet de mieux comprendre l'organisation matérielle de nombreuses sociétés affiliées au *devoir,* au Saint-Devoir de Dieu, pour reprendre l'expression consacrée à ce compagnonnage lié alors à l'Église catholique. Dans de nombreuses villes, il est certain que le *devoir* trouva, en ce XVIIIe siècle si riche en bouleversements, une Église désireuse de (re)nouer un lien avec une société dont la puissance se montrait impressionnante puisque le compagnonnage existait toujours, en dépit des interdits royaux ou des anathèmes d'antan. Exploitant habilement la révocation de l'édit de Nantes (1685), la religion catholique s'empressa d'étendre son aile protectrice et sa tutelle morale sur un compagnonnage profondément divisé par la question religieuse. Ainsi, le moral et le spirituel laissèrent d'abord la place au matériel : pour mieux surveiller et orienter les ouvriers catholiques désireux de bénéficier des privilèges du compagnonnage (placement, embauche, solidarité, voyage...), l'Église eut cette idée géniale d'ouvrir les portes de nombre de ses couvents afin d'accueillir, d'abord discrètement puis ouvertement, les sociétés compagnonniques qui ne reniaient pas l'enseignement de Rome. Mieux, il lui était désormais possible d'influer sur les rituels de la réception du compagnon, insérant beaucoup plus de religiosité là où n'apparaissait à ses yeux qu'un rite païen.

N'ayant pu obtenir la disparition des sociétés compagnonniques, l'Église allait donc changer de politique : à défaut de condamner, on allait tolérer puis encadrer un compagnonnage proche des aspirations spirituelles chrétiennes, le Saint-Devoir de Dieu. Il n'en faut pas plus à certains pour justifier l'existence d'un père Soubise, moine bénédictin, symbole de la christianisation du compagnonnage. L'analyse des mythes et des légendes ne peut toutefois se contenter d'une lecture aussi simpliste et, de surcroît, erronée historiquement.

L'anecdote du couvent des carmes se situe donc à la croisée de plusieurs hypothèses : d'un côté, un compagnonnage soumis à une Église habile et fine tacticienne, de l'autre, un compagnonnage qui, sans rien renier de sa spécificité, accepte de composer avec un de ses plus farouches adversaires. Ici encore, le manichéisme de cette problématique ne peut nous satisfaire, l'histoire des relations entre l'Église de France et le

compagnonnage est bien plus complexe et suppose à elle seule tout un corpus de documents d'archives dans lequel l'exemple de Nantes perd obligatoirement sa prépondérance. Un point est cependant certain : à partir du XVIIIᵉ siècle, le fait religieux devient un des éléments privilégiés pour la compréhension de la grille de lecture des sociétés compagnonniques et de leurs relations entre elles ou envers un monde que, déjà, elles qualifient de profane.

Jacques le Jambard

Les compagnons menuisiers du *devoir* n'étaient pas les seuls à posséder une chambre à Nantes, fût-elle dans un couvent. À la même époque, les compagnons menuisiers *non du devoir* (le futur *devoir de liberté*) tenaient également une chambre, comme en atteste leur précieux *rolle* de 1765 exposé désormais au musée du Compagnonnage de Tours.

Le *rolle* était un livre rituel destiné, en priorité, à recevoir les règlements de la société ainsi que les noms des arrivants en ville. Celui des anciens *gavots* nantais est relié en cuir avec des encadrements décorés en couleur sur lesquels on peut observer, outre l'équerre et le compas ainsi que le portrait du roi Louis XV, une caricature de maître Jacques (père protecteur des compagnons menuisiers du *devoir*) avec le commentaire suivant : « Efigie de Jacque le Jambar fameux devoirant tirée daprès nature le soir qui fut brullé a la clarté du feu pour avoir pronostiqué contre un Royalle. »

Par ces simples lignes, nous pouvons donc affirmer avec certitude que l'identification de maître Jacques à Jacques de Molay, dernier grand maître des Templiers brûlé vif sur ordre de Philippe le Bel, était déjà en vogue au milieu du XVIIIᵉ siècle.

Quelques célébrités

La ville de Nantes est associée au souvenir de quelques compagnons qui, par leurs œuvres, ont marqué l'histoire des *devoirs*. Tel est le cas d'Auguste Batard qui effectua son tour de France de 1887 à 1891, ce qui lui valut d'être reçu compagnon bourrelier-harnacheur du *devoir* sous le nom symbolique de *Nantais la Belle Conduite*. Cette grande figure du compagnonnage nantais écrivit un cahier de souvenirs qu'il intitula *À l'école du courage et du savoir*. En peu de mots, il définissait ainsi la vocation du compagnonnage. En tête de ses mémoires, *Nantais la Belle Conduite* plaça la dédicace suivante :

> « À mes enfants à qui j'ai voulu donner
> le goût du travail bien fait.
> À mes petits-enfants pour qu'ils continuent la tradition.
> À mes arrière-petits-enfants pour qu'ils la reçoivent
> et la transmettent à leur tour. »

En 1880, Jules Delhomme, compagnon cordier du *devoir*, dit *Cœur Content le Bordelais,* créa à Nantes une caisse de retraite qui, fusionnée avec celle des compagnons de Tours, allait devenir célèbre sous le nom du *Ralliement des compagnons du devoir et chevaliers de l'ordre de maître Jacques et du père Soubise*. L'œuvre entreprise par le *pays* Delhomme est encore vivante aujourd'hui puisque la société mutuelle du Ralliement exerce toujours ses activités et ses compétences au ser-

Ci-contre, à gauche : **Les cours dispensés au siège des compagnons visent à perfectionner chaque jeune en tenant compte de son rythme propre dans l'acquisition des connaissances.**

Ci-contre, à droite : **Chef-d'œuvre de charpente en noyer (hauteur : 55 cm) réalisé au début du siècle par Michel Ramousse (1881-1946), dit *Velay l'Ami du Trait.***

vice de nombreux compagnons. Son siège social est situé sur le quai Malakoff, au sein de la prévôté nantaise de l'Association ouvrière des compagnons du devoir du tour de France. Profitons de l'exemple du Ralliement pour signaler combien le compagnonnage fut, dans le passé, le véritable initiateur du projet mutualiste et coopératif. À ce sujet, nous observerons que le titre de l'ouvrage de Jean-Pierre Duroy, édité en 1991 par la Mutualité française, se veut comme un hommage : *Le Compagnonnage aux sources de l'économie sociale.*
Parmi les autres célébrités qui furent reçues à Nantes, il convient de ne pas oublier Emmanuel Colomp (1821-1893) qui devint compagnon cordier du *devoir* sous le nom symbolique de *L'Estimable le Provençal.* Ce chansonnier fort apprécié de son vivant est encore à l'honneur sur le tour de France puisque deux de ses chansons sont régulièrement fredonnées lors des banquets compagnonniques : *La Mort du Provençal* et *La Provençale :*

« Que l'on m'apporte à l'instant mes couleurs,
Je veux les voir avant de rendre l'âme,
Chers compagnons, placez-les sur mon cœur,
Afin qu'elles me servent d'oriflamme.
Jusqu'au tombeau je prétends les avoir,
Pour vous prouver mon amour, ma constance,
Et quand mon cœur n'aura plus de pouvoir,
Tâche mon fils d'être par ton savoir,
Compagnon sur le tour de France... »

(La Mort du Provençal.)

Un personnage bien particulier fut également reçu compagnon à Nantes. Lors de la Saint-Joseph 1837, la cayenne nantaise des compagnons charpentiers du *devoir* du père Soubise reçut la *coterie* Jean Danis sous le nom symbolique de *Moissac la Belle Conduite.* En fait, ce compagnon fut rapidement surnommé *Moissac la Pipe* car, sur les routes du tour de France, il se fit remarquer en portant un bicorne en peluche et, surtout, une curieuse pipe à cachettes qu'il avait lui-même fabriquée. Cette pipe très originale lui permettait de priser, de chiquer et même de boire tout en fumant.

Les trois états du compagnonnage

Avant de pouvoir prétendre au titre de compagnon, le jeune ouvrier désireux d'effectuer un tour de France doit en premier lieu choisir un compagnonnage. Dans le passé, ce choix dépendait souvent de la tradition familiale. En outre, le critère religieux fut primordial jusqu'au début du XXe siècle. Enfin, l'implantation géographique de la société compagnonnique entrait indiscutablement en compte dans la décision finale. Aujourd'hui, il n'en est évidemment plus de même. Le fait religieux ne conditionne plus un choix qui, de plus en plus, tient plutôt du hasard que d'une réflexion longuement méditée. Une campagne publicitaire, une lecture ou bien encore une affiche peuvent influencer la décision d'un jeune garçon qui, parfois, ignore même l'existence de plusieurs sociétés. Ensuite, certains métiers particuliers évitent tout choix. Tel est le cas du cuisinier qui n'est accepté que par la seule Union compagnonnique des devoirs unis. Un boulanger ne

Comme dans le passé, il faut encore présenter un chef d'œuvre pour obtenir aujourd'hui le titre de compagnon du tour de France. Si ce dernier reçoit l'assentiment des compagnons, la réception du candidat sera autorisée. Certes, les cérémonies de réception diffèrent de celles du XIXe siècle, cependant le même esprit demeure : marquer solennellement la mémoire du nouveau reçu dans la communauté compagnonnique.

pourra opter pour la Fédération compagnonnique des métiers du bâtiment qui, comme son nom l'indique, ne peut accepter ce corps d'état. En revanche, un jeune charpentier désireux de devenir compagnon n'a que l'embarras du choix, son métier étant reconnu par les trois mouvements compagnonniques. Pour résumer notre propos, nous pouvons dire que tous les métiers du bâtiment sont, en règle générale, représentés dans les diverses familles compagnonnales. Dès que l'on pratique une profession qui s'écarte de l'art de bâtir, il est alors rare de voir cette dernière acceptée par les trois compagnonnages.

Une fois le compagnonnage choisi, il faut se préparer à passer avec succès la première étape du cheminement qui mènera plus tard au titre de compagnon. C'est, après plusieurs mois passés au sein d'un siège compagnonnique (voire plusieurs), la présentation d'un petit ouvrage appelé maquette ou travail d'adoption qui confère à son auteur l'état et les couleurs d'aspirant (on dit affilié chez les *gavots*). Le jeune homme peut désormais poursuivre son tour de France en travaillant dans les diverses villes où son compagnonnage est représenté. Selon les sociétés actuelles, la durée du tour de France peut varier de trois à sept ans. En règle générale, un minimum de cinq villes est obligatoire avant d'être autorisé à présenter son chef-d'œuvre de réception.

La taille du chef-d'œuvre est indissociable du tour de France. À l'image de l'abeille, le compagnon a butiné de ville en ville quelques parts de ce qui, au terme de son voyage, prend le nom d'expérience. Au miel de l'abeille correspond donc symboliquement le chef-d'œuvre du compagnon, fruit de plusieurs centaines d'heures prises sur son temps libre. Arrive alors le jour tant attendu qui coïncide, autant que possible, avec la fête patronale du métier. Ainsi s'explique le fait que les compagnons charpentiers soient toujours reçus le 19 mars, jour de la Saint-Joseph. Dans la mesure du possible, tout nouveau compagnon menuisier est reçu à la Sainte-Anne, etc. La cérémonie de réception comprend d'abord l'épreuve de la critique au cours de laquelle quelques compagnons désignés par le président de la cayenne ou de la chambre formulent des observations sur l'ouvrage présenté et posent quelques questions au candidat. Si le jury et l'assemblée des compagnons sont satisfaits de la qualité de l'œuvre et de l'œuvrier, la cérémonie rituelle de réception peut alors se dérouler, transformant l'aspirant en compagnon du tour de France. Nous laisserons le soin à *Nantais le Soutien des Bons Drilles,* non pas de dévoiler, mais de suggérer le contenu de cette cérémonie qui marque pour toujours la mémoire du nouveau compagnon reçu :

> « Le soir venu je subis les épreuves
> Compas en main j'ai montré mes talents
> De mon savoir ayant donné les preuves
> Ayant promis de tenir mes serments
> Je suis admis dans la grande famille.
> En souvenir de ma réception
> On me nomma *Le Soutien des Bons Drilles*
> Est-il un plus beau nom de compagnon ? »
>
> (Chanson *L'Heureux Bon Drille*, 1912.)

Ci-dessus : **Carré actuel en usage à l'Association ouvrière des compagnons du devoir du tour de France.**

Ci-contre : **Dès son entrée en compagnonnage, le jeune homme est invité à prendre connaissance de la règle. Chez les compagnons du devoir, il la lit en présence de l'assemblée.**

Nombreuses sont les chansons compagnonniques (surtout celles du XIXe siècle) qui font allusion à la réception, sans toutefois en trahir le contenu. Dans tous les cas, anciennes ou actuelles, elles évoquent les deux piliers qui soutiennent la cérémonie : les épreuves et le serment. À l'issue de la réception, le compagnon peut désormais arborer ses couleurs et sa canne qui témoignent de son état et de son titre :

> « Mais un beau soir je me suis présenté
> Aux compagnons le cœur tout rempli de crainte
> À maître Jacques j'ai juré
> Faire mon devoir, toujours et sans contrainte
> C'est ainsi qu'à mon tour j'eus ce bien doux bonheur
> De porter fièrement nos si belles couleurs
> Maintenant pour toujours
> Je leur voue mon amour. »
>
> (Chanson *Nos belles couleurs* de P. Aubard, dit *Berry la Gaieté du Tour de France.*)

Tous les compagnons reçus n'accèdent pas au troisième état que confère le compagnonnage à ses membres les plus méritants. Pour devenir compagnon fini, il faut souvent présenter un chef-d'œuvre dont la qualité prouve que le compagnon a encore progressé dans la connaissance et la maîtrise de son métier. Certaines sociétés n'imposent pas la taille d'un chef-d'œuvre pour accéder à la finition ; c'est la valeur de l'homme, de son comportement et de son action en faveur du rayonnement du compagnonnage qui suffit alors pour mériter le titre très symbolique de compagnon fini. Après l'adoption et la réception, la finition est donc la troisième grande cérémonie symbolique qui marque le cheminement de l'homme œuvrier en compagnonnage.

À l'Association ouvrière des compagnons du devoir du tour de France, on a coutume de définir ainsi les trois étapes de la vie compagnonnique :

– aspirant : le jeune homme dont on prépare la conscience ;
– compagnon reçu : l'homme dont la conscience est ouverte au métier ;
– compagnon fini : l'homme dont la conscience est ouverte à l'homme.

Le carré

Depuis son admission dans le compagnonnage jusqu'à son éventuelle finition, toutes les étapes du cheminement professionnel et initiatique de l'ouvrier figurent sur un document particulier que la majorité des sociétés compagnonniques nomment par le terme de carré. Dans le passé, le nom attribué à ce véritable passeport compagnonnique variait selon les métiers et les rites : affaire, cheval, navire, arriat, mouton… Jusqu'au siècle dernier, les carrés étaient très riches en symboles et comportaient de nombreuses initiales codées ; ceux d'aujourd'hui sont beaucoup plus sobres et dépouillés d'un excès de symbolisme très caractéristique de la seconde moitié du XIXe siècle.

Aujourd'hui, le carré suit toujours l'itinérant durant son tour de France. Il est systématiquement remis aux compagnons dès l'arrivée dans une cayenne ou une chambre. Sur ce

Les métiers du cuir et des métaux ont su à l'image du compagnonnage contemporain, allier tradition et modernité. S'adapter à un contexte toujours en mouvement est une des grandes forces du compagnonnage qui est porteur d'avenir et non une école passéiste ou anachronique.

manuscrit qui, plié, se présente sous la forme d'un carré (d'où son nom), figurent généralement les signatures des responsables du siège où le jeune homme a été adopté en compagnonnage ainsi que les cachets des chambres ou des cayennes traversées durant le tour. Parfois, quelques appréciations relatives au comportement de l'itinérant sont rédigées sur le carré. Le carré n'est confié au compagnon qu'au moment où ce dernier quitte le tour de France. À la mort du titulaire, le carré est rarement conservé par la famille ; il est de tradition de le brûler ou, le cas échéant, il rejoint les archives de la chambre ou de la cayenne dont dépendait le compagnon défunt.

Le manoir de la Haultière

Preuve de la longue tradition compagnonnique de la ville de Nantes, les trois compagnonnages sont officiellement représentés dans la cité bretonne. Le quai Malakoff est devenu le rendez-vous des compagnons du *devoir* de l'Association ouvrière tandis que la rue de l'Indre abrite désormais le siège régional de la Fédération compagnonnique des métiers du bâtiment. Quant à l'Union compagnonnique des devoirs unis, présente à Nantes depuis 1890, elle a réussi l'exploit, après maintes années d'efforts, de restaurer un lieu devenu aujourd'hui un des endroits privilégiés de cette famille compagnonnique : le manoir de la Haultière.
Propriété de l'Union compagnonnique depuis 1968, le manoir de la Haultière est situé dans un ancien faubourg de la ville de Nantes au numéro 14 de la rue Guillon-Verne. Demeure du XIVe siècle, le manoir a été entièrement restauré par les *pays* de l'Union compagnonnique qui, bénévolement, ont offert les milliers d'heures nécessaires à la mise en valeur de ce monument historique. Outre sa fonction de cayenne où se pratiquent adoptions, réceptions, finitions et autres fêtes compagnonniques, le manoir de la Haultière est également un véritable musée où le public peut visiter et admirer une fort belle exposition de chefs-d'œuvre ainsi qu'une intéressante collection d'outils anciens. Parmi les diverses salles de réunion, il en est une baptisée salle Agricol Perdiguier qui abrite divers documents et objets compagnonniques.
Nous ne pouvons terminer cette évocation de la section nantaise de l'Union compagnonnique sans mentionner la remarquable exposition qu'elle organisa du 2 mai au 26 juin 1988 sous le titre original « La saga du sucre ». Au cours de ces journées, les compagnons de l'Union réalisèrent une œuvre gigantesque entièrement constituée en pierres de sucre (38 000 morceaux) représentant le port de Nantes au XVIIIe siècle. Ce chef-d'œuvre extraordinaire reçut les honneurs du *Livre Guiness des records*.

MVSEE DU
COMPAGNONNAGE

La mémoire du compagnonnage

Pays charmant du brillant tour de France,
Riche séjour favorisé des cieux,
Ton heureux sol produit en abondance
Gais compagnons et vins délicieux.
Ton souvenir qui m'enivre et m'enflamme,
Site enchanteur, je te voue mon amour,
En répétant toujours du fond de l'âme
Adieu Touraine, adieu joli séjour.

Rochelais l'Enfant Chéri.

Ci-dessus : **Le musée du Compagnonnage de Tours accueille chaque année un nombre croissant de visiteurs.**

Page de gauche : **Chef-d'œuvre enseigne du musée du Compagnonnage, réalisé par Pierre Reynal, compagnon serrurier des devoirs unis.**

TOURS

« De la Touraine, antique capitale,
Tours, pour longtemps, témoin de mes succès,
Je me rappelle encore ta rue Royale
Type du beau, des arts et du progrès.
Ville chérie de notre tour de France,
Je pense à toi, la nuit comme le jour,
De te revoir j'ai toujours l'espérance
Adieu Touraine, adieu joli séjour. »

Ce couplet extrait d'une chanson composée en 1870 par L. P. Journolleau, dit *Rochelais l'Enfant Chéri,* présente un qualificatif encore en vigueur de nos jours puisque, en effet, Tours demeure la *ville chérie* du tour de France. La capitale de la Touraine est une ville compagnonnique hors du commun, à tel point que certains compagnons n'ont pas hésité à la considérer comme « la Mecque du compagnonnage », expression maintes fois rencontrée dans les écrits compagnonniques. Comme Paris, Lyon, Bordeaux et Toulouse, Tours mériterait un ouvrage pour elle seule tant le patrimoine compagnonnal y est riche.
Désormais, le nom du chef-lieu du département d'Indre-et-Loire est attaché à son célèbre musée du Compagnonnage, devenu un carrefour incontournable du tour de France et un lieu de passage obligatoire pour tous les amoureux du com-

pagnonnage. Mais, même avant l'apparition de ce musée exceptionnel, la Touraine compagnonnique pouvait s'enorgueillir d'un passé prestigieux dont Tours était le cœur.
La vallée de la Loire a toujours été un vivier pour le compagnonnage. À l'image des grandes villes traversées par un grand fleuve, Tours n'a jamais perdu sa tradition compagnonnale et s'est toujours maintenue au rang de ville de *devoir*. Aujourd'hui encore, les Tourangeaux peuvent être fiers de résider dans une ville qui compte en son sein la présence officielle des trois mouvements compagnonniques français. Ainsi, le touriste (celui qui est parti sur le tour ou, plus modestement, l'ami des compagnons) sera le bienvenu rue Littré ou rue Franche-Comté, dans les deux maisons de l'Association ouvrière, ou bien encore rue de la Serpe, où est installée la Fédération compagnonnique et, enfin, rue de la Rôtisserie où siège l'Union compagnonnique des devoirs unis.

Au temps des sociétés protectrices des apprentis

Fondée le 6 septembre 1908, l'Alliance compagnonnique de Tours, appelée également Fédération d'Indre-et-Loire, parvint à regrouper plus de trois cents compagnons des rites Soubise et Jacques, le *devoir de liberté* étant quelque temps tenu à l'écart. À une époque où le compagnonnage connaissait sa plus grave crise d'identité, force est de reconnaître l'importance et la valeur d'une telle entreprise. Très influente entre les deux guerres, l'Alliance participa à la gestion de la Société protectrice des apprentis, structure qui se mettait alors en place dans de nombreuses villes de France sous l'impulsion des municipalités désireuses de consacrer enfin une attention particulière au monde artisanal.
Dans la quasi-majorité des sociétés protectrices des apprentis (SPA) – c'était le cas à Tours – une centaine d'apprentis se voyait offrir la possibilité de bénéficier de cours de charpente, couverture, menuiserie, chaudronnerie, plâtrerie, serrurerie, taille de pierre, charronnage, forge, etc.
L'enseignement de chaque discipline était assurée par les compagnons de tous les rites (Salomon, Jacques et Soubise) qui, oubliant leurs différences, tentaient de saisir cette chance extraordinaire de pouvoir intervenir auprès de jeunes susceptibles de partir ensuite sur les routes de France. À Tours, comme dans les autres villes dotées de SPA, le compagnonnage était donc officiellement reconnu par les pouvoirs publics et disposait ainsi d'une véritable pépinière propice au renouveau d'un mouvement compagnonnique qui en avait grand besoin.
L'Alliance compagnonnique de Tours se distingua par son dynamisme, collaborant avec les chambres des métiers et de commerce, organisant de nombreuses expositions dans la région tourangelle. En 1932, grâce à un don d'un compagnon tonnelier-doleur, l'Alliance devint propriétaire d'un immeuble situé sur la place des Halles, autre lieu historique du compagnonnage tourangeau. Les dépenses de la société étaient couvertes par des dons et équilibrées par des cotisations et des subventions. On n'insistera jamais assez sur le rôle capital de ces Alliances dans le maintien du compagnonnage

Ci-contre : Dessin aquarellé de Besnard, dit *Angevin la Fidélité*, compagnon couvreur du devoir (1848).

Page de gauche :

(À gauche) Grand chef-d'œuvre de maréchalerie réalisé en 1965 par François Bernadet, dit *Toulousain le Bien Aimé*, compagnon maréchal-ferrant du devoir, à l'âge de 76 ans. Véritable temple-atelier composé de 1062 pièces ayant nécessité 1800 heures de travail.

(À droite) Statuette de compagnon (XIXe siècle). Relativement nombreuses, en plâtre moulé et colorié, elles décoraient les comptoirs et les étagères des cayennes.

à une époque où ce dernier était menacé de disparition. Après la Seconde Guerre mondiale, l'Alliance de Tours cessa ses activités pour se fondre, comme la plupart des autres alliances, dans le cadre de l'Association ouvrière des compagnons du devoir.

Le *Ralliement*

Le mois d'octobre 1883 vit la parution à Tours du premier numéro d'un journal qui allait devenir célèbre sur tout le tour de France : le *Ralliement des compagnons du devoir et chevaliers de l'Ordre, organe de la caisse de retraite et des intérêts compagnonniques du devoir.* Son directeur était un compagnon tisseur-ferrandinier, Pierre Vauchez, dit *Comtois l'Ami des Arts,* désireux d'organiser une véritable caisse de retraite admettant des adhérents de toutes les corporations affiliées au *devoir.* Son œuvre se voulait surtout le point de rencontre entre tous les compagnons réfractaires à la philosophie de la jeune Union compagnonnique en voie de constitution. Nous n'évoquerons pas ici une certaine concurrence entre Tours et Nantes car, dans cette dernière ville, un autre compagnon du *devoir,* Jules Delhomme, dit *Cœur Content le Bordelais,* tentait également pareille entreprise. Toujours est-il que cette société d'esprit mutualiste sut rapidement trouver sa cohésion et déjouer toutes les difficultés qui ne manquèrent pas d'apparaître durant les premières années.

Officiellement enregistré à la préfecture de Loire-Inférieure le 11 novembre 1880, le *Ralliement des compagnons du devoir et chevaliers de l'Ordre de maître Jacques et du père Soubise* existe encore aujourd'hui et, comme dans le passé, associe les deux villes initiatrices du mouvement à l'organisation et à la gestion de la société.

Ainsi s'explique la répartition des services : à Tours se trouve le secrétariat, et à Nantes le siège social. Belle longévité qu'il convient de saluer !

Portraits de compagnons

Outre le compagnon Vauchez dont nous venons d'esquisser l'œuvre, la Touraine perpétue le souvenir de quelques *pays* et *coteries* qui ont marqué de leur empreinte l'histoire même du compagnonnage. Tel fut le cas de Joseph Voisin, compagnon charpentier du *devoir de liberté,* originaire de Cognac et venu se fixer en Touraine à l'issue de son tour de France. De 1908 à 1911, il participa à la direction de l'Alliance compagnonnique. Charpentier au talent unanimement apprécié, forte personnalité, *Angoumois l'Ami du Trait* fut aussi et surtout président d'honneur du conseil supérieur du *devoir de liberté,* structure directrice nationale des *indiens.* Hostile au rapprochement entre les rites qui semblait timidement se dessiner, il fit paraître en 1931 *Histoire de ma vie ou 55 ans de compagnonnage,* livre qui provoqua de nombreuses réactions et controverses. Involontairement, Joseph Voisin venait de faire échouer un projet capital pour l'avenir du compagnonnage. À la suite de la publication de son ouvrage, les rancœurs entre sociétés se réveillèrent, interdisant dès lors toute tentative de réconciliation.

Beaucoup plus proche de nous est l'attachante personnalité

du *pays* Pierre Petit (1910-1985). Meilleur ouvrier de France en 1972, il fut reçu, grâce à une dérogation spéciale, compagnon vitrier des *devoirs* unis sous le nom symbolique de *Tourangeau le Disciple de la Lumière.* Il était alors âgé de 64 ans. On lui doit les superbes vitraux qui ornent désormais la grotte de la Sainte-Baume ainsi que les remarquables vitraux représentant les trois fondateurs légendaires qui décorent le musée du Compagnonnage de Tours.

Ce maître verrier, respecté et admiré par tous les compagnons de tous rites, avait peint sur un mur de son atelier la devise de Perdiguier : « Que tous les nobles cœurs s'unissent, le règne d'amour est prochain. » Il s'est éteint le 29 août 1985, à la suite d'un accident de la circulation.

Que le lecteur veuille bien me pardonner d'arrêter ici l'évocation des compagnons tourangeaux. Un *devoirant* (Vauchez), un *indien* (Voisin) et un membre de l'Union compagnonnique (Petit), ainsi les diverses sensibilités du compagnonnage français sont symboliquement représentées avec ces trois hommes. Il est évident que la Touraine compagnonnique ne peut être contenue en quelques pages. Nous n'oublierons pas de signaler toutefois que, lors de leur congrès tenu à Tours en 1930, les compagnons charpentiers du père Soubise décidèrent de bannir l'utilisation des trois points afin de ne pas être confondus avec les *indiens* ou les francs-maçons.

L'histoire événementielle retiendra également que Tours fut le théâtre de la première réception de deux compagnons tapissiers du *devoir* du tour de France, le 1er mai 1964 (*Breton l'Exemple de la Sagesse* et *Agenais l'Île d'Amour*).

Le musée du Compagnonnage

Inauguré le 31 mars 1968 à la suite d'un accord intervenu entre la municipalité de Tours et l'Association ouvrière des compagnons du devoir, la Fédération compagnonnique des métiers du bâtiment et l'Union compagnonnique des devoirs unis, le musée du Compagnonnage de Tours se veut une vitrine et une mémoire. Il est aussi et surtout l'œuvre d'un grand ami des compagnons, Roger Lecotté.

Né en 1889, Roger Lecotté signa plusieurs travaux qui font désormais autorité dans l'historiographie compagnonnique (se reporter aux repères bibliographiques placés à la fin de l'ouvrage). Il fut également la cheville ouvrière de deux grandes expositions consacrées au compagnonnage : « Paris et les compagnons du tour de France » (1951-1952) et « Le Compagnonnage vivant » (1973). Roger Lecotté s'est éteint en décembre 1991.

La véritable origine du musée se situe en fait en 1967 où, à l'initiative de Jean Royer, maire de Tours, un comité réunissant les représentants des trois compagnonnages français et les délégués de la municipalité tourangelle confia à Roger Lecotté la mission de créer un musée du Compagnonnage dans l'ancien dortoir des moines situé au-dessus du cloître Saint-Julien. Outre les légendes et l'histoire des *devoirs,* le public allait pouvoir désormais apprécier et découvrir cannes, couleurs, gourdes, outils, chefs-d'œuvre, tableaux, bannières et autres objets rituels et symboliques venus de toute la France compagnonnique. Dès les premières années d'existence, le succès de cette entreprise, unique en son genre, fut assuré. En 1973, la ville de Tours fit donc

Ci-contre : Roger Lecotté accueille le président de la République, François Mitterrand, lors de sa visite au musée, le 23 février 1988.

Page de gauche : Détail d'un vitrail signé par Pierre Petit, dit *Tourangeau le Disciple de la Lumière*. Il a réalisé pour le musée de Tours les trois vitraux représentant les fondateurs du compagnonnage.

Ci-contre : Chef-d'œuvre à automates de Perrot, compagnon maréchal-ferrant du devoir, 1889.

construire une nouvelle salle autour du mur roman de l'ancienne hospitalité des moines de Saint-Julien. Chaque année, des dizaines de milliers de visiteurs viennent admirer ce que d'aucuns n'hésitent plus à nommer le Temple du compagnonnage. Compagnons, groupes scolaires, groupes culturels et du troisième âge, touristes français et étrangers sont de plus en plus nombreux à se rendre au fameux numéro 8 de la rue Nationale. On comprendra aisément la difficulté de sortir du lot tel chef-d'œuvre ou telle société tant le contenu du musée est en tout point remarquable. Pédagogique et initiatique, tels sont les meilleurs adjectifs que l'on puisse attribuer à ce lieu. Profane ou compagnon fini, le visiteur d'un jour sait fort bien qu'il lui faudra revenir car une première approche se montre insuffisante pour pouvoir apprécier à sa juste valeur la richesse et la beauté de l'exposition.

« Ce musée n'est pas un réceptacle de choses mortes, un cimetière, il demeure, au contraire, étonnamment vivant et parlant », écrivait Roger Lecotté dans le guide proposé au visiteur. Il est bien vrai qu'il y a toujours du nouveau au musée du Compagnonnage ; chaque année, des chefs-d'œuvre repartent vers leurs villes d'origine tandis que d'autres arrivent, renouvelant ainsi le fonds pour le plus grand plaisir des visiteurs assidus et des pèlerins fidèles. Chaque visite est donc un nouveau voyage initiatique au pays des compagnons.

Il convient enfin de signaler la récente nomination d'un nouveau conservateur en la personne de Laurent Bastard qui, depuis novembre 1993, a désormais la charge du musée du Compagnonnage.

Le chef-d'œuvre

Historiquement, nous savons que les premières sociétés compagnonniques se positionnèrent en réaction contre les toutes-puissantes corporations de l'Ancien Régime. Ces dernières, malgré les aspirations égalitaires des premiers temps, apparurent rapidement comme une impasse pour ceux – l'immense majorité – qui n'avaient pas la possibilité d'accéder à la maîtrise. Dès lors peut se poser la question de savoir pourquoi les *devoirs* reprirent-ils à leur compte l'épreuve du chef-d'œuvre, épreuve que les corporations avaient détournée pour leur plus grand avantage ? La réponse nous est donnée par les différents compagnonnages qui, encore aujourd'hui, jugent nécessaire et capital de pouvoir apprécier les qualités techniques et morales du candidat au titre de compagnon du tour de France : c'est une des fonctions premières du chef-d'œuvre que de permettre cette appréciation.

Le chef-d'œuvre présenté par le postulant est toujours examiné par l'assemblée des compagnons réunie en *chambre* ou en *cayenne* (le terme varie selon la profession exercée). C'est l'épreuve de la critique où est étudié, détail par détail, le fruit de l'expérience acquise après plusieurs années passées sur le tour de France. Les réponses apportées par le candidat aux questions formulées par quelques compagnons sont également prises en considération lors de la délibération finale. Si le travail et le comportement du postulant ne correspondent pas à l'attente des compagnons, la réception du nouveau membre est ajournée, le temps nécessaire au candidat pour présenter un chef-d'œuvre digne de ce nom.

Il est intéressant d'observer que chaque famille compagnonnique possède sa propre définition du chef-d'œuvre. Pour les uns, « il doit offrir la garantie d'une unité de conception et d'exécution, être fait à la main et aboutir à la création d'un objet complet ». Pour d'autres, « il est le témoin que, depuis des siècles, la beauté ne relève pas de certains canons bien définis mais qu'elle surgit partout où la main a transformé le matériau sous l'impulsion d'un esprit éclairé ». En réalité, il convient de ne pas considérer le chef-d'œuvre comme un simple contrôle des capacités professionnelles ; en aucun cas, il n'est une fin en soi. Tailler un chef-d'œuvre consiste d'abord en une épreuve morale et spirituelle qui permet à son auteur de se découvrir, voire de s'épanouir, grâce à ce travail hors du commun. Au terme de plusieurs centaines d'heures prises sur son temps de repos et de loisir, l'œuvrier découvre souvent le message essentiel véhiculé depuis des siècles par le compagnonnage : le véritable chef-d'œuvre n'est pas l'objet fini mais l'œuvrier qui a su le penser, le dessiner et le réaliser. Dans notre société moderne, on emploie trop souvent quantité de superlatifs (à tel point qu'il faut désormais en inventer d'autres) pour désigner des faits, des objets ou des événements qui, bien souvent, ne relèvent en fait que du banal. Génial, super, hyper, fantastique, extraordinaire… jusqu'au mot chef-d'œuvre qui a été détourné de son sens initial. Une visite aux musées de Tours, de Troyes, de Romanèche-Thorins ou dans les sièges compagnonniques du tour de France suffit à remettre les mots à leurs justes places et à leurs vraies valeurs. Le chef-d'œuvre est une œuvre capitale et majeure qui marque un repère important dans le cheminement de l'œuvrier désireux de progresser grâce à l'expérience compagnonnale. Il convient néanmoins d'éviter une erreur d'appréciation trop souvent observée : le chef-d'œuvre ne représente en fait qu'un très court moment dans la vie du compagnon, il faut donc se garder de juger le compagnon à travers le prisme trop déformant qu'est le seul chef-d'œuvre. Ce dernier revêt un caractère exceptionnel en raison du contexte dans lequel il est réalisé. Aussi peut-on comprendre la relative gêne des compagnons lorsqu'une exposition, qui se veut vulgarisatrice, comporte exclusivement des chefs-d'œuvre : le compagnonnage ne peut se satisfaire d'être réduit à cette seule dimension, fût-elle remarquable de par sa beauté intrinsèque.

Il existe plusieurs types de chefs-d'œuvre compagnonniques. Celui qui est taillé afin d'obtenir le titre de compagnon est donc appelé *chef-d'œuvre de réception.* Bien souvent, pour accéder à l'état de compagnon fini, il faut présenter un travail qui est alors nommé *chef-d'œuvre de finition.* Nous avons vu que, dans le passé, des *chefs-d'œuvre* dits *de compétition* servaient à départager les sociétés rivales qui se disputaient le monopole d'une ville (les exemples les plus célèbres sont ceux de Lyon, Marseille et Montpellier). L'avocat Berryer qui, en 1845, assura la défense des compagnons charpentiers de Paris, se vit offrir un *chef-d'œuvre de reconnaissance* (on dit parfois de *remerciement*). À cette même époque, *François le Champagne* réalisa un fameux *chef-d'œuvre de prestige* pour l'honneur et la gloire de la société des compagnons menuisiers du *devoir.* Quant au compagnon maréchal, il plaçait au-dessus de son

Ci-contre : **Chef-d'œuvre de compagnon charron du devoir.**

Page de gauche : **Une des nombreuses conduites exposées au musée du Compagnonnage.**

Ci-dessous : **Flèche-chef-d'œuvre en ardoise découpée, réalisée par le compagnon couvreur Pierre-Germain Philippe, dit *Rennais la Promptitude*. Travail de plusieurs années dont la réalisation est rendue très difficile en raison de la fragilité de l'ardoise.**

atelier un bouquet de Saint-Éloi qui n'était autre qu'un *chef-d'œuvre enseigne* destiné à indiquer aux yeux de tous les différents fers que le compagnon savait forger. Les charpentiers *soubises* et *indiens* rivalisèrent de talent et de génie avec leurs *grands chefs-d'œuvre* (Mazerolle, Viannay, Légendre...), volumes imposants et exceptionnels maintes fois primés lors des expositions et concours nationaux.
Aujourd'hui, le compagnon qui est retraité n'abandonne pas pour autant cette envie et ce besoin de tailler de nouveaux chefs-d'œuvre. Il est émouvant de voir le vieux compagnon réaliser sa plus belle œuvre au crépuscule de sa vie, condensant ainsi tout son savoir et toutes ses connaissances dans un dernier chef-d'œuvre qui prend alors le très beau nom symbolique de *testament à trois dimensions.*
Comme se plaisent à le souligner certains compagnons du tour de France, le véritable chef-d'œuvre n'est pas en réalité le travail présenté mais son auteur lui-même qui, après une telle épreuve ô combien formatrice et initiatique, ne peut que s'être perfectionné tant il est vrai qu'en travaillant la matière, l'homme travaille simultanément sur lui-même. C'est bien ici que réside un des grands messages du compagnonnage.

LES MÉTIERS

La spécificité du compagnonnage réside dans le fait qu'il accueille un nombre restreint de métiers dits manuels. Les métiers des cathédrales établirent la base du compagnonnage traditionnel. Progressivement, l'institution s'ouvrit à d'autres métiers tout en veillant scrupuleusement à ne pas accepter des corps trop étrangers à l'art de bâtir. Quelques métiers artisanaux durent attendre patiemment un parrainage pour être à leur tour intégrés.

Mis à part l'Union compagnonnique, les compagnonnages actuels n'acceptent encore qu'un nombre limité de métiers.

SANCTA TRINITAS UNUS DEUS Miserere Nobis

Avertissement

Notre propos n'est pas de dresser ici une liste exhaustive de tous les métiers compagnonniques passés ou actuels. Notre choix a été guidé par le souci de présenter les principaux corps d'état qui ont marqué la longue histoire du compagnonnage.
À l'origine, les premiers compagnonnages s'organisèrent parmi les seuls métiers du bois, de la pierre et du fer. Par la suite vinrent s'ajouter des métiers de plus en plus éloignés de la tradition des bâtisseurs de cathédrales. Les historiens du compagnonnage ne disposent en fait que d'une faible documentation relative à la constitution progressive de la grande famille des sociétés compagnonniques. Certes, les archives compagnonnales proposent les fameuses listes de préséance censées dévoiler les dates d'acceptation et de fondation de tous les corps d'état, et ce pour tous les rites du compagnonnage. Mais ces documents doivent être utilisés avec la plus grande réserve car les dates avancées ne relèvent que de la seule tradition orale et, à ce titre, n'ont aucune valeur historique. Ils ont cependant le mérite d'offrir un inventaire précis des métiers acceptés et, autre point intéressant, de donner un éclairage pertinent sur une hiérarchie protocolaire fort importante jusqu'aux premières décennies du XXᵉ siècle. Ainsi, la liste la plus communément admise pour les droits de passe (place lors des défilés), propose les fondations suivantes.

Compagnons du devoir,
enfants de maître Jacques

558 av. J.-C. Tailleurs de pierre
570 apr. J.-C. Menuisiers
570 Serruriers
1330 Tanneurs
1330 Teinturiers
1407 Cordiers
1409 Vanniers
1410 Chapeliers
1500 Blanchers-chamoiseurs
1601 Fondeurs
1603 Épingliers
1609 Forgerons
1700 Tondeurs de draps
1700 Tourneurs sur bois
1701 Vitriers
1702 Selliers
1702 Poêliers
1702 Doleurs
1703 Couteliers
1703 Ferblantiers
1706 Bourreliers
1706 Charrons
1758 Cloutiers
1785 Toiliers
1789 Maréchaux-ferrants
1807 Cordonniers-bottiers
1811 Boulangers
1834 Tisseurs-ferrandiniers
1865 Sabotiers

Compagnons du devoir,
enfants du père Soubise

560 apr. J.-C. Charpentiers
1703 Couvreurs
1797 Plâtriers

Compagnons du devoir de liberté,
enfants de Salomon

558 av. J.-C. Tailleurs de pierre
560 apr. J.-C. Charpentiers
570 Menuisiers
570 Serruriers
1811 Boulangers
1830 Tonneliers-foudriers
1845 Cordonniers-bottiers

Ces préséances n'ont, répétons-le, aucune légitimité historique surtout pour ce qui est des premiers métiers admis en compagnonnage. À partir du XVIIIᵉ siècle, nous pouvons considérer que les dates proposées sont, à quelques années près, proches de la réalité.
Depuis la seconde moitié du XIXᵉ siècle, époque où furent rédigées ces listes, le paysage compagnonnique a subi de profonds bouleversements. Nombre de métiers n'ont pas survécu à la révolution industrielle, aux progrès du machinisme puis aux mutations techniques. Ainsi, de vieux métiers ont progressivement disparu faute de n'avoir pas su s'adapter ou se transformer. Le compagnonnage moderne accueille des mécaniciens, des carrossiers, des tapissiers, des plombiers-zingueurs, des électriciens... Il est vrai que certains mouvements compagnonniques restent encore fidèles à la tradition en ne recevant que des métiers du bâtiment ou des corps d'état dont la vocation artisanale est fort ancienne dans l'histoire des corporations. L'Union compagnonnique n'a pas hésité à innover, quitte à se mettre à dos les vieux *devoirs,* en acceptant en son sein des professions bien éloignées du compagnonnage traditionnel (chocolatier-glacier, santonnier, bijoutier...).
Un voyage parmi les quelques métiers qui vont suivre fera apprécier la richesse et la diversité qui ont toujours caractérisé cette grande famille qu'est le compagnonnage.

Page de gauche : La trinité, symbole cher au compagnonnage du devoir.

Les charpentiers

♦ Sous l'Ancien Régime, la corporation des charpentiers étendit très longtemps son autorité sur de nombreux autres métiers : couvreurs, charrons, tonneliers… Ses privilèges disparurent en 1314, année qui vit les charpentiers se diviser en deux catégories : ceux de grande cognée et ceux de petite cognée (menu bois ou menuisier). Dans le compagnonnage, les premiers compagnons charpentiers se rangèrent sous l'autorité du père Soubise. Issus des *soubises,* les compagnons charpentiers du *devoir de liberté* naquirent

compagnons du *devoir* grâce à quelques compagnons charpentiers qui refusèrent la fusion de 1945. Saint Joseph, protecteur des compagnons charpentiers, est dignement fêté chaque 19 mars. Par sa grande diversité, charpente traditionnelle, industrielle ou lamellée-collée, mais aussi maison à ossature bois, coffrage, étaiement et escalier, le métier de charpentier propose aux jeunes compagnons, en fin de tour de France, des postes de très haut niveau et de véritables perspectives d'avenir. Traditionnellement, le nom symbolique du compagnon charpentier est du type : *Albigeois l'Ami du Trait, Lyonnais le Bon Cœur.*

officiellement au moment de la Révolution française. Enfants de Soubise et enfants de Salomon furent, pendant plus d'un siècle, les pires ennemis.
Le 25 novembre 1945 fut le jour historique de la fusion des deux rites rivaux en une seule société qui prit le nom de compagnons charpentiers des *devoirs* du tour de France. Cette nouvelle société, après maintes péripéties, se rangea dans le cadre de la Fédération compagnonnique des métiers du bâtiment, compagnonnage créé sous son impulsion dans les années cinquante. Notons néanmoins que le rite Soubise est toujours pratiqué au sein de l'Association ouvrière des

En haut : **Souvenir du tour de France de *Périgord la Fidélité*, compagnon charpentier du *devoir*, dessiné par Leclair (collection Edeline).**

Ci-contre : **Capucine-applique en noyer (hauteur: 106 cm), chef-d'œuvre de charpente.**

Ci-dessus : **Tableau souvenir des récompenses décernées aux compagnons charpentiers (*indiens* et *soubises* possédaient chacun les leurs).**

Les menuisiers

Ci-contre : Écharpe de dignitaire *gavot*, 1859.

♦ Au XIVe siècle, en devenant ouvriers de petite cognée, les bois menus se détachèrent de la tutelle des charpentiers. Ils cohabitèrent longtemps avec les huissiers (faiseurs de portes), lambrisseurs (revêtements), huchiers (meubles) et châssissiers (fenêtres), véritables ancêtres de la menuiserie. Leur apprentissage durait six ans.
Parce qu'elle avait enfanté la Vierge Marie, sainte Anne, devenant ainsi le tabernacle de Dieu, fut choisie pour protéger le corps des menuisiers.
Les compagnons menuisiers du *devoir,* enfants de maître Jacques, font remonter leur fondation en 570.
Au XVIIe siècle, des compagnons menuisiers dissidents se proclamèrent *non du devoir.* Historiquement, cette scission trouve son origine dans la révocation de l'édit de Nantes, en 1685. Ainsi, compagnons menuisiers catholiques et protestants se séparèrent en deux *devoirs* désormais rivaux.
Vers la fin du XVIIIe siècle, les *pays* dissidents se déclarèrent compagnons menuisiers du *devoir de liberté.* Par opposition aux *devoirants,* ils s'affirmèrent alors enfants de Salomon, plus connus sous le nom de *gavots.*
Gavots et *devoirants* se sont longtemps combattus. Le célèbre feuilleton télévisé *Ardéchois Cœur Fidèle* s'est largement inspiré de ces rixes entre compagnons menuisiers. Le concours de Montpellier (1803) est l'une des plus fameuses joutes pour la prise d'une ville sur le tour de France. Les *devoirants* sont fiers d'avoir compté dans leurs rangs François Roux (1809-1865), dit *François le Champagne,* artiste au talent exceptionnel. Les *gavots* célèbrent le souvenir d'*Avignonnais la Vertu,* grand rénovateur et pacificateur du compagnonnage au XIXe siècle.
Aujourd'hui, les compagnons menuisiers du *devoir* adhèrent à l'Association ouvrière des compagnons du *devoir* du tour de France. Les *gavots* ont intégré la Fédération compagnonnique des métiers du bâtiment. Quelques menuisiers sont enfin reçus par l'Union compagnonnique des devoirs unis.
Le nom symbolique d'un compagnon menuisier du *devoir* est : *Henri le Languedoc, Charles le Nantais, Pierre le Saintonge...*
Chez les compagnons menuisiers du *devoir de liberté,* le prénom n'est jamais conservé : *Avignonnais la Vertu, Ardéchois Cœur Fidèle, Basque le Roseau Pensant...*

Compagnon menuisier du *devoir de liberté* en tenue de deuil (XIXe siècle).

Les ébénistes

♦ Ce mot apparaît pour la première fois en 1743. Dans les corporations de l'Ancien Régime, les ébénistes (huchiers) ont toujours calqué leurs statuts sur ceux des menuisiers. Il en est de même pour le compagnonnage où les deux métiers ont longtemps été confondus. En 1973, l'Association ouvrière des compagnons du *devoir* du tour de France proposa une définition du compagnon ébéniste afin de le démarquer définitivement du compagnon menuisier : « Le compagnon ébéniste doit être capable de concevoir et réaliser un meuble droit ou galbé, massif ou plaqué, de style ou contemporain, dans les règles de l'art du métier. » L'ébéniste entretient des contacts avec d'autres professionnels : décorateurs, tapissiers, peintres, laqueurs, marbriers, ciseleurs... À ce titre, le métier d'ébéniste recelle de nombreuses possibilités d'évolution (mobilier contemporain, mobilier de style...).

Au sein de la Fédération compagnonnique des métiers du bâtiment, dans le cadre du *devoir de liberté,* les compagnons ébénistes restent sous la tutelle des *gavots.* Parmi ces derniers, Alfred Samblancat, dit *Bigourdan le Corinthien,* artiste au style très futuriste, fut surnommé l'ébéniste fou, dans les années soixante-dix. Tous les compagnons ébénistes honorent sainte Anne. La composition de leurs noms symboliques répond aux mêmes règles que celles en usage chez les compagnons menuisiers.

Ci-dessus : **Sainte Anne, patronne des menuisiers et des ébénistes.**

Ci-contre : **Chef-d'œuvre réalisé à Montpellier vers 1850 représentant un canapé en noyer (hauteur: 12 cm), style Louis XV, à dossier rond, ajouré en treillis losangé.**

Les tonneliers-doleurs

♦ La corporation des tonneliers fut longtemps placée sous la tutelle des charpentiers. Également appelés charpentiers en tonneaux, les tonneliers durent attendre l'année 1376 pour obtenir une véritable autonomie. En règle générale, l'apprentissage se déroulait en cinq ans. Certains tonneliers furent parfois qualifiés de doleurs en raison du nom de la lourde hache (la doloire) qu'ils utilisaient pour travailler le bois des douves des tonneaux.
Le compagnonnage accepta les premiers compagnons tonneliers-doleurs en 1702 ou, selon une autre version, en 1722. Ces enfants de maître Jacques honoraient saint Jean-Baptiste comme patron protecteur du métier. Les premières décennies du XIXe siècle virent apparaître une société des compagnons tonneliers-foudriers du *devoir de liberté*. Ces enfants de Salomon n'existent plus à l'heure actuelle.
Jusqu'aux premières décennies du XXe siècle, les compagnons tonneliers-doleurs du *devoir* pratiquaient une reconnaissance particulière auprès des Dominicains et autres Franciscains qui les accueillaient dans leurs monastères qui se trouvaient sur les chemins du tour de France.
Au moyen de sa doloire, le compagnon tonnelier se fendait le pouce gauche dans le sens de la longueur, signe distinctif de son appartenance au *devoir*. Beaune, Cognac et Tours étaient les villes les plus prisées sur leur tour de France.
Le compagnon Patrice, qui vécut au XIXe siècle sous le nom symbolique d'*Angoumois l'Ami des Arts*, reste le champion de cette société tant ses ouvrages font preuve d'une exceptionnelle précision. Plusieurs de ses chefs-d'œuvre sont encore visibles au musée du Compagnonnage de Tours.
Le nom symbolique du compagnon tonnelier-doleur était : *Languedocien l'Ami des Arts, Nivernais Noble Cœur, Périgord le Docile, Rochelais l'Assurance*...

Ci-dessus : La doloire des compagnons tonneliers-doleurs du *devoir* (musée du Compagnonnage, Tours).

Ci-contre : Tonnelets marquetés exécutés par le compagnon Raymond Besnard, dit *Blois l'Ami du Trait* (musée du Compagnonnage, Tours).

Les tourneurs sur bois

♦ Placés initialement sous la dépendance des charpentiers, les tourneurs sur bois durent attendre le XVe siècle (1467) pour obtenir leurs propres statuts. La corporation imposait un apprentissage de quatre ans. Travaillant le buis, l'érable et l'écaille, les tourneurs sur bois réalisaient notamment des quenouilles, des jattes, des échelles ainsi que les fameuses boules de billard en ivoire. Ils fabriquaient également des rouets, des têtes pour les perruques et, durant les époques de guerre, de nombreux bras et jambes artificiels.
Les tourneurs sur bois entrèrent en compagnonnage en 1700. Une autre version signale leur fondation à Nantes, en 1643, sous la tutelle des compagnons menuisiers du *devoir*. Enfants de maître Jacques, les compagnons tourneurs du *devoir* honoraient saint Michel. Ils disparurent au tout début du XXe siècle. De nos jours, l'Union compagnonnique des devoirs unis tente de perpétuer leurs traditions en accueillant quelques compagnons désireux de faire revivre ce métier particulier.
Le nom symbolique des compagnons tourneurs sur bois du *devoir* était du genre : *Toulousain le Tranquille, Tourangeau la Douceur, Berry la Patience, Gascon le Bienvenu…*

Ci-contre : **Saint Michel, patron des compagnons tourneurs sur bois.**

Ci-dessous : **Le trembleur, travail typique de réception des compagnons tourneurs sur bois, généralement en buis, était exécuté au tour, avec des anneaux coulissants et des motifs fixes.**

Les charrons et carrossiers

♦ Longtemps placés sous l'autorité de la corporation des charpentiers, les charrons durent patienter jusqu'à la fin du XVe siècle (1467) pour bénéficier de statuts propres. Cette indépendance se manifesta rapidement par le choix d'un nouveau patron protecteur puisque saint Joseph fut abandonné au profit de sainte Catherine. Cette dernière avait été martyrisée en étant attachée à une roue et elle devenait ainsi une patronne idéale et originale car aucun autre métier ne l'avait encore adoptée. L'entrée en compagnonnage des charrons se serait déroulée à Bordeaux, en 1638, grâce à une reconnaissance des compagnons taillandiers du *devoir*. Une autre version précise cependant leur fondation quelques années plus tard, en 1706. Dans la mémoire des compagnons charrons, le souvenir de Ferdinand Flouret (1851-1930) est particulièrement vénéré. Les chefs-d'œuvre de ce charron exceptionnel sont déposés au Conservatoire national des arts et métiers qui en a confié quelques-uns au musée du Compagnonnage de Tours. Avec l'apparition de l'automobile, les compagnons charrons se transformèrent en compagnons charrons-carrossiers du *devoir*. Cette adaptation du métier aux changements de la société fut pleinement réussie. De nos jours, ce corps d'état, intégré à l'Association ouvrière, a acquis une renommée prestigieuse. De grands constructeurs automobiles font appel aux compagnons carrossiers pour travailler à la mise au point de projets ambitieux. Ainsi, Renault Véhicules Industriels a sollicité les compagnons carrossiers du *devoir* pour intervenir dans son projet de poids lourds baptisé « Virages » (Véhicule Industriel de Recherche Améliorant la Gestion de l'Énergie et de la Sécurité). Aujourd'hui, les compagnons carrossiers du *devoir* honorent toujours sainte Catherine. Leurs noms symboliques restent fidèles à la tradition du métier : *Marchois la Sagesse, Berry la Douceur, Bressan l'Ami des Arts...*

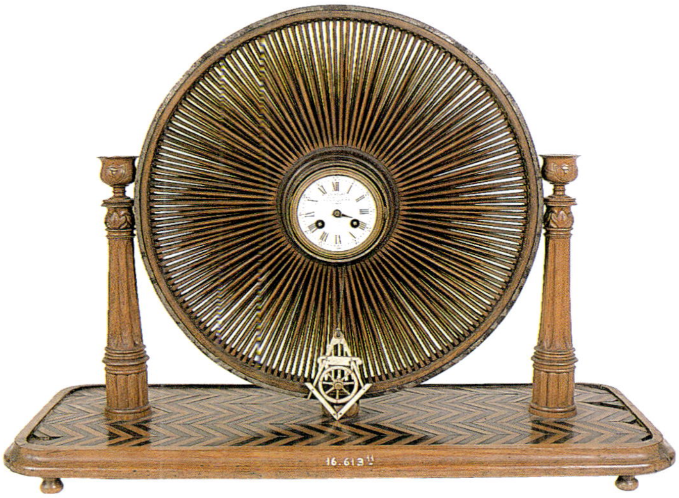

Ci-contre : Extraordinaire roue à cinq cent quatre rais de Ferdinand Flouret (1851-1939), dit *Dauphiné la Bonne Espérance.*

Ci-dessous: Un métier de charron qui a su s'adapter à l'apparition de l'automobile.

Les sabotiers

Sabots fantaisie (en noyer et en hêtre) exécutés par le compagnon Olivier. Son œuvre est visible au musée du Compagnonnage de Tours.

♦ N'ayant pas de statuts corporatifs, les sabotiers travaillèrent longtemps en forêt avant d'être autorisés à s'installer dans les hameaux, les bourgs puis les villes. Ils furent donc très proches des compagnons fendeurs et charbonniers, seigneurs du compagnonnage forestier. Plusieurs versions existent quant à la fondation des compagnons sabotiers du *devoir.* La plus répandue signale leur entrée en compagnonnage en 1809. En réalité, les compagnons sabotiers ne furent officiellement reconnus qu'en 1850 selon les uns, en 1865 d'après d'autres écrits. Saint René protégeait le métier.

Les premières décennies du XXe siècle marquèrent le déclin puis la disparition de ce corps. Les derniers compagnons sabotiers décidèrent de se fondre dans la jeune Union compagnonnique naissante. Parmi les quelques compagnons qui ont assuré la gloire de leur société, il convient de retenir les *pays* Gautier et Olivier dont les travaux, très originaux, forcent encore l'admiration des visiteurs du musée du Compagnonnage de Tours.

Le nom symbolique du compagnon sabotier du *devoir* était composé de la manière suivante : *Rennais l'Amour du Travail, Guépin Cœur d'Amour, Agenais l'Urbanité, Poitevin Cœur Sincère, Manseau l'Ami du Droit...*

Les tailleurs de pierre

♦ Le *Livre des métiers,* rédigé en 1268 sous l'autorité d'Étienne Boileau, présente la communauté des *entailleurs de pierre* ou *espilleurs* sous la tutelle des maçons. Partageant les mêmes statuts que ces derniers, ils étaient donc placés sous l'arbitrage du maître des œuvres du roi de France. En règle générale, l'apprentissage du tailleur de pierre durait sept ans.
Parmi les nombreux saints patrons du métier figuraient Blaise, Pierre, Roch, Thomas et Reinold, vraisemblable déformation de Renaud de Montauban, l'un des quatre fils Aymon, héros que l'on retrouve dans une chanson de geste médiévale chère aux compagnons tailleurs de pierre. Les grandes loges germaniques honoraient surtout les quatre couronnés, autre symbole en vigueur dans le compagnonnage de la pierre.
Les compagnons *étrangers* tailleurs de pierre, les *loups,* enfants de Salomon, passent pour être les plus anciens compagnons et, à ce titre, on les retrouve toujours au premier rang des préséances compagnonniques. Ces compagnons *étrangers,* qui se rangèrent plus tard sous la bannière du *devoir de liberté,* disparurent dans les premières décennies du XXe siècle malgré une tentative de maintien de ce rite impulsée en 1923 par Albert Bernet, dit *La Liberté de Séméac.*
Marseille et Paris furent les dernières villes où les *loups* tinrent *mère.*
Les honnêtes compagnons passants tailleurs de pierre du *devoir,* les *loups-garous,* enfants de maître Jacques, revendiquent également une origine fort lointaine (558 av. J.-C.). Durant plus de deux siècles, ils se querellèrent farouchement avec les *loups.* Outre les rixes de Lunel (1816) et de Nantes (1825), l'épisode tragique de Tournus (1825-1826) reste la bataille la plus célèbre qui opposa ces frères ennemis. Dans le compagnonnage actuel, les honnêtes

Ci-contre : Maquette de kiosque (hauteur : 100 cm) réalisée au début du siècle par le compagnon Leturgeon, dit *La Fidélité de Vouvray.* Ce chef-d'œuvre de prestige fut restauré en 1968 par le compagnon Chardonneau, dit *l'Amitié de Châteaurenard.*

Ci-dessous : La finition d'une marche d'escalier à noyau hélicoïdal.

Les tailleurs de pierre

Ci-dessus : Travail de réception réalisé en 1965 par le compagnon Robert Noyers, dit *Angevin la Persévérance de Ménil.* Temple chef-d'œuvre (hauteur : 130 cm) qui présente une partie romane à voûte d'arêtes et une partie gothique hexagonale. Pour aboutir à ce résultat admirable, 2 300 heures ont été nécessaires .

Ci-contre : Maquette d'ogives en pierre (hauteur : 48 cm) exécutée par le compagnon du devoir Serge Laisney, dit *La Fraternité de Geffosses.*

compagnons passants tailleurs de pierre du *devoir* adhèrent à l'Association ouvrière des compagnons du *devoir* du tour de France. Les compagnons maçons-tailleurs de pierre des *devoirs* revendiquent, au sein de la Fédération compagnonnique des métiers du bâtiment, l'héritage des compagnons *étrangers.* L'Union compagnonnique abrite également quelques compagnons tailleurs de pierre des *devoirs* unis. Le patronage de ce vénérable corps d'état n'est autre que l'Ascension car, selon une légende, maçons et tailleurs de pierre aidèrent le Christ à quitter son tombeau en descellant la lourde pierre de l'entrée de la sépulture. Traditionnellement, le nom symbolique d'un honnête compagnon passant tailleur de pierre du *devoir* est : *La Fidélité d'Argenteuil, L'Amitié de Châteaurenard, La Tolérance de Montmerle...* Les compagnons maçons-tailleurs de pierre des *devoirs* portent des noms composés selon le modèle suivant : *Saintonge la Fidélité de La Rochelle, Basque la Sagesse d'Urt. A l'union compagnonnique : Gâtinais l'Amour de la Pierre, Tourangeau la Vertu du Silence...*

Les couvreurs

♦ Le *Livre des métiers* les présente sous la protection des charpentiers. Au début du XIVe siècle, les couvreurs obtinrent enfin leur autonomie et leurs propres statuts. Quatre années étaient alors nécessaires pour apprendre le métier. Au XVIIIe siècle, ce même apprentissage fut porté à six ans. En raison du danger de cette profession, le maître de corporation ne pouvait laisser l'apprenti travailler seul sur les toits tant que le jeune garçon n'avait pas passé trois années en sa compagnie. Réputés pour leur agilité et leur courage, les couvreurs des temps anciens furent souvent surnommés chats ou, plus souvent, coucous. En compagnonnage, les compagnons passants couvreurs *bons drilles du devoir,* enfants du père Soubise, furent reconnus officiellement en 1759. Certaines versions signalent leur fondation en 1703, grâce au parrainage des compagnons charpentiers du rite Soubise. Dans un métier qui voit chaque région posséder son type de toit, le tour de France permet une formation de haut niveau.

Parmi les célébrités de la couverture, il convient de citer en premier lieu Auguste Bonvous, dit *Angevin la Fidélité le Soutien du Devoir,* qui, au début du XXe siècle, projetait déjà les orientations d'un compagnonnage rénové. Ses idées nouvelles lui valurent le surnom d'*Intellectuel du compagnonnage.*

Aujourd'hui, la majorité des compagnons couvreurs se partage entre l'Association ouvrière des compagnons du *devoir* et la Fédération compagnonnique des métiers du bâtiment. Le métier de zingueur est associé à celui de couvreur. Tous fêtent l'Ascension. Le nom symbolique du compagnon couvreur est du type : *Rennais la Fidélité, Angoumois Va de Bon Cœur, Toulousain la Clef des Cœurs, Breton la Persévérance...*

En haut : Châtelet en ardoise (hauteur : 50 cm) découpé à la scie, par *France Va de Bon Cœur.*

Ci-dessous : Image souvenir à la gloire des compagnons couvreurs (1848).

Ci-contre : Grand chef-d'œuvre exécuté par le compagnon Bonvous, dit *Angevin la Clef des Cœurs.*

Les plâtriers

Plâtriers de l'Association ouvrière des compagnons du devoir du tour de France.

♦ Les premiers compagnons plâtriers auraient reçu le *devoir* en 1703, grâce au parrainage des compagnons charpentiers, enfants du père Soubise. En réalité, les compagnons plâtriers du *devoir* durent attendre 1797 pour être enfin reconnus officiellement par l'ensemble des métiers compagnonniques du tour de France. Aujourd'hui, les compagnons plâtriers (staffeurs-stucateurs) se partagent entre les trois compagnonnages. Observons toutefois que la grande majorité d'entre eux est réunie au sein de l'Association ouvrière des compagnons du devoir. Matériau naturel, le gypse, après déshydratation, devient plâtre. Mélangée à l'eau, cette fine poudre permet, grâce au savoir-faire du plâtrier staffeur-stucateur, de modeler et de proposer des ouvrages très variés. Les techniques du stuc permettent d'imiter, à s'y méprendre, le marbre et la pierre. Le staff consiste à fabriquer en atelier toutes sortes d'éléments qui seront ensuite assemblés sur le chantier, où la construction des cloisons et l'enduit demeurent les activités de base du plâtrier staffeur-stucateur. Le nom symbolique du compagnon passant plâtrier-stucateur du *devoir* est composé de la façon suivante : *Le Courageux de Narbonne, La Volonté de Metz, La Fermeté de La Rochelle, L'Aimable d'Aunac…*

Les serruriers

♦ Au Moyen Âge, les corporations des serruriers de fer et des *greifiers* s'illustrèrent principalement dans la réalisation des portes des cathédrales et des châteaux. Le *Livre des métiers* de 1268 rappelle une loi capitale pour le maintien de l'ordre dans le royaume : ne fabriquer aucune clé sans avoir la serrure sous les yeux ! Corporation placée sous haute surveillance, les serruriers furent cependant privilégiés. Tout faiseur de clés était un homme fort considéré.

Les compagnons serruriers du *devoir*, enfants de maître Jacques, font remonter leurs origines en 570. À partir du XVIIe siècle, une dissidence due à la révocation de l'édit de Nantes donna naissance à un compagnonnage des serruriers du *devoir de liberté* (d'abord appelés *non du devoir*). Ces derniers firent *mère* ensemble avec les compagnons menuisiers du *devoir de liberté* et, comme eux, furent appelés *gavots*.

Serrures à l'ancienne.

À l'image des compagnons menuisiers, *devoirants* et *gavots* se querellèrent souvent. En 1807, le concours qui les opposa pour la prise de Marseille permit la réalisation d'une formidable serrure en forme de Légion d'honneur qui donna la victoire aux *devoirants* et leur assura le monopole sur la ville pour une durée de cent ans !

Saint Pierre, qui remplaça saint Éloi, est le patron protecteur des compagnons serruriers. Les compagnons serruriers du *devoir de liberté*, en dignes *gavots*, honorent également sainte Anne.

Actuellement, l'Association ouvrière des compagnons du *devoir* du tour de France abrite tous les compagnons serruriers du *devoir* du rite de maître Jacques. Ces derniers ont de plus en plus tendance à remplacer le terme de serrurier par celui, beaucoup plus moderne, de métallier. Une de leurs grandes fiertés est d'avoir participé à la restauration de la flamme et de la torche de la statue de la Liberté à New York, à l'occasion de son centenaire, en 1986.

Les compagnons serruriers du *devoir de liberté*, inséparables des menuisiers du même rite, ont adhéré à la Fédération compagnonnique des métiers du bâtiment.

Les activités de la profession se partagent entre le travail de l'aluminium, la construction métallique, les ouvrages de ferronnerie, de serrurerie, l'agencement et la décoration.

La composition de leur nom symbolique est identique à celle des compagnons menuisiers.

Les vitriers

♦ Sur les chantiers des cathédrales, la corporation des maîtres verriers jouissait d'une forte estime et d'une grande considération. Détenteurs de véritables secrets de métier, ils réalisèrent les splendides vitraux qui, comme à Chartres, forcent encore aujourd'hui l'admiration des connaisseurs.
Dans le compagnonnage, le corps des vitriers fut accepté au tout début du XVIIIe siècle (1701). Les premiers compagnons vitriers furent parrainés par les compagnons serruriers du *devoir* et vinrent donc agrandir la famille des enfants de maître Jacques. En dignes *chiens*, ils n'hésitaient pas à pratiquer les hurlements durant leurs cérémonies rituelles.
Le plus ancien témoignage compagnonnique, connu à ce jour, est dû à un compagnon vitrier du *devoir*, Jacques Ménétra dit *Parisien le Bienvenu*. Ce dernier rédigea en 1764 un journal de sa vie conservé sous ce titre à la Bibliothèque historique de la Ville de Paris. Ce document important a été édité en 1982 par les éditions Montalba, grâce à l'historien Daniel Roche.
La société des compagnons vitriers du *devoir* connut une belle prospérité tout au long du XVIIIe siècle, avant de décliner progressivement. Saint Luc protégeait ce métier où, plus que dans tous les autres corps, le symbolisme de la lumière occupait une place privilégiée.
Le nom symbolique des anciens compagnons vitriers du *devoir* était du type : *Bourguignon la Tranquillité, Beauceron le Bienvenu, Angevin la Bonne Volonté...* Actuellement, l'Union compagnonnique des *devoirs* unis est le seul compagnonnage qui accueille les compagnons vitriers dont le nom symbolique est souvent formé autour du mot lumière : *Tourangeau le Disciple de la Lumière, Parisien l'Harmonie de la Lumière...*

Ci-dessus : **De l'épure au vitrail...**

Ci-contre : **Alain Poisson, compagnon vitrier des *devoirs* unis, *dit Parisien l'Harmonie de la Lumière*.**

Les maréchaux-ferrants

♦ Placée sous l'autorité du premier maréchal de l'écurie du roi de France, la corporation des *marissaux* est décrite dans le *Livre des métiers* de 1268. Durant de nombreux siècles, les maréchaux-ferrants ne se contentèrent pas de ferrer les chevaux, ils étaient aussi les seuls vétérinaires de l'époque.
Les compagnons maréchaux-ferrants du *devoir,* enfants de maître Jacques, également surnommés les *chiens noirs,* furent reconnus à Lyon, en 1789, grâce au soutien des compagnons forgerons, qui avaient reçu le *devoir* en 1609. D'autres archives font naître les compagnons maréchaux en 1795 ou bien encore en 1867.
Comme la majorité des métiers du fer, les compagnons maréchaux du *devoir* honoraient saint Éloi. À ce titre, le chef-d'œuvre enseigne que le compagnon maréchal plaçait au-dessus de son atelier était connu sous le nom de bouquet de saint Éloi. Sur ce bouquet, le compagnon présentait à la vue de chacun tous les fers qu'il était capable de forger ou de placer, grâce à l'expérience acquise durant son tour de France.
Parmi les célébrités de ce corps d'état, il faut citer Abel Boyer (1882-1959), dit *Périgord Cœur Loyal,* compagnon écrivain et poète qui anima de 1925 à 1926 l'encyclopédie *Les Muses au tour de France.*
Le compagnonnage de la maréchalerie fut, incontestablement, un des groupements sociaux les plus puissants du XIXe siècle. Avec la disparition du cheval, les compagnons maréchaux se font rares dans les trois mouvements compagnonniques actuels. Cependant, de plus en plus de jeunes souhaitent bénéficier du savoir-faire de ces derniers. Ainsi, fort heureusement, la société des compagnons maréchaux-ferrants du *devoir* n'est pas encore condamnée à disparaître du paysage compagnonnique.
Le nom symbolique du compagnon maréchal est du type : *Toulousain le Bien Aimé, Dauphiné le Désir de Plaire, Tourangeau Difficile à Connaître, Île-de-France la Franchise du Devoir…*

Ci-dessus: François Bernadet, dit *Toulousain le Bien Aimé*, entouré de ses prestigieux chefs-d'œuvre.

Ci-contre : Bouquet de saint-Éloi. Travail de réception réalisé en 1883 par le compagnon Bouzon, dit *Dauphiné le Désir de Plaire.*

Les plombiers-zingueurs

♦ Dans les corporations de l'Ancien Régime, les *plommiers* étaient sous la tutelle des couvreurs. Durant la seconde période du Moyen Âge, ils s'illustrèrent en recouvrant avec des feuilles de plomb nombre d'églises, de cathédrales et de châteaux. En outre, ils décoraient les toitures en les ornementant de crêtes et d'épis. Ce travail délicat et original déclina dans les premières années du XVIe siècle.
Dans le compagnonnage, les compagnons plombiers-zingueurs sont indissociables des compagnons couvreurs avec lesquels ils partagent la fête patronale de l'Ascension. Actuellement, chacune des trois familles compagnonniques accepte ce corps de métier.
Il faut noter l'apparition des plombiers-chauffagistes (installateurs thermiques ou installateurs sanitaires), corps particulièrement développé au sein du compagnonnage du devoir.
Traditionnellement, le nom symbolique du compagnon plombier-zingueur se compose de la manière suivante : *Toulousain la Franchise, Breton la Persévérance, Lyonnais Va de Bon Cœur…*

Ci-dessus : **Maquette d'installation sanitaire en plomb, zinc, cuivre et laiton, réalisée en 1890 (collection Edeline).**

Ci-contre : **Buste de David, travail de réception présenté en 1975 par J.P. Rurgoat, dit *Breton la Persévérance*, compagnon plombier des *devoirs* unis.**

Les cordonniers-bottiers

♦ Les cordonniers furent d'abord appelés *cordouaniers* car les meilleures peaux de chèvre étaient traitées à Cordoue. Ces artisans achetèrent ensuite d'autres peaux au Maroc, d'où l'apparition du mot maroquinerie. Le *Livre des métiers* de 1268 ne fait que redéfinir leurs anciens statuts qui précisaient déjà un apprentissage de quatre ans.
Les compagnons cordonniers-bottiers ne furent reconnus qu'en 1807, reconnaissance officialisée solennellement en 1850. Pourtant, ce compagnonnage existait bien auparavant puisqu'il est clairement désigné dans les condamnations religieuses de la confrérie du Très Saint-Sacrement de l'Autel, notamment lors de la célèbre résolution des docteurs de la faculté de Paris, en mars 1655. Parmi les nombreuses célébrités de cette société compagnonnale, citons Pierre Capus (1809-1881), dit *Albigeois l'Ami des Arts.* À ce jour, personne n'a pu égaler la qualité de ses bottes chefs-d'œuvre, désormais exposées au musée du Compagnonnage de Tours. François Pinet (1817-1897), dit *Tourangeau la Rose d'Amour,* porta également très haut le renom de son corps d'état en vendant ses bottines pour dames dans le monde entier.
Les compagnons cordonniers-bottiers du *devoir* ont toujours honoré saints Crépin et Crépinien comme patrons du métier. À la fin du XIXe siècle, ils adhérèrent en nombre à l'Union compagnonnique des *devoirs* unis. Aujourd'hui, ils se sont regroupés dans la grande famille du cuir de l'Association ouvrière des compagnons du *devoir* dans le cadre de la société des compagnons selliers-tapissiers-maroquiniers-cordonniers-bottiers du *devoir* au tour de France. Leur nom symbolique est formé de la façon suivante : *Vivarais le Courageux, Tourangeau Va de Bon Cœur, Flamand la Fidélité, Toulousain le Bon Accord...*

Ci-contre : Saints - Crépin et Crépinien, patrons des cordonniers.

Ci-dessous : (à gauche) : Bottine style Louis XV exécutée en 1879 par le compagnon Pinet.
(à droite.) : Bottes chefs-d'œuvre de Pierre Capus, dit *Albigeois l'Ami des Arts* (1850).

Les bourreliers-selliers-harnacheurs

♦ Bien qu'étant soumis à la corporation des selliers, les bourreliers-harnacheurs possédaient leurs propres statuts au XIIIe siècle. Le *Livre des métiers* précise que l'apprentissage du métier durait quatre années.
Les compagnons bourreliers du *devoir* furent acceptés en 1687, leur reconnaissance officielle étant décrétée en 1706. Quant aux selliers, ils auraient été admis en compagnonnage en 1702.
Avec l'apparition de l'automobile, les compagnons bourreliers-selliers-harnacheurs du *devoir* durent, à l'image des compagnons charrons, adapter et transformer leur métier. Actuellement, ils figurent parmi les meilleurs garnisseurs et confectionneurs de sièges pour automobiles. Aujourd'hui, la sellerie entre dans des secteursde pointe comme l'aviation.
En outre, elle dispose de matériel de haute technologie pour la découpe ou le traitement des matériaux, comme la façonneuse à rayon laser par exemple. Le fondateur et premier président de l'Union compagnonnique des *devoirs* unis fut un compagnon bourrelier-harnacheur du *devoir*, en la personne de Lucien Blanc, dit *Provençal le Résolu* (1823-1909).
Depuis la Seconde Guerre mondiale, la majorité des compagnons bourreliers-selliers-harnacheurs du *devoir* s'est fondue dans la grande famille du cuir de l'Association ouvrière des compagnons du devoir du tour de France. Ils honorent saint Crépin et saint Crépinien.
Ils portent un nom symbolique du type : *Tourangeau la Fierté du Devoir, Parisien le Bien Aimé, Rochelais l'Ami du Devoir…*

Ci-dessus : **Réglement des compagnons bourreliers harnacheurs.**

Ci-contre (à gauche) : **Le collier en modèle réduit ou grandeur nature était un des travaux typiques de réception.**
(À droite) : **Cheval de trait harnaché (hauteur : 60 cm), réalisé par M. Saulquin, dit *Tourangeau la Fierté du Devoir*, reçu à Lyon en 1929.**

Les vanniers

♦ Les premiers statuts relatifs à la corporation des vanniers ne datent que du XVe siècle. L'apprentissage n'était guère long. En règle générale, trois années suffisaient pour découvrir l'art du tressage et de la vannerie.

Descendants d'artisans ruraux et forestiers, les premiers vanniers placèrent leur corporation sous le patronage de saint Antoine car la tradition raconte que cet ermite avait tressé le palmier et l'osier pour occuper sa solitude.

Dans le compagnonnage, deux versions circulent quant à la fondation de ce corps d'état. Selon les uns, les compagnons vanniers du *devoir*, enfants de maître Jacques, auraient été fondés en 1409. Selon d'autres sources compagnonniques, ils n'auraient été acceptés qu'en 1788.

Honorant saint Antoine, ce compagnonnage s'est progressivement éteint au XIXe siècle. Il convient néanmoins de signaler l'œuvre de Sylvian Dupont, dit *Tourangeau la Corbeille d'Amour*, qui, il y a plusieurs années, tenta, au sein de l'Union compagnonnique des *devoirs* unis, de maintenir les traditions et les tours de main de ce corps d'état qui connut son apogée au XVIIIe siècle.

À l'image de nombreux autres vieux métiers artisanaux, celui ce vannier n'a pu maintenir sa place au sein de la grande famille compagnonnique.

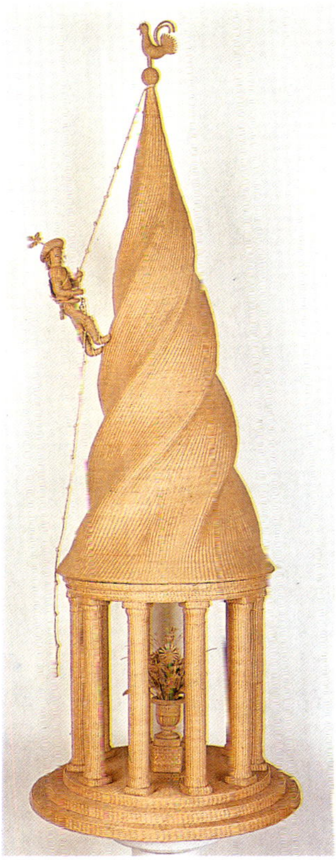

Ci-dessus : **Le vannier, chef-d'œuvre de Sylvian Dupont, dit *Tourangeau la Corbeille d'Amour*.**

Ci-contre (à gauche) : **Cheval-chef-d'œuvre de vannerie.**
(À droite) : **Hommage d'un vannier aux couvreurs, (*Tourangeau la Corbeille d'Amour*, 1973).**

Les cordiers

♦ Le *Livre des métiers* nous apprend que la corporation des faiseurs de cordes possédait ses propres statuts au XIIIe siècle. L'apprentissage se déroulait en quatre ans. En échange de la fourniture de cordes de chanvre pour l'exécution des hautes œuvres de justice du roi, les cordiers ne payaient pas d'impôts.
Dans le compagnonnage, la fondation des compagnons cordiers remonterait à 1407. Cependant, ce corps d'état ne fut officiellement accepté qu'en 1735, grâce au parrainage des compagnons bourreliers du *devoir* de la ville de Marseille.
Les compagnons cordiers connurent véritablement leurs heures de gloire à l'époque de la marine à voile. Ainsi s'explique l'implantation de leurs cayennes au sein même des arsenaux, comme ce fut le cas à Toulon.
Les compagnons cordiers possédaient de véritables secrets de métier qui leur permettaient de réaliser les magnifiques cordes tressées ou les extraordinaires anneaux sans fin.
Tout candidat au titre de compagnon devait être capable de présenter le fameux anneau sans fin, travail qui consistait à enrouler du chanvre autour d'un cercle en fer sans que le départ ou la fin de l'ouvrage soit décelable.
Parmi les célébrités de ce compagnonnage aujourd'hui éteint, il convient de signaler le *pays* Louis Barthès, dit *Plein d'Honneur le Languedocien,* auteur de plusieurs chefs-d'œuvre particulièrement difficiles dont quelques-uns sont encore visibles au musée du Compagnonnage de Tours. Paul Calas, dit *L'Ami des Filles le Languedocien,* s'illustra en qualité de chansonnier durant la seconde moitié du XIXe siècle. Plusieurs de ses chansons sont encore fredonnées sur le tour de France actuel.
Les compagnons cordiers du *devoir* honoraient saint Paul, saint Sever et, surtout, saint Pierre-ès-liens.

Ci-dessus : **Grand chef-d'œuvre de corderie en chanvre (hauteur : 130 cm) avec, en son centre, le portrait de son auteur, Louis Barthès, dit *Plein d'Honneur le Languedocien*** (1911).

Ci-contre : **Gros anneau sans fin en chanvre, de 8 cm d'épaisseur.**

Les teinturiers

♦ La corporation des teinturiers était très puissante au Moyen Âge. Dans le compagnonnage, les premiers teinturiers auraient été reçus en 1330 (ce qui n'est évidemment pas prouvé de manière historique).

Enfants de maître Jacques, les compagnons teinturiers du *devoir* avaient la particularité de porter, en plus de leurs couleurs, un tablier symbolique rectangulaire en laine vermillon ou garance écarlate. Le nom profane et le nom compagnonnique du teinturier étaient systématiquement brodés sur le tablier ainsi que la devise « Dieu protège les compagnons du devoir ».

Le compagnonnage des teinturiers cultivait une autre particularité. En effet, la grande majorité des aspirants se faisait recevoir compagnons à Lyon, leur ville mère sur le tour de France. Fervents catholiques, les compagnons teinturiers disparurent au début du XXe siècle. Parmi les derniers compagnons teinturiers du *devoir*, nombreux furent ceux qui adhérèrent à l'Union compagnonnique des *devoirs* unis.

Leur nom symbolique était du type : *Nantais Sans Cérémonie, Forézien le Bienvenu, Tourangeau le Bourru…*

Ci-dessus : **Tablier de compagnon teinturier du *devoir* (musée du Compagnonnage, Tours).**

Ci-contre **Diplôme de fondation du corps en l'an 548, parchemin, faux fabriqué au XIXe siècle (musée du Compagnonnage, Tours).**

Les blanchers-chamoiseurs

♦ Le terme de blancher apparaît à la fin du XIVe siècle en remplacement du mot mégissier. Ce dernier préparait les peaux de mouton ou de chèvre. La mégie consistait à blanchir les peaux afin de les rendre très souples, à l'image des peaux de chevreau ou de chamois utilisées surtout pour la ganterie. Le chamoiseur travaillait le chamois, nom donné au côté chair de la peau de mouton, après le tannage à l'huile.
La tradition raconte que les chamoiseurs auraient été admis en compagnonnage en 1370, dans la ville d'Orléans. En 1500, ils se seraient regroupés avec les blanchers pour fonder la société des compagnons blanchers-chamoiseurs réunis. En 1840, à la demande des anciens, Jean-François Piron, dit *Vendôme la Clef des Cœurs* (1796-1841), fut chargé de rédiger de nouveaux statuts qui furent édités à Paris sous le titre *Le Devoir des compagnons blanchers et chamoiseurs réunis. Vendôme la Clef des Cœurs* fut également un chansonnier fort célèbre qui mit tout son talent et sa popularité au service d'Agricol Perdiguier.
Cette société ne recevait en son sein que des ouvriers de confession catholique. Tout étranger était également refusé. Enfants de maître Jacques, les compagnons blanchers-chamoiseurs se faisaient un *devoir* de se rendre en pèlerinage à la Sainte-Baume. Ils honoraient sainte Marie-Madeleine, saint Germain d'Auxerre et saint Jean.
À la fin du XIXe siècle, ils n'avaient plus que deux chambres (Paris et Grenoble) sur le tour de France.
Le nom symbolique du compagnon blancher-chamoiseur était composé ainsi : *Nantais le Paisible, Dauphiné l'Ami du Devoir, Saintonge le Bien Décidé, Parisien Sans Reproche, Bordelais la Douceur, Gascon la Fidélité…*

Ci-contre : **Portrait de Jean-François Piron, dit *Vendôme la Clef des Cœurs*.**

Ci-dessous : **Compagnon blancher-chamoiseur du *devoir* faisant son pélerinage à la Sainte-Baume (XIXe siècle).**

Les tisseurs-ferrandiniers

♦ Les *teciers* ou *tissiers de toile* possédaient leurs propres statuts au XVe siècle. L'apprentissage du métier nécessitait cinq années. Les tisseurs-ferrandiniers devaient leur nom à la ferrandine, étoffe légère inventée au XVIIe siècle par un Lyonnais nommé Ferrand.
Les compagnons tisseurs-ferrandiniers du *devoir* furent reçus en compagnonnage en 1834. Dix ans plus tard, ils étaient officiellement reconnus par les compagnons selliers de Lyon. Quelques compagnons de la société portaient les joints aux oreilles auxquels pendaient les outils miniatures de la profession.
Au XIXe siècle, les compagnons tisseurs-ferrandiniers du *devoir* réalisèrent de magnifiques portraits, véritables chefs-d'œuvre de tissage. Malheureusement, cette société s'est éteinte dans les toutes premières années du XXe siècle, victime des progrès issus de la révolution apportée par le tissage mécanique.
On doit aux compagnons tisseurs-ferrandiniers l'inspiration de la célèbre chanson *Les Fils de la vierge,* reprise encore aujourd'hui lors de la cérémonie rituelle de la chaîne d'alliance. Une des célébrités de ce compagnonnage est, sans nul doute, le *pays* Galibert, dit *Dauphiné la Clef des Cœurs,* chansonnier fort connu sur le tour de France qui, à l'époque de Perdiguier, soutint très activement l'œuvre de pacification entreprise par *Avignonnais la Vertu.*
Les compagnons tisseurs-ferrandiniers du *devoir* portaient des noms symboliques du type : *Lyonnais le Bon Cœur, Forézien la Fidélité, Lyonnais le Bien Zélé…*

Ci-dessus : **Portrait tissé de Jacquard en soie (hauteur : 92 cm). Grand chef-d'œuvre réalisé par les compagnons tisseurs-ferrandiniers du *devoir* en 1839.**

Ci-contre : **Compagnon tisseur-ferrandinier en tenue de rouleur (début du XIXe siècle).**

Les chapeliers

♦ La corporation des chapeliers est déjà mentionnée en 1268, dans le *Livre des métiers.*
Les chapeliers auraient été admis en compagnonnage en 1410 (ce qui n'est pas prouvé de manière historique). Au XVIIIe siècle, compagnons chapeliers et cloutiers du *devoir* furent les pires ennemis. Chaque rencontre sur les routes du tour de France dégénérait en rixe.
La société des compagnons chapeliers connut une véritable révolution en 1872 lorsque, de retour d'Afrique où il avait travaillé durant trente ans, le compagnon Bouchard, dit *La Prudence le Bourguignon,* décida d'entreprendre une profonde réforme dans la tradition compagnonnique propre à ce métier. Après avoir constaté l'état lamentable de sa société, *La Prudence le Bourguignon*

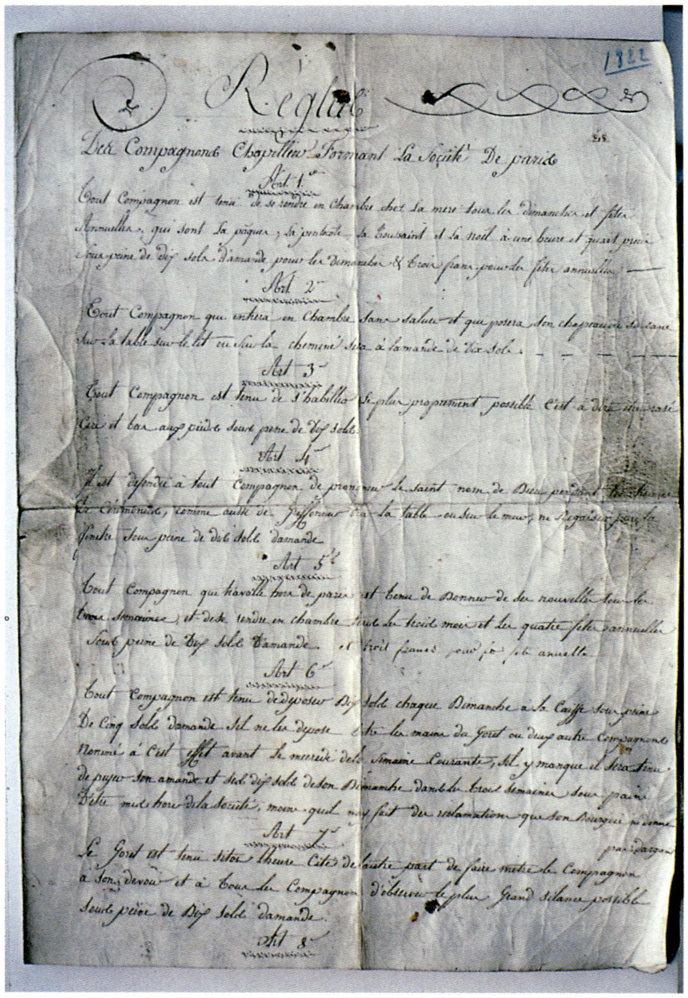

1822

Règle

Des Compagnons Chapellier Formant La Société De paris

Art 1er

Tout Compagnon est tenu de se rendre en Chambre chez la mere tous les dimanches et fêtes Annuelles, qui sont la pâques, la pentecôte, la toussaint et la noël à une heure et [illegible] sous peine de dix sols d'amande pour les dimanches & trois francs pour les fêtes annuelles

Art 2e

Tout Compagnon qui entrera en Chambre sans saluer et qui posera son chapeau [illegible] sur la table sur le lit ou sur la cheminée sera à l'amande de dix sols

Art 3e

Tout Compagnon est tenu de s'habiller le plus proprement possible c'est à dire [illegible] bas aux pieds sous peine de dix sols

Art 4e

Il est défendu à tout Compagnon de prononcer le saint nom de Dieu pendant [illegible] Cérémonie, comme aussi de [illegible] sur la table ou sur le mur, ni [illegible] par la fenêtre sous peine de dix sols d'amande

Art 5e

Tout Compagnon qui travaille hors de paris est tenu de donner de ses nouvelles tous les trois semaines, et doit rendre en chambre tous les trois mois et les quatre fêtes annuelles sous peine de dix sols d'amande et trois francs pour [illegible] fête annuelle

Art 6e

Tout Compagnon est tenu de déposer dix sols chaque Dimanche à la Caisse sous peine De Cinq sols d'amande s'il ne les dépose entre les mains du Gort ou deux autres Compagnons Nommé à cet effet avant le mercredi de la semaine Courante, s'il y manque il sera tenu de payer son amande et les dix sols de son Dimanche dans les trois semaines sous peine d'être mis hors de la société, moins qu'il n'ait fait des réclamations que son bourgeois ne donne [illegible]

Art 7e

Le Gort est tenu sitôt l'heure Citée de toute part de faire mettre les Compagnons à son devoir et à tous les Compagnons d'observer le plus grand silence possible sous peine de dix sols d'amande

Art 8

se résolut à redonner un nouveau souffle au compagnonnage de la chapellerie. Il visita alors toutes les cayennes du tour de France et réussit l'exploit de faire accepter dans le *devoir* l'ouvrier approprieur jusqu'alors interdit. En effet, depuis toujours, seuls les ouvriers fouleurs (qui confectionnaient le chapeau brut) étaient admis au titre de compagnon. Les approprieurs (qui rendaient propre le chapeau) étaient tenus à l'écart, leur fonction étant jugée inférieure à celle, plus noble, du fouleur. Avec l'arrivée en grand nombre des approprieurs, le compagnonnage de la chapellerie devint beaucoup plus puissant et une nouvelle ambiance fraternelle régna en son sein.
Placés sous le patronage de saint Antoine, les compagnons chapeliers du *devoir,* enfants de maître Jacques, connurent un déclin irréversible dans les premières années du XXe siècle, le machinisme ayant pris le dessus sur les tours de main de cette corporation.
Le nom symbolique du compagnon chapelier du *devoir* était composé selon l'usage suivant : *La Franchise le Lyonnais, La Sincérité le Parisien, La Prudence le Bourguignon…*

Ci-dessus : Règle des compagnons chapeliers du *devoir* de Paris (1822).

Ci-contre : Pommeau de canne de compagnon chapelier du *devoir.*

Les boulangers

Ci-dessus (à gauche) : **Blason des compagnons boulangers du *devoir* réalisé dans de la pâte à pain.**
(À droite) : ***Parisienne la Bien Aimée,* mère des compagnons boulangers du *devoir* (1924).**

Ci-dessous : **Saint Honoré.**

♦ Anciennement appelés *pistores, talemeliers* puis *boulangiers* (le pain avait la forme d'une boule), les faiseurs de pain furent réellement nommés boulangers à partir du XVIe siècle. Les premiers compagnons boulangers furent initiés en 1811 par un compagnon tonnelier-doleur du *devoir* nommé *Bavarois Beau Désir.* Ce dernier, malade, n'avait trouvé aucune aide auprès de sa société ; il fut secouru et soigné par deux boulangers.
En remerciement, *Bavarois Beau Désir* leur dévoila les secrets du *devoir.* Ainsi furent créés les deux premiers compagnons boulangers du *devoir* du tour de France connus sous les noms symboliques de *Nivernais Frappe d'Abord* et *Montbard l'Inviolable.*
Accusé d'avoir trahi le compagnonnage, *Bavarois Beau Désir* dut s'exiler en Amérique afin d'échapper aux représailles promises par les compagnons tonneliers-doleurs.
Surnommés péjorativement les *soi-disant de la raclette,* les compagnons boulangers durent subir beaucoup de vexations et d'insultes de la part des sociétés compagnonniques traditionnelles qui ne voulaient pas les accepter.
Ils furent enfin reconnus officiellement en 1860. À ce propos, la société des compagnons boulangers du *devoir* est un des rares corps à posséder les archives historiques de son entrée en compagnonnage.
Les compagnons boulangers du *devoir* fêtent, depuis toujours, la Saint-Honoré.
Il convient d'observer qu'il y eut, dans le passé, quelques compagnons boulangers reçus dans le sein du *devoir de liberté.*
Actuellement l'immense majorité des compagnons boulangers se trouve dans le compagnonnage de l'Association ouvrière des compagnons du *devoir* du tour de France où ils ont parrainé l'entrée des compagnons pâtissiers du *devoir.* L'Union compagnonnique accueille également quelques compagnons boulangers.
Pour être reçu compagnon boulanger, il faut généralement présenter plusieurs variétés de pains avec différentes méthodes de fabrication : pain de seigle, pain au son, pain aux noix, fabriqués sur levain ou pâte fermentée... ainsi qu'un assortiment de viennoiseries : croissants, brioches...
Le nom symbolique du compagnon boulanger du *devoir* est formé selon la règle suivante : *Blois l'Ami du Travail, Tourangeau la Franchise...*

Les pâtissiers

♦ Au XIIIe siècle, les vendeurs de pâtés étaient regroupés dans la corporation des *pastillarii.* En 1440, lors de l'obtention de leurs premiers statuts, ils furent alors nommés *pastissiers.* Dans le compagnonnage du *devoir,* les compagnons pâtissiers sont reçus depuis quelques dizaines d'années grâce au parrainage des compagnons boulangers et forment, avec eux, la société des compagnons boulangers-pâtissiers du *devoir* dans le cadre de l'Association ouvrière des compagnons du *devoir* du tour de France. Seule l'Union compagnonnique accueille également des compagnons pâtissiers, la Fédération compagnonnique n'acceptant que des métiers du bâtiment.
Pour être reçu compagnon pâtissier, il faut présenter un travail faisant appel aux différents aspects du métier : viennoiserie, pâtisserie, chocolaterie, confiserie, glace, ainsi que la décoration et les spécialités du traiteur-pâtissier.
Les compagnons pâtissiers fêtent la Saint-Honoré.
Dans le compagnonnage du *devoir,* le nom symbolique est du type : *Champagne la Sagesse, Lorrain la Persévérance, Bourguignon la Tolérance, Alsacien le Franc Cœur...*

Ci-contre : **Saint Honoré.**

Ci-dessous : **Le travail du compagnon.**

Les cuisiniers

♦ Le *Livre des métiers* de 1268 fait état de la corporation des maîtres queux, vendant des viandes bouillies ou rôties. Progressivement, les *coquinarii* du XIIIe siècle se transformèrent en cuisiniers.
Dans le compagnonnage, seule l'Union compagnonnique des *devoirs* unis accepte de recevoir des compagnons cuisiniers. Ces derniers furent officiellement reconnus à partir de 1912, date de fondation de leur première cayenne dans la ville de Paris. Depuis le célèbre Escoffier, de grands noms de la cuisine française ont porté l'écharpe rouge de l'Union compagnonnique (Yves Thuries, Joël Robuchon...).
Les compagnons cuisiniers des *devoirs* unis ont acquis une réputation qui dépasse largement les frontières de la France. L'Union compagnonnique ne pratiquant pas l'usage des noms traditionnels propres à chaque métier, les compagnons cuisiniers n'ont donc pas de noms symboliques distinctifs. Comme tous les autres *pays* de ce compagnonnage, ils portent des noms du type : *Tarnais l'Indulgent, Poitevin la Fidélité, Corrézien la Sincérité, Baulois la Noble Franchise, Saintonge la Modestie...*

Ci-dessus : **Hôtel-Dieu de Beaune, réalisé par *Bourguignon le Disciple de la Sainte-Baume*, compagnon cuisinier des *devoirs* unis, avec 20 kilos de pâte à nouilles et 800 heures de travail.**

Glossaire compagnonnique

Ce glossaire a été établi pour permettre au lecteur de mieux comprendre un vocabulaire compagnonnique qui peut parfois prêter à confusion. Nous n'avons retenu ici que les termes employés tout au long de cet ouvrage. Nous nous sommes volontairement limités à une définition très succincte pour chaque mot.

Accolade : Embrassade rituelle et fraternelle entre deux compagnons.

Adoption : Cérémonie au cours de laquelle un jeune garçon est reconnu aspirant sur le tour de France.

Affaire : Passeport compagnonnique.

Affaires : Archives, règlements, registres et documents divers.

Affiliation : Cérémonie au cours de laquelle un jeune garçon est affilié au *devoir de liberté*.

Affilié : Équivaut au titre d'aspirant dans le *devoir de liberté*.

Ancien : Plusieurs sens. Désigne un compagnon qui occupe une place importante au cours des réceptions. Évoque parfois le compagnon fini. Désigne toujours un compagnon retraité.

Arrosage : Veillée précédant un départ pour une autre ville. La communauté boit et chante en l'honneur des partants.

Aspirant : Se dit d'un jeune garçon adopté par une société compagnonnique pour effectuer son tour de France avec l'espoir de devenir compagnon.

Assemblée : Réunion de tous les compagnons au cours de laquelle se traitent toutes les questions relatives à la vie de la société.

Bons drilles : Surnom donné à tous les compagnons du rite du père Soubise.

Brûleur : Nom attribué à celui qui part d'une ville en laissant des dettes ou en n'ayant pas tenu des engagements envers sa société. Parti sans avoir levé l'acquit, son signalement est envoyé à tous les sièges du tour de France, il est brûlé.

Cabale : Terme synonyme de grève.

Carré : Passeport compagnonnique qui suit l'itinérant durant son tour de France, indépendamment de sa personne. Ce document reçoit les cachets des villes traversées. En principe, il est détruit à la mort du compagnon. D'autres termes ont désigné ou désignent encore le passeport compagnonnique : affaire, arriat, cheval, navire, lettre de course…

Cayenne : Lieu où se réunissent les compagnons. Par extension, la cayenne désigne l'assemblée des compagnons elle-même. Seuls quelques métiers utilisent ce terme (remplacé par chambre pour les autres corps). Lorsque les compagnons se réunissent, on dit qu'ils descendent en cayenne.

Chaîne d'alliance : Cérémonie rituelle qui se pratique lors de certaines fêtes compagnonniques. Portant leurs couleurs, les compagnons se donnent les mains en croisant les bras à la manière des maillons d'une chaîne. Au centre de cette chaîne en forme de cercle prennent place trois compagnons ou deux compagnons et la *mère*. Il revient normalement au rouleur de chanter *Les Fils de la vierge*, dont le refrain est repris en chœur. La chaîne d'alliance est également pratiquée au cours des funérailles d'un compagnon, avec cependant quelques modifications du rituel.

Chambre : Même sens que la cayenne pour certains métiers. Rituellement, les compagnons montent en chambre.

Chien : Surnom attribué à tous les compagnons *passants bons drilles*.

Chien-loup : Surnom des compagnons charpentiers des *devoirs* issus de la fusion entre les compagnons charpentiers du *devoir (chiens)* et ceux du *devoir de liberté (loups/indiens)*.

Commander : Synonyme de convoquer, réunir une assemblée compagnonnique.

Compagnon fini : Troisième état conféré par le compagnonnage à un compagnon au terme d'une cérémonie dite de finition.

Compagnon reçu : Se dit de tout ouvrier qui, après une cérémonie de réception, a accédé au titre de compagnon du tour de France. C'est le deuxième état conféré par le compagnonnage après celui d'aspirant.

Conduite : Cérémonie d'accompagnement du partant. À l'époque du tour de France à pied, la conduite en règle était un véritable hommage rendu par la communauté compagnonnique à un frère qui avait accompli son *devoir*. En revanche, la conduite de Grenoble était une cérémonie particulièrement déshonorante réservée à un compagnon qui s'était rendu coupable d'un manquement grave à la règle de son compagnonnage.

Coterie : Appellation utilisée entre eux par les compagnons tailleurs de pierre, maçons, charpentiers, couvreurs et plâtriers. Tous les autres compagnons sont des *pays*.

Couleurs : Nom donné aux rubans de soie ou de velours sur lesquels sont frappés les emblèmes et les symboles du compagnonnage. Les couleurs varient selon les métiers et les rites.

Dame-hôtesse : Femme qui tient un siège de compagnons mais qui n'est pas encore reçue *mère*.

Devoir : Terme recouvrant une multitude de significations. Il désigne en premier lieu le compagnonnage lui-même ainsi que l'ensemble de ses rites, règles et traditions. Historiquement, c'est l'ancêtre du mot compagnonnage. Actuellement, on a coutume d'évoquer par *devoir* l'ensemble des sociétés qui pratiquent le rite de maître Jacques et/ou du père Soubise.

Devoirant : Tout compagnon du *devoir* est un *devoirant*.

Devoir de liberté : Rite dont l'émergence officielle se situe en 1804. Revendiquant Salomon comme fondateur et protecteur, le *devoir de liberté* regroupe *loups*, *indiens* et *gavots*. Son origine est à chercher principalement dans les guerres de Religion qui divisèrent les sociétés compagnonniques.

Enfants : Tous les compagnons se reconnaissent comme enfants de leurs pères fondateurs. Ainsi, le compagnonnage se compose d'enfants de Salomon, d'enfants de maître Jacques et d'enfants du père Soubise.

Finition : Nom donné à la cérémonie au cours de laquelle un compagnon reçu devient compagnon fini.

***Gavots* :** Surnom des compagnons menuisiers et serruriers du *devoir de liberté.*

Guilbrette : Ensemble des gestes rituels pratiqués lors d'une reconnaissance entre compagnons. Le *devoir de liberté* n'a jamais pratiqué la guilbrette.

Hurlements : Cris rituels pratiqués dans certaines sociétés compagnonniques à l'occasion des conduites ou des enterrements. Cette coutume a disparu depuis la fin du siècle dernier.

***Indiens* :** Surnom réservé aux compagnons charpentiers du *devoir de liberté.*

Interdit de boutique : Pratique consistant à condamner une boutique ou un atelier à la suite d'un différend avec le maître. Tous les compagnons refusaient alors de travailler dans la boutique mise en interdit tant que leurs revendications n'étaient pas satisfaites. Cette pratique très efficace fut parfois étendue à la ville entière.

Jeune homme : Désigne, dans de nombreuses sociétés, le jeune garçon qui n'est pas encore reçu compagnon. Chez les tailleurs de pierre, le jeune homme n'est autre que l'aspirant.

Joints : Anneaux d'or que certains compagnons portent aux oreilles.

Lapin : Surnom donné à l'apprenti charpentier. D'autres corps ont récupéré ce terme.

Levage d'acquit : Formalités dictées par le rituel obligeant le partant à se mettre en règle avec son employeur, la *mère* et sa société avant de gagner une autre ville du tour de France. Il est interdit de partir tant que le levage d'acquit n'a pas été effectué sinon le coupable est déclaré brûleur et devient alors passible de sanctions (amende ou même exclusion du compagnonnage).

***Loups* :** Surnom des compagnons tailleurs de pierre, enfants de Salomon. Ceux du *devoir* sont appelés *loups-garous.* Il convient d'observer que les compagnons charpentiers du *devoir de liberté* (les *indiens*) furent parfois surnommés *loups.*

Maison : Dans le compagnonnage du *devoir,* ce terme est synonyme de siège compagnonnique.

Malle à quatre nœuds : Tissu noué par les quatre coins et attaché à la canne du compagnon. Synonyme de paquetage.

***Mère* :** Nom donné à la femme qui gère et anime un siège compagnonnique. Par extension, la *mère* peut désigner le siège lui-même.

Partant : Se dit de tout aspirant ou compagnon qui quitte une ville pour poursuivre son tour de France.

Passant : Qualificatif utilisé à l'égard des compagnons tailleurs de pierre, charpentiers, couvreurs et plâtriers du *devoir.*

***Pays* :** Terme utilisé entre eux par les aspirants et les compagnons qui ne sont pas des *coteries. Monsieur* n'est pas en usage entre compagnons.

Premier en ville : Dans certains corps, c'est le compagnon responsable de sa société dans une ville.

Prévôté : Nom donné au siège annexe d'une province à l'Association ouvrière des compagnons du *devoir.* Le responsable reçoit le titre de prévôt.

Province : Terme utilisé au sein de l'Association ouvrière afin de désigner une région géographique qui recouvre plusieurs prévôtés. Le compagnon responsable d'une province est appelé provincial.

Réception : Nom de la cérémonie rituelle qui confère à l'aspirant (ou affilié) le titre de compagnon.

Reconnaissance : Ce mot englobe tous les moyens de reconnaissance entre les membres d'une société compagnonnique. À chaque état correspond une reconnaissance. Le reconnaissance d'un métier n'est autre que son acceptation officielle dans le compagnonnage.

Remarque : Particularité bien souvent architecturale que les compagnons devaient repérer afin de prouver leur passage dans une ville du tour de France.

Renard : Plusieurs sens. C'est parfois le surnom d'un apprenti dans un métier particulier. C'est surtout le surnom de toute personne étrangère au compagnonnage.

Rôle (Rolle) : Terme pouvant évoquer les statuts, la liste des membres de la société, les archives, le coffre contenant ces documents.

Ronde unitaire : Nom donné à la chaîne d'alliance par les *gavots.*

***Rouleur* :** Compagnon chargé, pour un temps limité, de l'accueil et du placement des arrivants. En outre, il assure le levage d'acquit et la conduite des partants. Il a également pour mission de convoquer les assemblées, de visiter les malades, de s'occuper de l'organisation et du bon déroulement des fêtes et des banquets compagnonniques. Le *rouleur* marche toujours en tête des défilés. Bien que le terme de *rôleur* soit de plus en plus considéré comme synonyme, il convient de préciser que ce dernier titre était initialement réservé au compagnon responsable du *rôle* de sa société.

Section : S'emploie à l'Union compagnonnique des *devoirs* unis pour désigner un groupe de compagnons constitué dans une ville du tour de France.

Topage : Gestes et dialogues rituels de reconnaissance lors d'une rencontre entre compagnons.

***Trait* :** Désigne l'art de dessiner, de tracer les volumes en pénétration. L'enseignement du *trait* est une des particularités du compagnonnage. Compagnons charpentiers, menuisiers, tailleurs de pierre, métalliers, chaudronniers... accordent une importance capitale au *trait* dans leur formation professionnelle.

Repères bibliographiques

BARRET P. et GURGAND J.-N., *Ils voyageaient la France,* Hachette, 1980.

BAYARD J.-P., *Le Compagnonnage en France,* Payot, 1978.

BENOIST L., *Le Compagnonnage et les Métiers,* PUF, 1966.

BERNARD J., *Le Compagnonnage, rencontre de la jeunesse et de la tradition,* PUF, 1982 (reprint).

BOYER A., *Le Tour de France d'un compagnon du devoir,* Librairie du Compagnonnage, 1975 (reprint).

BOYER A., *Les Muses du tour de France,* Éditions Laffitte, 1979 (reprint).

BRIQUET J., *Agricol Perdiguier,* JCM, éditeur, 1981 (reprint).

BRIS M., *Le Compagnonnage à la recherche de sa vocation,* Librairie du Compagnonnage, 1984.

CACÉRÈS B., *Les Métiers du bâtiment,* Éditions du Seuil, 1955.

CACÉRÈS B., *Le Compagnon charpentier de Nazareth,* Éditions du Seuil, 1974.

CACÉRÈS B., *Martin Tournebise dit Béarnais la Rose d'Amour,* Éditions du Seuil, 1981.

CASTÉRA B., *Le Compagnonnage, culture ouvrière,* PUF, 1988.

COLLECTIF, *Les Compagnons en France et en Europe,* Éditions Garry, 1973.

COLLECTIF, *Compagnonnage,* Plon, 1951.

COLOMBIER P., *Les Chantiers des cathédrales,* Picard, 1973.

COORNAERT E., *Le Compagnonnage en France,* Éditions Ouvrières, 1966.

DESPIERRE R., *La Lanterne du père Soubise,* Librairie du Compagnonnage, 1978 (reprint).

DEZ R., *Le Régius,* Librairie du Compagnonnage, 1987 (reprint).

DUBREUIL H., *Le Travail et la Civilisation,* Plon, 1953.

DUBREUIL H., *Promotion,* Éditions de l'Entreprise Moderne, 1963.

DUGUET M., *Mémoires d'une mère en devoir,* Librairie du Compagnonnage, 1979.

DUROY J.-P., *Le Compagnonnage aux sources de l'économie sociale,* Racines Mutualistes, 1991.

EDELINE R., *Les Compagnons du tour de France,* Imprimerie Brodard et Taupin, 1964.

FRANCE-LANORD A., *Jean Lamour, serrurier du roi,* Université Nancy-II, 1977.

GODART J., *Travailleurs et Métiers lyonnais,* Éditions Laffitte, 1979 (reprint).

GRIGORIANTZ A., *Jean Martin, tailleur de pierre,* Éditions du Rocher, 1981.

GUÉDEZ A., *Compagnonnage et Apprentissage,* PUF, 1994.

GUÉNON R., *Études sur la franc-maçonnerie et le compagnonnage,* Éditions Traditionnelles, 1983 (reprint).

HAUSER H., *Les Compagnons d'arts et métiers à Dijon,* Éditions Laffitte, 1980 (reprint).

ICHER F., *Le Compagnonnage,* Éditions Jacques Grancher, 1989.

ICHER F., *Voyages dans le compagnonnage,* Éditions de Mortagne, 1991.

ICHER F., *Dictionnaire du compagnonnage,* Éditions du Borrégo, 1992.

ICHER F., *Agricol Perdiguier dit Avignonnais la Vertu,* Éditions Jacques Grancher, 1993.

ICHER F., *Auguste Gouttes dit Carcassonne la Palme des Beaux-Arts,* CDDP de Carcassonne, 1994.

ICHER F., *99 réponses sur le compagnonnage,* CRDP de Montpellier, 1994.

JUIGNET M., *La Chaussure,* Librairie du Compagnonnage, 1977.

JUSSELME J.-P., *Jean Paul le Forézien, compagnon menuisier du devoir,* Librairie du Compagnonnage, 1985.

LANGLOIS E., *Émile le Normand,* Flammarion, 1983.

LECOTTÉ R., *Archives historiques du compagnonnage,* Mémoires de la Fédération Folklorique de l'Ile-de-France, 1956.

LECOTTÉ R., *Guide du visiteur,* Musée du Compagnonnage de Tours, 1976.

LECOTTÉ R., *Chefs-d'œuvre de compagnons,* Éditions Chêne-Hachette, 1980.

LECOTTÉ R., *Essai bibliographique sur les compagnonnages,* Éditions Laffitte, 1981 (reprint).

LEWDEN P., *Compagnonnages d'hier et d'aujourd'hui,* Éditions traditionnelles, 1980.

MARTIN SAINT-LÉON E., *Le Compagnonnage,* Librairie du Compagnonnage, 1977 (reprint).

MÉNÉTRA J.-L., *Journal de ma vie,* Éditions de Montalba, 1982.

PAPINEAU G., *La Sainte-Baume, haut lieu du compagnonnage,* Librairie du Compagnonnage, 1972.

PERDIGUIER A., *Mémoires d'un compagnon,* Librairie du Compagnonnage, 1977 (reprint).

PERDIGUIER A., *Documents autour du compagnonnage,* Éditions Laffitte, 1978 (reprint).

PERDIGUIER A., *Le Livre du compagnonnage,* Éditions Laffitte, 1981 (reprint).

PIRON J.-F., *Devoir des compagnons blanchers-chamoiseurs,* Éditions Gutenberg, 1980 (reprint).

SAND G., *Le Compagnon du tour de France,* J.C.M. Éditeur, 1979 (reprint).

SARRADE M.-T., *Sur les connaissances mathématiques des bâtisseurs de cathédrales,* Librairie du Compagnonnage, 1986.

SEBILLOT P., *Légendes et Curiosités des métiers,* Éditions Laffitte, 1981 (reprint).

SEMA, *Le Compagnonnage,* juillet 1988.

SEMERJIAN M. et SORBIER A., *Manoug, Arménien le Sans Souci,* Éditions de la FCMB, 1988.

TRISTAN F. et THOMAS J., *Le Livre d'or du compagnonnage,* Éditions J.-C. Godefroy, 1990.

VERGEZ R., *Les Tours inachevées,* Julliard, 1959.

VERGEZ R., *Les Enclumes de cristal,* Julliard, 1967.

VERGEZ R., *La rose vient de la mer,* Éditions de la Guitarde, 1972.

VERGEZ R., *Les Compagnons d'aujourd'hui,* Le bois d'aujourd'hui, 1973 (reprint).

VERGEZ R., *La Pendule à Salomon,* Presses Pocket, 1983 (reprint).

VERGEZ R., *Les Illuminés de l'art royal,* Presses Pocket, 1983 (reprint).

VINCENOT H., *Les Étoiles de Compostelle,* Éditions Denoël, 1982.

WATELET J., *Histoire du compagnonnage,* Éditions Famot, 1982.

ZIMMERMANN J.-R., *Les Compagnons de métier à Strasbourg,* Librairie Istra, 1971.

Table des Matières

Crédits photographiques

p. 8 : Bibliothèque nationale, Paris. p. 9 : Jean-Loup Charmet. p. 10 : Bibliothèque municipale d'Amiens. p. 11 : Louis Monier. p. 12 : Jean-Loup Charmet ; F. Jalin/Explorer p. 13 : Jean-Loup Charmet. p. 14 : Compagnons du devoir. p. 15 : Marc Garanger ; Rosine Mazin/TOP. p. 16-17 : Compagnons du devoir. p. 18 : Jean-Loup Charmet ; François Icher. p. 19 : Jean-Loup Charmet ; François Icher. p. 20 : François Icher. p. 21 : Compagnons du devoir ; François Icher. p. 22 : Jean-Loup Charmet ; François Icher. p. 23 : Jean-Loup Charmet ; Compagnons du devoir. p. 24 : François Icher. p. 25 : Compagnons du devoir. p. 28 : G. Namur/Lalance. p. 29 : Archives nationales, Paris. p. 30 : Compagnons du devoir ; Bibliothèque nationale, Paris. p. 31 : François Icher ; Archives nationales. p. 32-33 : François Icher, Bibliothèque municipale de Vienne. p. 34 : Roger Viollet. p. 35 : Roger Viollet ; Archives nationales, Paris. p. 36 : François Icher, C.D.D.P. de l'Aude. p. 37 : Jean Dieuzaide. p. 38-39 : Louis Monier. p. 42 : Louis Monier. p. 43 : Daniel Nouvel. p. 44 : F.-X. Bouchart, Musée du compagnonnage de Tours. p. 45 : A. Wolf/Explorer. p. 46 : Marc Garanger. p. 47 : Daniel Nouvel. p. 50 : Bibliothèque nationale, Paris, département des manuscrits. p. 51 : Marc Garanger. p. 52-53 : Marc Garanger. p. 54 : H. Champollion. p. 55 : Compagnons du devoir ; Jean Rey/ANA. p. 56 : Fiévet. p. 57 : François Icher ; Chito/ANA. p.58 : Explorer. p.59 : A.-M. Joly, Musée de Notre-Dame de Paris. p. 60 : A.-M. Joly, Musée de Notre-Dame de Paris. p. 61 : François Icher ; Roger Viollet. p. 62 : Roger Viollet. p. 63 : Rosine Mazin/TOP ; Daniel Nouvel. p. 64-65 : Lauros - Giraudon. p. 66 : Compagnons charpentiers des devoirs du tour de France ; Louis Monier. p. 67 : Compagnons charpentiers des devoirs du tour de France ; Compagnons du devoir. p. 68 : Jean-Loup Charmet. p. 69 : Daniel Nouvel ; Louis Monier. p. 70 : Pascal Stritt. p. 71 : Louis Monier. p. 72 : François Icher. p. 73 : Compagnons du devoir. p. 74 : Compagnons du devoir ; Pascal Stritt. p. 75 : Louis Monier. p. 76 : Rosine Mazin/TOP. p. 77 : Rosine Mazin/TOP ; Crance. p. 78 : Roger Viollet. p. 79 : Lauros - Giraudon. p. 80 : G. Namur/Lalance. p. 81 : Roger Viollet. p. 82 : Explorer. p. 83 : François Icher. p. 84 : Lauros - Giraudon. p. 85 : Musées de l'œuvre Notre-Dame, Strasbourg. p. 86 : A. Philippon/Explorer. p. 87 : François Icher. p. 88-89 : Musée des arts et traditions populaires. p. 90 : Xavier Querel. p. 91 : Compagnons du devoir ; Xavier Querel. p. 92 : François Icher. p. 93 : F.-X. Bouchart, Musée du compagnonnage de Tours. p. 94 : Xavier Querel. p. 95 : Musée des arts et traditions populaires. p. 96 : M.-J. Jarry/J.-F. Tripelon/TOP. p. 97 : Louis Monier ; Xavier Querel. p. 98 : Jean-Loup Charmet. p. 99 : Xavier Querel ; Compagnons du devoir. p. 100 : Jean Dieuzaide ; A. Wolf/Explorer. p. 101 : F.-X. Bouchart, Musée du compagnonnage de Tours. p. 102 : Jean-Loup Charmet. p. 103 : Jean-Loup Charmet. p. 104 : Bibliothèque nationale, Paris, département des manuscrits. p. 105 : Rosine Mazin/TOP. p. 106 : Roger Viollet. p. 107 : Louis Monier. p. 108 : F.-X. Bouchart, Musée du compagnonnage de Tours. p. 109 : F.-X. Bouchart, Musée du compagnonnage de Tours. p. 110 : Musée des arts et traditions populaires. p. 111 : F.-X. Bouchart, Musée du compagnonnage de Tours ; A. Wolf/Explorer. p. 112-113 : Roger Viollet. p. 114 : Compagnons du devoir. p. 115 : F.-X. Bouchart, Musée du compagnonnage de Tours ; François Icher. p. 116 : H. Champollion. p. 117 : H. Champollion. p. 118 : H. Champollion. p. 119 : H. Champollion. p. 120-121 : Louis Monier. p. 122 : Roger Viollet. p. 123 : Roger Viollet. p. 124 : F.-X. Bouchart, Musée du compagnonnage de Tours. p. 125 : Louis Monier ; Y. Bernard/Compagnons du devoir (coll. Edeline). p. 126 : Jean-Loup Charmet ; François Icher. p. 127 : Louis Monier ; Pierre Hussenot/TOP. p. 128 : Giraudon. p. 129 : H. Champollion. p. 130 : P. Roy/Explorer. p. 131 : A. Wolf/Explorer. p. 132 : F.-X. Bouchart, Musée du compagnonnage de Tours. p. 133 : François Icher ; Chito/ANA. p. 134 : Jean Dieuzaide. p. 135 : François Icher/FCMB Toulouse ; Roger Viollet. p. 136 : G. Namur/Lalance ; A. Wolf/Explorer. p. 137 : François Icher ; Chito/ANA. p. 138 : Compagnons du devoir. p. 139 : Chito/ANA ; p. 140 : Compagnons du devoir. p. 141 : Pascal Hinous/TOP. p. 142-143 : Giraudon. p. 144 : Compagnons du devoir. p. 145 : H. Champollion. p. 146 : Marc Garanger. p. 147 : Jean-Loup Charmet. p. 148 : François Icher. p. 149 : François Icher. p. 150 : Y. Bernard/Compagnons du devoir. p. 151 : Y. Bernard/Compagnons du devoir. p. 152 : D.R. ; A. Wolf/Explorer. p. 153 : Y. Bernard/Compagnons du devoir. p. 154 : F.-X. Bouchart, Musée du compagnonnage de Tours ; Louis Monier. p. 155 : Jean Vigne. p. 156 : François Icher ; A. Wolf/Explorer. p. 157 : F.-X. Bouchart, Musée du compagnonnage de Tours. p. 158 : Gilles Martin, Tours. p. 159 : Gilles Martin, Tours. p. 160 : ; F.-X. Bouchart, Musée du compagnonnage de Tours. p. 161 : Musée du compagnonnage de Tours/Roger Viollet. p. 162 : François Icher. p. 163 : F.-X. Bouchart, Musée du compagnonnage de Tours ; Musée du compagnonnage deTours. p. 164 : Musée du compagnonnage de Tours. p. 165 : F.-X. Bouchart, Musée du compagnonnage de Tours. p. 168 : Compagnons du devoir. p. 170 : Compagnons du devoir ; Musée des Arts et Traditions Populaires/Lauros - Giraudon. p. 171 : F.-X. Bouchart, Musée du compagnonnage de Tours. p. 172 : Jean-Loup Charmet ; F.-X. Bouchart, Musée du compagnonnage de Tours. p. 173 : F.-X. Bouchart, Musée du compagnonnage de Tours ; Gilles Martin, Tours. p. 174 : F.-X. Bouchart, Musée du compagnonnage de Tours ; Jean-Loup Charmet. p. 175 : F.-X. Bouchart, Musée du compagnonnage de Tours. p. 176 : F.-X. Bouchart, Musée du compagnonnage de Tours. p. 177 : F.-X. Bouchart, Musée du compagnonnage de Tours ; Louis Monier. p. 178 : F.-X. Bouchart, Musée du compagnonnage de Tours. p. 179 : F.-X. Bouchart, Musée du compagnonnage de Tours. p. 180 : Géry Cichowlas/Compagnons du devoir. p. 181 : F.-X. Bouchart, Musée du compagnonnage de Tours. p. 182 : Louis Monier. p. 183 : Jean Dieuzaide ; F.-X. Bouchart, Musée du compagnonnage de Tours. p. 184 : F.-X. Bouchart, Musée du compagnonnage de Tours. p. 185 : G. Namur/Lalance ; F.-X. Bouchart, Musée du compagnonnage de Tours. p. 186 : F.-X. Bouchart, Musée du compagnonnage de Tours. ; Compagnons du devoir. p. 187 : F.-X. Bouchart, Musée du compagnonnage de Tours. p. 188 : F.-X. Bouchart, Musée du compagnonnage de Tours. p. 189 : Gilles Martin, Tours. p. 190 : F.-X. Bouchart, Musée du compagnonnage de Tours ; Compagnons du devoir. p. 191 : François Icher ; F.-X. Bouchart, Musée du compagnonnage de Tours. p. 192 : Gilles Martin. p. 193 : F.-X. Bouchart, Musée du compagnonnage de Tours ; Compagnons du devoir. p. 194 : G. Namur/Lalance ; Louis Monier. p. 195 : F.-X. Bouchart, Musée du compagnonnage de Tours.

Achevé d'imprimer en Espagne
sur les presses de l'imprimerie Grafo S.A., en septembre 1994
ISBN : 2 73 242091 3
Dépôt légal : septembre 1994